近代東アジアにおける
文体の変遷
——形式と内実の相克を超えて

沈 国 威・内田慶市

編著

白帝社

目　次

まえがき ……………………………………………… 内田慶市　ⅰ

清朝後期の白話文運動における政府サイドのリソース
　　　　　　………………………………………… 夏　暁虹　1

近代韓国における翻訳小説の文体の変遷 ………… 崔　溶澈　41

近代欧米人の中国語文体観 ………………………… 内田慶市　57

「文体ノ改善」の行方
　　──日本語口語文体の戦中・戦後 …………… 安田敏朗　81

近代訓読体と東アジア ……………………………… 齋藤希史　109

江戸時代の唐話資料における文体の変容
　　──岡島冠山の唐話テキストを中心に ……… 奥村佳代子　121

琉球における文体の変遷からみた『琉球譯』の言語
　　　　　　………………………………………… 石崎博志　147

魯迅兄弟初期の創作・翻訳と現代中国語の書記言語
　　　　　　………………………………………… 王　風　173

朝鮮時代末期における中国語会話書
　　──その文法的特徴をめぐって ……………… 竹越　孝　195

朝鮮中長編漢文小説の文体的特徴について ……… 趙　冬梅　217

清末の国民必読書について
　　──形式と内容の間で ………………………… 沈　国威　233

あとがき ……………………………………………… 沈　国威　273

まえがき

　本論文集は、2009 年 12 月 20 日（日）に 100 余名の参加者を以て開催された「近代東アジアにおける文体の変遷——形式と内容の相克を超えて」を総合テーマとした関西大学 ICIS 第 4 回研究集会・CSAC 第 14 回研究集会での報告を元に編まれたものである。

　当日の研究集会では基調報告が 3 本、研究発表が 8 本行われたが、発表者、題目は以下の通りである。

基調報告

「晩清白話文運動的官方資源」　　　　　夏暁虹（北京大学教授）
「近代韓国における翻訳小説の文体の変遷」
　　　　　　　　　　　　　　　　　　崔溶澈（高麗大学教授）
「近代欧米人の中国語文体観」　　　　　内田慶市（関西大学教授）

研究発表

○セッション 1
「「文体ノ改善」の行方——日本語口語文体の戦中・戦後」
　　　　　　　　　　　　　　　　　安田敏朗（一橋大学准教授）
「近代訓読体と東アジア」　　　　　齋藤希史（東京大学准教授）
「唐話課本の会話文と白話文」　　　奥村佳代子（関西大学准教授）
「琉球における文体の変遷からみた『琉球譯』の言語」
　　　　　　　　　　　　　　　　　石崎博志（琉球大学准教授）
○セッション 2
「周氏兄弟早期著譯與漢語現代書写語言」
　　　　　　　　　　　　　　　　　　王風（北京大学副教授）

「朝鮮時代末期における中国語会話書——その文法と文体」
　　　　　　　　　　　　竹越孝（愛知県立大学准教授）
「朝鮮時代後期における漢文小説の文体について」
　　　　　　　　　　　　趙冬梅（高麗大学副教授）
「清末の国民必読書の文体について」　沈国威（関西大学教授）

　以上の各タイトルからも分かるように、「五四文学運動以前と以降の白話文の内実」、「韓国における西洋文学と中国文学の翻訳に関わる問題」、「近代欧米人の中国語文体観と彼らが学んだ中国語」、「近代日本の文体の成立と変遷」、「近代日本における漢文訓読体の位置付け」、「江戸時代の唐話と訓読体との関わり」、「琉球における漢文訓読体の有り様」、「魯迅と周作人兄弟の翻訳に対する態度の違いと書記言語としての句読点」、「朝鮮時代の中国語の文法と文体」、「朝鮮時代の漢文小説の文体」、「清末の啓蒙書である国民必読書に見られる文言と白話などの問題」というように、「文体」を共通のキーワードとして、言語、文学など様々な角度からのアプローチがはかられた。また地域的にも、中国語を中心としながら、その周縁である琉球、朝鮮、日本、更にはヨーロッパもその対象に取り込んでおり、極めて質の高い論議が繰り広げられた。

　こうした「文体」をテーマとしたシンポジウムはこれまで殆ど例を見ないものであり、これをきっかけに今後「文体論」のみならず、「翻訳論」あるいは「近代東アジアの国家・国民・国語」なども視野に入れた更なる活発な議論が展開されることを希望するものである。

　　　　　　　　　　　　　　　　　　平成22年3月1日
　　　　　　　　　　　　　　　　　　内田慶市

近代東アジアにおける文体の変遷
―― 形式と内実の相克を超えて

清朝後期の白話文運動における政府サイドのリソース

夏　暁虹

　現在の学術界の共通認識によると、「五四運動」以後に形成された白話文は清朝晩期の白話文に遡ることができ、しかも古代の白話と繋がりがある。現代白話文の形成過程においては外来語による影響が大きかったことも否定できない。従って、早くも 1919 年にそれを欧化した白話文と呼ぶ有識者がいた[1]。ここ数年、一部の研究者は宣教文献から現代中国語と近現代文学の中の西洋リソースを検討することに力を入れている[2]。これらの研究活動は現代白話文の複雑な源をより深く認識することに有利である。しかし、筆者は上記の論述に加え、清朝政府サイドからの影響力に注目し、清朝晩期の白話文運動の発生についての内的支持を見出し、古代から現代に至るまでの白話文の発展してきた道筋を整理するための、見過ごされがちな視点を提供したい。

一、古代白話の分類

　現代中国語と古代中国語の書面語における境目は大体白話と文言の区別を標識とすることでよいだろう。しかしこれは古代に白話の書面語が無

---

[1] 傅斯年『怎様做白話文』、『新潮』1 巻 2 期、1919 年 2 月。
[2] 代表的な論述に王本朝『20 世紀中国文学與基督教文化』（合肥：安徽教育出版社、2000 年）、袁進『重新審視欧化白話文的起源』（『文学評論』2007 年 1 期）がある。

かったことを意味するわけではない。実際、言語学界ではたとえ現代人にとっては分かりづらい『尚書』であってもその一部は当時の口語を記録したものであるという認識が一般的である。ただ、口語の変化は早く、書面語の変化は遅いため、言と文は次第に分離し、上古の白話がのちの文言になったのである。

　五四運動以前の白話は「古白話」或いは「近代中国語」と称される。中国社会科学院語言研究所の劉堅氏は 1982 年に白話を分類し、さらに 1983 年に『近代漢語読本』を編集した[3]。それを契機にこの研究はますます多くの研究者の参画を促した。古代白話の数は膨大で、文献も多岐に渡っている。次の文章で、まずこれまでの様々な分類を列挙、論述し、それから筆者独自の観点に戻ることにしたい。

　1982 年、劉堅氏は『古代白話文献簡述』の中で古代の白話を八種類に分類した。すなわち敦煌文献、禅宗語録と宋儒語録、詩詞曲（曲は宮調、劇文、元雑劇と元散曲の四つに分類している）、文集、史籍、筆記小説、白話小説、会話本（非漢民族の人が中国語の白話を学ぶための教科書）である。そのうちの史籍には『元朝秘史』、『元典章』と白話碑（文）が含まれている[4]。

　1988 年の張中行氏の著作『文言和白話』の中に「白話典籍」という一章がある。著者は白話文献を三つの時期、すなわち唐より以前を第一期、唐宋から明清までを第二期、現代を第三期に分けた。第一期の白話はこまごまとしていて、未だ典籍になっておらず、この時期の白話はおおよそ次の三種類に分けられる。一つは民謡やことわざ、二つは文言作品の中に交じっている白話、三つは早期の楽府詩である。一方、第三期の現代白話は数が多く、しかも人々によく知られているので特に取り上げる必要はないとしている。張中行氏が主として紹介した重要、且つよく見られるのが第二

---

[3] 劉堅編著『近代漢語読本』は上海教育出版社から出版、初版は 1985 年、第 2 版は 1988 年、また 1995 年、2005 年の二度にわたり修訂本が刊行された。
[4] 劉堅『古代白話文献簡述』、『語文研究』第一輯、1982 年 98～104 頁。

期の白話典籍である。その内容は、仏経の訳文とその他、即ち変文、曲子詞、語録、話本、章回小説、弾唱作品、劇曲、民謡、笑話の九種類である。そのうち、『元朝秘史』、『元典章』及び教会により刊行された『新旧約全書』、『天路歴程』は仏経の訳文とその他に入れられた[5]。張氏は明らかに文学的観点から分類しているため、史籍と会話の本は排除されている。

　2000年に『百種語文小叢書』に収録された『古代白話説略』の著者である江藍生氏は第二節「古代白話文献一覧」の中で劉堅氏の観点を参考にして、白話を次のように分類した。1. 敦煌俗文学作品（変文、話本、俗賦、曲子詞、王梵志五言白話詩）; 2. 禅宗語録; 3. 宋儒語録; 4. 詩、詞、曲; 5. 史書、史料; 6. 直講と直訳; 7. 話本と長編小説; 8. 会話書である。江藍生氏は劉堅氏の「文集」と「筆記小説」の二種類を取り除き、「禅宗語録」と「宋儒語録」を別々に分け、さらに「直解と直訳」を加えた。「直解と直訳」の例として挙げられたのは元朝の呉澄の『経筵講義』、許衡の『大学直解』及び貫云石の『孝経直解』などである。これらは主に元朝のモンゴル族支配者が大臣に口語で儒家の経典を解説させた記録、或いは一部の漢文で書かれた典籍を学習、又は押し広めるために白話に訳させた記録である。このほかに、『元典章』及び明朝の『皇明詔令』、『記録彙編』などの文献に含まれている白話資料も「史書、史料」に分類されている[6]。

　2007年に出版された徐時儀氏の『漢語白話発展史』では、古代白話は以下の十種類に分類されている。1. 漢訳仏典; 2. 敦煌トルファン文献; 3. 禅儒語録（下位分類として①禅宗語録; ②宋儒語録; ③出使語録）; 4. 詩詞歌曲（下位分類として①詩; ②詞; ③散曲; ④民謡）; 5. 戯曲; 6. 散文（下位分類として①史書; ②公文法典; ③拓本）; 7. 筆記; 8. 小説; 9. 方言; 10. その他（下位分類として①文集; ②会話書; ③宝巻; ④医薬、科学技術; ⑤書簡; ⑥笑話）[7]。これは今までで最も複雑な分類である。「そ

---

[5] 張中行『文言和白話』、ハルピン：黒龍江人民出版社、1988年第15章「白話典籍」204～237頁。引用は204～205頁より。

[6] 江藍生『古代白話説略』、北京：語文出版社、2000年9～42頁。

[7] 徐時儀『漢語白話発展史』、北京大学出版社、2007年第二章「古白話系統概述」第

の他」の中の「文集」と「会話本」は劉堅氏の著書の中で別々に分類されていたのである。

　上記のそれぞれの分類は基本的には言語学者によるものであるが、文学研究者の論述を見てみると、白話を最も簡略に分類したのは袁進氏であろう。彼は 2006 年に出版した『中国文学的近代変革』で次のように述べた。「古代白話のテキストは主に三種類ある：1. 講談師の講談から発展してきた話本小説などの文学作品；2. 学者や高僧の日常の言論の記録；3. 近年になって発見された当時外国人が外国人に中国語を教えるときに使った読本である」。袁進氏がここで言う「白話」は明らかに散文類の文書を指しているため、上述の様々な分類の中に含まれている詩、詞、曲などは一切彼の視野には入っていなかった。袁進氏が特に重視した中国語教科書も「西洋の宣教師が中国語の発展に極めて重要な役割を果たした」という氏の論点を支持する『語言自邇集』のようなものに限れており[8]、言語学者が先に言及した元朝末期にできた『老乞大』と『朴通事』は含まれなかった。

　実は、単純に文学の角度から見ると、最も早く体系的に白話文学を論述したのは五四文学革命指導者の胡適である。1928 年に出版された『白話文学史』（上巻）と 1922 年前後に考案した『国語文学史』の項目から彼の論述範囲がおおよそ分かる。胡適は「白話」について次のように定義している。「1. 舞台上の説白（せりふを言う）の'白'、つまり口に出して言える、聞いて分かることば；2. 清白の'白'、つまり文飾のないことば；3. 明白の'白'、つまり流暢で分かり易いことば」である。胡適の「白話文学」の範囲はかなり広く、旧文学の中の分かり易くて、口語に近い作品も含まれている。白話の歴史についての叙述は前漢から始まり、漢の楽府から清朝晩期の小説まで、最後は作者自身が身をおいた「国語文学運動」で

三節「古白話的文献」、28～49 頁。

[8] 袁進『中国文学的近代変革』、桂林：広西師範大学出版社、2006 年 64、69 頁。

締めくくるべきである[9]。内容としては民謡、散文、仏教翻訳文学、詩、詞、語録、小説、曲（散曲、諸宮調と戯曲）などが含まれている。現在でも言語学界で極めて重視されている敦煌文献はその当時、胡適によってすでに新しい資料としてたくさん引用されていた。

　以上のような日増しに細かくなっていく分類によって、我々の古代白話の源流についての認識はますます深められた。しかし、これらの分類からは並列関係しか見られず、言語の実際の階層性を真に反映することはできない。言語権というものの白話の発展過程における役割を考えて見ると、歴史上は同じ白話であっても、地位の差や影響力の大きさの違いがあることが分かる。

　ここで『水滸伝』のある描写を借用してみたい。「武松、虎を打つ」は誰もが知っている物語である。景陽崗に登る前に、武松がある酒屋で十八杯の酒を飲み、「三杯飲んだら丘に登れず」と書かれた看板を鼻で笑いながら旅に出ようとしている。酒屋の主人が慌てて武松を止めに出てきた。主人は「店に戻って役所の公示を見てください。最近この先にある景陽崗に眼がつり上がり額に白い毛の生えた虎が、日が暮れると現われ、人間を喰い、もう二、三十人の男が虎にやられました。そこで役所は猟師たちに直ちに虎を捕まえるように命令しました。丘に向かう道の辻にはみな公示が貼られていて、公示には通行人は正午前後の六時間しか通行できず、しかも何人かの仲間と一緒に通行しなければならぬ。一人での通行は禁ずると書かれています。」と武松に言った。武松はこの崗を十数回も登っているが、虎なんか聞いたこともない、きっと主人が自分を宿泊させ、それから財物を奪い、殺害するつもりで虎の作り話で俺を威嚇したいに違いないと疑い、頑として旅に出た。

　四、五里歩いて、景陽崗の下に着いた武松が一本の大きな木を見ると、木の皮が削られたところに二行の文字が書いてあり、その内容は酒屋の主

---

[9] 胡適『白話文学史・上巻』「自序」、上海：新月書店、1928年。

人が言ったことと同じだった。武松はやはりそれを信じなかった。彼は笑いながら「これは酒屋のでたらめだ、驚かされた客はあいつのところに泊まるだろう。俺は何も怖がらないぞ」と言った。崗の上に来てもう少し歩くとぼろぼろの山神廟があり、廟の門に貼ってある告示文を見た武松はようやく真剣になった。告示文をよく読むと、酒屋の主人の言うことと全く同じであった。小説ではここで次のように書いてある。「武松読了印信榜文，方知端的有虎（武松は告示の内容を読んで、やっと本当に虎がいることが分かった）」。そして彼の反応も前とはまったく違って、「欲待転身再回酒店里来（酒屋に戻ろうとすら考えていた）」[10]。ただし、武松は命より面子を大事にしていたので、素手で猛虎をぶっ殺した雄々しい物語が残された。

　『水滸伝』は文学作品であるが、ここで描写されている心理状態は現実のものに近い。つまり一介の酒屋の主人が言ったことや間接的に引き写した告示より勿論役所の公印を押してある告示のほうが権威性がある。言語の持つ影響力と場においては、政府サイドからの白話は、下層の知識人や芸人たちが書いた章回小説、変文、雑劇などの白話のテキストに比べ社会各層の人により重視されるだろう。これも本論が特に「官様文章（お役所式の文書）」を優遇する理由である。

　政府サイドを視点とすると、上記の白話文献の中で筆者は特に「公文書法典」と「直解直訳」を重視する。上述の様々な分類のうち「公文書法典」を取り上げた徐時儀氏の著作では「公文書法典」を「散文」という大項目に入れ、「史書」や「拓本」と並列させている。その中に収録されている『元典章』を、他の学者は「史籍」または「訳文」に分類している。独特の優れた見識を有する江藍生氏は「直解直訳」を独立した一分類としているが、劉堅氏と徐時儀氏は「直解直訳」を「文集」に分類している。もっとも、両者の「文集」の概念には「大」と「小」の区別はあるが。

　清朝の言語環境の中では、「公文書法典」は民衆向けの告示や知らせを

---

[10] 陳曦鍾ら輯校『水滸伝会評本』、北京大学出版社、1981年421～423頁。

主としたもので、「直解直訳」は『聖諭広訓』についての各種の購読と解説や解説本を主とするもので良いだろう。この二種類のテキストが清朝晩期における白話運動にどのような言語環境とリソースを提供したかを以下で検討したい。

　まず、本論での「白話」に対する設定と使用について説明しなければならない。一般に、白話と文言を区別することはできるが、両者が混在することもよく見られる。張中行の判断によると、「文言と白話が併存すると、お互いに影響しあうことは免れないことだ。しかしその影響力は違う。即ち文言のほうが大きく、白話のほうが小さい」。なぜなら五四運動以前、文言と白話には「雅」と「俗」という地位の差があり、文言の勢力が強かったからだ。そして、伝統的な知識人にも明確に文言と白話を区別する意識はなく、「便利ならば、どちらでも使う」ため、文言交じりの白話は純粋な白話より更によく見られた。

　　因為照那時候的看法，即使有意要求通俗易懂，也不會想到必須同於口語的白話才通俗易懂。換句話說，在他們眼裡，兼用些淺近的文言是同樣通俗易懂的。總之，文白界限不清，十之九是由於文言越界，可是這越界不是侵入，而是受到歡迎才混進去的[11]。（当時の発想では、たとえ分かり易さを求める場合にも、必ずしも口語同様の白話を用いねばならぬとは思わなかったのである。即ち、当時の人々から見れば、平易な文言を入れれば同じように分かり易くなるはずである。いずれにせよ、文言と白話の境目が曖昧で、その境目を越えるのはほとんど文言の方であった。しかし、この越境は侵入とは見なされず、むしろ歓迎されたのであった。）

　この見解はまさに要点を突いている。文言がよく境を越え、白話に混入するからには、本論の白話に対する認定は、口語に近いもの以外に、「分

---

[11] 張中行『文言和白話』、160、199 頁。

かり易い文言を兼用し」、「通俗的で分かり易い」ことを追求する文言白話混交体も受け入れる。

二、「はっきりと言い聞かせる」白話告示

　清朝は少数民族により作られた全国政権であり、中国語はもともと満州族の母語ではなく、さらに文言を用いて文章を書くとなれば勿論より難しくなる。元朝のモンゴル族の統治者のように白話で聖旨や即位詔書[12]などを書くほどではないが、清朝政府サイドの文書の書き方は通俗化の傾向がすでにかなり顕著になっていた。上奏文の後ろによく見かける「知道了（はい、分かった）」という皇帝のコメントは康熙帝から宣徳帝までみな同じであり、これが最も典型的な例と言えるだろう。2004 年に台湾故宮博物院で『'知道了'朱批奏折展』が開催されたことからも、この三文字の白話を朱筆の代名詞と見なして良いことが分かるだろう。
　朱筆というのは皇帝の手によるもので、清朝皇帝の執筆能力を反映するものであり、大臣たちが代行、起草して公表する詔書の中にもたくさんの

---

[12] 劉堅編著『近代漢語読本』に収録されている『一二六八年周至重陽萬壽宮聖旨碑』、徐時儀『漢語白話話發展史』に引用されている『元史』巻二十九〈元泰定帝登極詔〉を参照。前者はジンギスカンが発布した聖旨「長生天氣力裡、大福蔭護理裡皇帝」（中国語の「上天眷命皇帝」に相当）の冒頭は、「管軍官人毎根底，軍人毎根底，管城子達魯花赤官人毎根底，過往使臣毎根底宣諭的聖旨」で、最後に「聖旨俺毎的」（中国語の「欽此」に相当）、「龍児年十一月初五日，大都有的時分寫来」と記されている（『近代漢語読本』、上海教育出版社、2005 年 262～264 頁）。後者は天子の位に即く詔書の後半で以下のように言っている。「今我的侄皇帝生天了也麽道，迤南諸王大臣，軍上的諸王駙馬臣僚，達達百姓毎，衆人商量著：大位次不宜久虛，惟我是薛禅皇帝嫡派，裕宗皇帝長孫，大位次裡合坐地的体例有，其餘争立的哥哥兄弟也無有，這般，晏駕其間，比及整治以來，人心難測，宜安撫百姓，使天下人心得寧，早就這裡即位提説上頭，依著衆人的心，九月初四日，於成吉思皇帝的大斡耳朶裡，大位次裡坐了也。交衆百姓毎心安的上頭，赦書行有。」『泰定帝本紀』、北京：中華書局、1976 年『元史』二十九卷、第三冊 638～639 頁。

口語の成分が含まれている。例えば『宮中档康熙朝奏折』の最初の文書は、康熙十六（1677）年の『浙江杭州府天目山獅子禅寺住持臣僧行淳謹奏為遵旨進繳御書御札恭謝天恩事』である。康熙帝は次のようにコメントしている。

> 覽爾所奏進繳御書御札並謝天恩，其情一一悉備，知道了。但世祖章皇帝御筆特賜老和尚，以光佛法，今遽收回，朕心甚為不忍。還賜於住持和尚收存[13]。

文中には文言と白話が混在している。指示をする対象が八旗の近臣であるならば、白話の程度は明らかに更に高くなる。類似の文書は『関於江寧織造曹家檔案史料』の中にも多数存在しており、その一例を示す。康熙五十一（1712）年七月十八日、蘇州織造の李煦からの「曹寅の病が重く、薬を賜りたい」旨の上奏文を読んだ後の朱筆である。

> 爾奏得好。今欲賜治瘧疾的藥，恐遲延，所以賜驛馬星夜趕去。但瘧疾若未轉泄痢，還無妨。若轉了病，此藥用不得。南方庸醫，每每用補濟，而傷人者不計其數，需要小心。曹寅元肯吃人參，今得此病，亦是人參中來的。金雞挐（原為滿文：筆者）專治瘧疾。用二錢末酒調服。若輕了些。再吃一服。必要住的。住後或一錢。或八分。連吃二服。可以出根[14]。若不是是瘧疾，此藥用不得，須要認真。萬囑，萬囑，萬囑，萬囑[15]！

ここに見られる白話口調の使用は、文言の公式化の「欽此（これ遵守せ

---

[13] 国立故宮博物院故宮文献編輯委員会編輯『宮中档康熙朝奏折』、台北：国立故宮博物院、1976 年第一輯 1、4 頁。
[14] 原注：「金鷄挐」からここまでの丸の印はみな元からある赤丸である。
[15] 『蘇州織造李煦奏曹寅病重代請賜薬折』、故宮博物院明清檔案部編『関於江寧織造曹家檔案史料』、北京：中華書局、1975 年 98～99 頁。

よ)」より自ずと親しみがにじみ出て、臣下を感激させ、忠勤を尽くそうという気にさせやすい。このような朱筆は皇室が特権を有し、上品でない言葉をいくら使っても嘲笑する人がいないことを明らかに示しているが、こういう書き方は一種の風潮を作り出し、白話にもともと含まれていた表面化していない階級差別を曖昧にし、ひいては完全に変えてしまったのである。さらに官界の人たちの特定の公文書作成にまで影響を及ぼした。

実は1906年に出版された『漢文典』で、著者の来裕恂はすでに当時通用していた上から下への指示や命令などの諭・札・告示・批、同格の咨文・移文・照会、下から上への申文・詳文・稟呈、外交の約章・条約等を含むすべての「公移之文（公文と移文［回状］）」を全部「通俗の種類に属する」文体に分類し、柬牘、語録、小説と並列させた。彼はこのように分類した理由について、「此等文字，別有程式，但求明達，不事精深（これらの文章は特別な書式を持ち、明白で分かり易いことのみを求め、奥ゆかしさには拘らない）」と述べている[16]。しかし来氏の分類にはすでに近代人の見識と趣味が含まれている。彼が区別を加えなかった「上から下へ」、「同格」、「下から上へ」などの公文書は古代の文体分類に関する著述の中では実際には同じようには取り扱われていなかった。

歴代の公文書の中には、民衆向けの文章を書く際の専用の書き方があった。一般には「榜文」もしくは「告示」と呼ばれている。これらは数こそ多く存在しているが、古代の文体に関する論述の中ではほとんど注目されなかった[17]。研究者たちは次のように述べた。

> 歴史上告示の呼び方は「布告」、「榜文」、「文告」、「公告」などがあり、時代によって呼び方もそれぞれ異なっていた。明朝前期及びそれ以前の各王朝では「榜文」、「告示」、「布告」などが混在して使われて

---

[16] 来裕恂『漢文典』、天津：南開大学出版社、1993年397〜398頁。初版は上海商務印書館から1906年に刊行。
[17] 例えば明の呉訥『文章辨体』、徐師曾『文体明辨』は榜文、告示に対して論述していない。

いた。明朝中期以後、「上下の違いがある」ということを表わし、適用する地域の範囲を区別するために、皇帝や中央政府の官庁及びその長官からの布告を「榜文」と呼び、地方政府及びその長官からの布告を「告示」と称した。

「榜文」にせよ「告示」にせよ、みな「法律と教化という二重の機能を兼有する政府サイドの文書」である[18]。両者はともに大衆向けの文書であり、教養レベルが高くない庶民と折り合うのは当然のことであろう。文書の内容自体が分かり易く、さらには故意に白話を使用していたことも想像できるだろう。

このような日常公務用の文書は昔から「後世に名を残す文章」と見なされていないので、各種の文集に収録されることは難しい。楊一凡氏と王旭氏が二十数年の努力の末、広範囲に収集・編集した十巻の『古代榜文告示彙存』に収録されたものも九牛の一毛に過ぎない。それに加え戦乱により、各級の地方政府が保存していた文書や書類の散逸も深刻で、明朝以前に公布した榜文や告示などはほとんど散逸してしまった。特に貼り出し用の告示は普通急用に応じて出したもので、適用する時間も短いため、これらの告示が書類として保管される期間を短くした。さらに不幸なことに、その中の白話告示は美的角度から見ても、重要性から見ても、文集編纂の際には真っ先に削除されたのである。清朝晩期の重臣の文集では公文書は以前より重きを置かれたが、収録されたのは主に上奏文、咨文、札付などであり、告示、とりわけ白話の告示は重視されなかった。

乾隆、嘉慶時代の張五緯は取り上げるに値する人物である。張五緯は県の長官を振り出しに、全国各地を転々とし、長期にわたって県、州、府などの地方政府の長官を務めた。「毎治一郡，不数月間，政化大行，士習民

---

[18] 編者『序言』、楊一凡、王旭編『古代榜文告示彙存』第一冊序言、北京：社会科学文献出版社、2006 年 1 頁。

風日尚，治効之速，備受世人称道（どの地域を治めても、数ヶ月もしないうちに、政事と教化が大いに行き渡り、士民の風習も日に日に向上するのであった。その効果の速いこと、大層世に称えられたものである。）」[19]と言われたように彼は「循能（公正且つ有能）」で有名であった。このような豊富な官職歴を持つ張五緯は嘉慶二十二（1817）年に『講求共済録』を刊行した。その第四巻に収録された「歴任告示」には独特の風格がある。全部で三十四則の文書のうち、白話で書かれたものは文言を上回り、十九編を占めている。第三巻に収録された二十三編の「歴任示諭」の五編を加えると[20]、白話のテキスト比率はある程度低くなるものの全体の 5 分の 2 を占めている。これは、清朝の公文書ではまれに見るものと言えるだろう。張五緯の「治効之速」も分かり易い白話の告示をたくさん使っていたことと関係があるはずである[21]。

　張五緯がわざわざ文書の原稿を残し、さらに『講求共済録』を刊行したのは異例といってよいが、しかし少なくとも白話のテキスト数が相当多かったことを証明している。更に多いものとしては、数々の官職を歴任した李璋煜が道光時代に刊行した『視已成事斎官書』である。この本は全十一巻で、一官職ごとに一巻が編集されている。最も興味深いのは、「所謂文章者，皆察吏教民之語也（いわゆる文章とは、みな下々をよく見る役人が民衆に教える言葉である）」という点で、つまり昔から「文章」とは見な

---

[19] 辛従益『講求共済録跋』、『講求共済録』、嘉慶二十二（1817）年刊本。版木を彫った時間は巻首の辛の跋による。楊一凡、王旭『文献作者簡介』、『古代榜文告示彙存』第十册 600 頁。張五緯は監生の出身、19歳で貳尹で官僚の道に入る。江西新建県県丞、南昌県知府、瑞州府銅鼓営同知、南康府知府（署）、南昌府同知；山東兗州府知府、湖南岳州府知府、長沙府知府（署）、衡州府知府、直隷保定府知府、大名府知府、広平府知府、天津府知府、定州直隷州知州、通永道、天津道、山東按察使を歴任。『張五緯基本資料』に拠る。（http://npmhost.npm.gov.tw/ 及び前述の楊一凡、王旭『文献作者簡介』を参照。）
[20] 「歴任告示」の六編は四言、五言、七言の韻文で告諭を発し、「歴任示諭」の五則の白話文告はみな韻文体である。
[21] 辛従益の跋には「甫莅任、出示暁諭軍民、観聴踴躍」とある。

されていなかった告示も堂々と個人文集として編集された。数から見れば、収録されたのは李璋煜が在任期間中公布した全ての告示でないことは明白であるが、それでも十分価値あるものである。「官と民の間の隔たりを是非とも無くそう」という考えの下[22]、文書は分かり易い言葉を多く使っている。道光二十三（1843）年から二十七（1847）年の間に李璋煜が恵潮嘉道を務めていた際に公布した『禁撥名示』を例にしてみる[23]。

> 照得設立官府，原為百姓申理冤枉。其實在被屈，不得不訴之於官者，自當據實呈訴，以憑官府拘訊究辦。此間風氣，往往羅織多人，稱為"百餘猛"。推原其故，皆被訟師土棍人等，圖利架聳，其情可惡，其愚可憐。本道看來，凡民間田土水塘，墳山界址，及樹植畜產等項，遇有爭競，是常有的事。若實在被鄰鄉本鄉欺壓，起了爭端，只要請兩造正派的公親，替你們勸和，得了即了，不可便出儍伙，就要鬧事。……你們細細想想，還是忍耐的好，還是強很的好，還是老實的好，還是詐騙的好。若能大家省悟，喚醒痴迷，救了多少性命，保了多少身家，就是好

---

[22] 何文綺『〈視已成事斎官〉巻九序』、李璋煜『視已成事斎官書』、道光二十八（1848）年刻本。「以一官為一集（一つの官職につき一冊）」に関して当該書が各巻に注記した職務は次の通り。巻一「署江寧府任内」、巻二、三「署揚州府任内」、巻四「蘇州府任内」、巻五「署江寧藩司任内」、巻七～九「惠潮嘉道任内」、巻十「調署南韶連道任内」、巻十一「広東按察司任内」。李氏は三年余りの恵潮嘉道の任期で、残した公文書原稿は 54 編にすぎない。

[23] 李璋煜『敦勉士民示』によると、「照得本昇道自二十三年冬月觀察是邦，一赴省垣，一赴南韶；迨客冬擢任，復留辦務，半載有余（本昇道二十三年十一月より此の邦を視察している。一つは省垣、もう一つは南韶。昨冬の抜擢まで、再び留まって塩務を管理すること、半年余りである）」。（『視已成事斎官書』巻九）。また陳歴明編校『明清実録潮州事輯』（香港：薈苑出版社、1998 年）によると、道光二十六（1846）年八月、李氏は浙江按察使に昇進し、「委辦潮橋塩務」、「已有端緒、未便驟易生手」、「准其暫留惠潮嘉道本任（潮橋の塩務を任されて、すでに軌道に乗せ始め、いきなりそれを新人に任せかねるため、恵潮嘉道の本務に留まることを許可する）。」とある（254～255頁）。

百姓，萬不可辜負本道勸諭的一片苦心。切記切記！特示。

　この文章、冒頭はまだ文言の雰囲気があるが、急に白話に変わり、つり合いが取れていない。しかし後半になるにしたがい白話がだんだん多くなり、しかも流暢になっていく。もちろん、最後はやはり公文書の決まり文句に戻らなければならない。『視已成事斎官書』第八巻に収録されたこの文書は、第十一巻に収録された道光二十七（1847）年から二十八（1848）年に広東按察使在任中の『訪拿訟棍衙蠹示』と対照の妙を成している[24]。『訪拿訟棍衙蠹示』の全内容は次の通りである：

　　為明白曉諭事：本司在山東時也是百姓，最知百姓的苦楚。百姓萬不得已，方打官司；地方官不能替他隨告隨審，拖累就無窮了。百姓萬不幸，方遭劫竊；地方官不能替他拿贓起贓，受害就不淺了。本司家居目睹情形，深以為戒。粵東訟獄的苦累，盗賊的蹤跡，較之山東更加百倍。自本年四月到任以來，屢屢與各屬地方官堅明約束，欲清訟源而株累尚多，欲靖萑苻而鴞音未變，以致吾民紛紛控愬，彌抱不安。因思積案所以不結者，訟棍之把持串唆為之也；巨憝所以不除者，衙蠹之勾通賄脫為之也。訟棍衙蠹，暗中維持之，雖有明察之吏，整頓無由。現在密訪兩項人等，督同地方官設法拿辦。本司耳目尚周，強御不畏，非施辣手，難望革心。勿謂言之不預也。此示。

　この文書も白話と文言が混在しているが、順序は前文とちょうど逆になっている。つまり前半が白話で、後半は文言である。作者の駢文と対偶法を好む傾向も文中に存分に現れている。例えば「百姓」と「地方官」の並列、「欲清」と「欲靖」の並列、「因思」以下、及び「耳目尚周」などに見られる四つの句は、白話にせよ文言にせよ、みな整った対偶の句となるよ

---

[24] 銭実甫『按察使年表』、『清代職官年表』、北京：中華書局、1997年、第三冊2151～2152頁を参照。

うに工夫されている。とりわけ、このような文の形式が全文の半分を占め、長年の八股文の影響の深さが誰の目にも明らかである。勿論、こういう公文書に見られる白話が完全な白話文になり切れない理由は、公文書という形式に大いに制限されたことにある。

実は白話について言えば、清朝の各級の地方政府が多く使っていたのは韻文告示であった。許同莘氏が『公牘学史』の中でそれについて次のように根源を追究している。

> 榜文以四字為句者，近代謂之斗方告示，其體始見於應劭『風俗通義』。至宋時則州守勸諭部民，間一用之。真西山（即ち真徳秀）再守泉州，『勸諭文』云：……全文凡六百餘言，皆四字為句。又泉州隆興『勸農文』，亦四言而用韻語；其一用五言韻語。雖名榜文，實歌謠也[25]。

近代のいわゆる「斗方告示」は四言に限らず、清朝では違う呼び方もあった。このような公文書の文体は宋代にたまに使われただけで、清朝に入ってから政府サイドの言語の通俗化傾向につれて急速に発展した。

その中で、汪輝祖（1730～1807）がそれを推進するのに果たした役割を過小評価してはならない。乾隆五十八（1793）年に完成した『学治臆説』二巻は「為吏者言治（吏たる者の治を為すためのことば）」として[26]、長く官界人に「官箴」、「指南」と崇められた。上巻の『告示宜簡明』に次のような内容がある。

> 告示一端，諭紳士者少，諭百姓者多。百姓類不省文義，長篇累牘，不終誦而倦矣。要在詞簡意明，方可人人入目。或用四言八句、五六言六句韻語，繕寫既便，觀覽亦易。庶幾雅俗共曉，令行而禁止乎。（告示

---

[25] 許同莘『公牘学史』、北京：檔案出版社、1989 年巻五 142 頁。初版は上海商務印書館から 1947 年刊行。
[26] 汪輝祖『自序』、『学治臆説』、許乃普輯『宦海指南』に収録。咸豊九（1859）年刊本。

というのは、縉紳を諭すためのものが少なく、庶民を諭すためのものが多い。庶民は大体文章の意味が分からない。長文を連ねると、最後まで読み終わらないうちに疲れてしまう。言葉が簡単で、意味が明瞭であり、誰が見ても分かるように書くことが肝要である。)

　この観点が世に出ると、これを政府と庶民の疎通を図る良い方法とする人は次々に模倣した。例えば、李璋煜が『視已成事斎官書』巻九に四言八句と六言六句の告示を一則ずつ収録したのはまさに汪輝祖の教え通りだった[27]。彼が主張した「雅俗共賞（万人向きである）」という一言にも注目すべきである。白話が下層社会で広く行き渡っているのと異なり、通俗韻語は文言と白話の間に介在しているため、庶民たちが分かるばかりでなく、紳士たちも下品だという理由でそれを排斥しなかった。これにより「斗方告示」が清朝後期に一時的に盛んとなった。

　現存している文書を見ると、このような文章は全て公文書から構成される公文書集に現れていただけでなく、重要人物のために編集された「全集」にも収録されている。例えば左宗棠の『左文襄公全集』には「告示」という一巻があり、全部で十通の公告を収録し、「四言体」で書かれたものが二通ある[28]。『禁種罌粟四字諭』という告示はアヘンの吸引による被害を明言していた。

　　諭爾農民，勿種罌粟。外洋奸謀，害我華俗。
　　借言療病，實以縱慾。吁我華民，甘彼鳩毒。
　　廣土南土，吸食不足；蔓連秦晉，施於隴蜀。

---

[27] 四言八句は『禁差役藉案滋擾示』、六言六句は『禁差役私押平民示』。前則で言うように「已結各案，牽控有名。郷民畏拿，不敢入城。被差擾累，飲恨呑聲。一経訪出，責懲非輕。」

[28] 光緒十六（1890）年に彫った『左文襄公全集』を底本とする『左宗棠全集』は、「告示」一巻に四文を補足し、そのうちの一篇が斗方告示である。本論では『左宗棠全集』（札件）、岳麓書社、1986年を用いた。

左宗棠は限りない弊害をもたらすアヘンの吸引は大量の金銭を無駄にし、多くの人に仕事を辞めさせ、さらには自分の体も壊すため、まさに「家敗人亡，財傾命促（家は没落し、家族は死に絶え、財産は傾き、命は縮まる）」と指摘した。彼はアヘンによる数々の害を述べたあと、「自今以往，是用大告：罌粟拔除，禍根永剷。張示郵亭，刊發村塾。起死肉骨，匪諨伊祝（今後、この告示を広く告げる：罌粟を抜き取り、禍根を永久に取り除く。郵便各所に張り出し、村塾に配布する。起死回生することを祈ってやまない）」と呼びかけた。アヘンを禁止する公約を公表すると同時に、左宗棠はまた酷刑と厳しい法律によりこの命令に違反した者を処罰する（「聽我藐藐，則有大戮」）と明示した。最後の「發言成韻，其曰可讀」という文でこのような韻語告示が暗記し易く[29]、広がり易いという特徴をまとめた。これはまさに汪輝祖の主張と一致している。ただし、この「四言体」の告示は八十四句にも達しており、汪輝祖が言った八句を大幅に超えていた。「斗方告示」の形式は一旦普及すると、長さに関する制限は簡単に破られることがこれで分かる。

　「斗方告示」は清朝晩期の一部の重臣の全集に収録されたものの、他の公文書に比べてその数はやはり極めて少なかった。『左文襄公全集』では「斗方告示」が二割という高い比率を占めていたが、実際は二通に過ぎない。かつて湖広総督の職にあった張之洞は「北清事変」、「東南互保」（北清事変と関連する歴史的事件）の時に、自分が管轄する地域で「四言体」の告示を公布した。辜鴻銘はその告示を漢口に駐在していた各国の領事らのために英訳し、「そこで中国人も外国人もともに従順になり、人々も安心した」という美談がある。しかし、かつて巨大な抑止力を果たした「諭旨欽遵，戢匪安民。造謠鬨教，正法示懲（勅令に遵って匪賊を捉え、民衆を安心させる。根拠のない噂を流し、教団の名を語って騒げば、厳しく処

---

[29] 左宗棠『禁種罌粟四字諭』、『左宗棠全集』（札件）557頁。句読点は変更している。

罰する）」³⁰という「四言体」告示は八十四巻もある『張之洞全集』の「公牘」の中にはない。現在残っている四通の「四言体」告示はみな「札文」の後ろに置かれたもので、明らかに付録という性質をもつものである。³¹このような微量なものを論拠とすると、誇張しすぎる嫌いがあるだろう。前に言及した張五緯の『講求共済録』に収録された二十四通の白話公文書のうち、韻語告示が十一通にものぼることは実際の応用において普遍性を有することを示しているが、張五緯の『講求共済録』は特例に過ぎない。この点について、幸い近代には新聞が登場し、大量の原始資料を保存しているため、我々はより明確かつ正確に告示の公布状況を把握することができるのである。

　1872年4月に上海で創刊された『申報』は中国の近代において最も歴史が長く、しかも大きな影響力を持つ新聞である。同年8月に上海県知事の職に就いた葉廷眷はまさに良い時期に昇進したと言えるだろう。彼は就任直後に『申報』を通じて『恤民示諭』を発表し、「向來新官到任，署内応用一切器具什物等件悉由書役備辦，名曰填宅（従来新しい官僚が着任する際、署内の道具一式はみな書役によって取り揃えることになっている。これを「填宅」という）」という古い習慣を変える自分の決意を県民に周知させるため、「為此示仰書差地保及鋪戶人等知悉，自示之後，如有不肖差保家丁在外招搖，借填宅名目，向店鋪苛派擾累者，一経察出或被告発，定即厳提重辦，決不姑寛（そのために、各書役、地域の責任者及び店舗に知らせ申し上げる。告示後に、もし不肖の書役または署の使用人などが填宅という名目で、店舗に商品をせびる者がいた場合、発覚または告発されれば、必ず直ちに厳重な処罰を科す。決して容赦しない）」と言った³²。この民心の安定を図るための告示を江藍生氏の「それらの文中で'之、乎、

---

³⁰ 許同莘『牘髓』巻二外篇『通俗第三』、『公牘学史』342～343頁。許氏は張之洞陣営で文書係をやっており、言っていることは信頼することができる。
³¹ 『張之洞全集』（公牘）、石家庄：河北人民出版社、1998年、第五冊3246、3263頁；第六冊4881～4882頁、4887頁を参照。
³² 『新任上海県葉憲恤民示諭』、『申報』、1872年8月14日。

者、也、矣、焉、哉'などが使われた書面語は文言で、人々の口語とほぼ同じ書面語は白話である」[33]という文言と白話を区別する基準に基づいて判断すれば、二つの「之」を除くと、この文には意外にも他の文言虚詞はなく、李璋煜の白話に文言が交じっている告示よりさらに分かり易い。これ以後、葉知事の告示はしばしば『申報』に掲載されたことから、彼は最も早く新興の新聞や雑誌を上手く利用した地方官だと言えるだろう。

頻繁に『申報』に登場した葉廷眷は「新官上任三把火（新任者は改革に熱心である）」という諺通りに、就任して半年のうちに、都台河、護城河、三林塘河の三河川の浚渫工事を続けざまに開始した。韻語告示はその中で重要な役割を果たした。

1872年10月に都台河の浚渫工事がまず着工した。そのため11月16日の『申報』に初めて葉廷眷が公布した『河工告示』が掲載された。

　　該處都台河道，現已築壩興挑。出土十丈以外，就近不准棄倒。
　　倘敢貪便傾卸，定即押令挑好。河工黎明上工，勿許挨延缺少。
　　薄暮停工時候，各開水線一條。各董差保夫頭，傳諭一律遵照[34]。

有効に工事を監督するために、半月後の12月2日に葉知事は再度『申報』に二通の『河工告示』を相次いで公表した。二通とも六言韻語で書かれたことから、彼は確かにこれに熱中していたことが分かる。新聞報道によれば、10月27日に都台河の水流が切断され、11月5日に浚渫工事が正式に開始された。浚渫された河道の長さは2,249丈、掘った土の総量は46,467㎥にもなった。工事期限が短く、作業量も多いので、葉廷眷はよく現場に赴き、自ら工事の監督をした[35]。工事の質を保証し、工事の進度を速めるために、彼は二通目の告示で何度も「爾等逐挑実地，務遵応浚丈尺。

---

[33] 江藍生『古代白話説略』5頁。
[34] 『邑尊尊開浚都台河工告示』、『申報』、1872年11月16日。
[35] 『記邑尊開張家河工』、『申報』、1872年11月26日。

各夫実力赶挑，更須加緊撈挖（汝らは土を運ぶ時に必ず課された量をこなさなければならない。運ぶのを急ぐのみならず、浚うことも怠ってはいけない）」と要求した[36]。「斗方告示」の形で工事関係者全員に繰り返し訓令を出し、各種の規定を直ちに通告したことは確かに各自の責任を明確にし、工事を早期に完成させることに有利に働いた。

　この成功例に励まされたのか、12月25日の『申報』で都台河の浚渫工事が「大功告成（無事完了）」と宣言した二日後[37]、葉廷眷はさらに一層の努力を重ねて『撈淺城河告示』を公表した。この文章も前文と同じく六言十二句の韻語である。

　　天旱城河淤濁，現經雇夫清理。凡爾柴糞船隻，未便聚泊一處。
　　應各暫移城外，船夫方可撈泥。糞牙船行保甲，遍行傳諭勿遺。
　　沿河鋪戶居民，莫將垃圾傾棄。大眾各相警戒，庶幾同沾水利[38]。

　わずか一日後に、再度葉知事による三林塘河の浚渫工事に関する告示が掲載された。この告示は散文体だけでなく、「短句告示」と呼ばれる韻文体も同時に使われた[39]。しかし、今回の告示は十二句で終わらず、葉知事の興が乗ったため、文章の内容が倍増した。

　これほど短期間に頻繁に「斗方告示」を公表することはもちろん葉廷眷個人の趣味によるものだと言えるかもしれないが、新聞の伝播作用を利用したことも告示の影響力を拡大させた。しかし、このような告示形式が民衆に歓迎され、効果が上がることがこの高効率を旨とする行政長官を刺激する最大の原動力となったはずである。葉廷眷のこのやり方自体が範を示す意味を持っていた。その後、『申報』に掲載された各級官員の韻文告示

---

[36] 『河工告示・又示』、『申報』、1872年12月2日。
[37] 『葉邑尊尊開浚都台河工土方段落』、『申報』、1872年12月25日。
[38] 『邑尊撈淺城河告示』、『申報』、1872年12月27日。
[39] 『上海葉邑尊挑浚三林塘河』、『又開挑三林塘河工短句告示』、『申報』、1872年12月28日参照。

の内容は河川工事に限らず、多方面に関係する公共事務であれば、大小を問わず、みなこの形を利用して民衆にはっきりと知らしめた。

　寒食節と清明節に柳の枝を折る習慣は、中国の伝統の中では雅やかなことであり、いわゆる「清明攀折柳条，系招介子推魂（清明節に柳の枝を折り、介子推の魂を招くため）」である。しかし、文化背景が違うため租界では柳の枝を折る行為は拒否され、甚だしい場合には訴訟を起こされることもあった。1872 年に柳の枝を折ることを巡ってもめ事が起きた。当時外国人が敷設した大通りは静安寺一帯にまで伸び、西洋商人らが植えた木はまだ成長しておらず、枝を折る中国人はみな租界の巡査に捕まえられ、起訴された者は百数十人にも達した。当時公共租界の合同審理法廷の中国人裁判員であった陳福勲が事件の審理に参加した。彼は起訴された中国人を庇おうとしたが、工部局の規定により、故意に罪を逃れさせるわけにはいかず、それぞれ叱責し、百や二百または数十文の銭を罰金として払わせ弁償させるよりほか無かった。彼は判決文の中で次のように言った。「東園楊柳，卻非塞北章台；西国甘棠，莫作江南驛贈（東園の柳は、塞北や章台のものにはあらず、西国の甘棠を、江南駅の贈り物にすべからず。［用語はすべて古詩文に出典を持つ］）」。引用した典故が適切で、用語も上品なため、一つの美談として伝えられている。残念なことに、このような美文は文人や上品な人には賛美されるが、一般庶民はその美しさを理解することが出来なかった。そこで、翌年の清明節の直前に陳福勲は人々が誤って法律違反をしないように先んじて告示を公布した。この通俗的でありながら上品な「短句告示」は『申報』を借りて次のように宣言した。

　　時居清明，桃柳發坼。租界所種，素所愛惜。
　　往歲士民，每多攀折。被獲送案，致於懲斥。
　　特此諭知，勿蹈前轍。倘敢故違，後悔莫及[40]。

---

[40] 『陳司馬禁攀折柳枝短句告示』、『申報』、1873 年 3 月 26 日。

この告示は葉廷眷が好む六言体を四言体に変えているが、全文はやはり十二句である。これは読み易く、覚え易い長さでもあった。

　1898年フランス租界の「公董局」(フランス租界の中で最高の行政機構)が強制的に四明役所を占領し、さらに役所の塀を取り壊した。これらの行為は地元民の抗議を誘発し、衝突の中でフランス兵は多くの中国人を銃殺した。この重大事件に対して、7月16日、17日に上海道台蔡鈞と上海県知事黄愛棠はそれぞれ「六言示諭」、「六言告示」を公布した。かつて駐スペイン大使館参事官という経歴を持ち、その上交渉術を重視した蔡鈞は、事件当夜フランス租界に告示を貼り出したが、その中で、地方長官の職責を謹んで守り、国と国民の利益を守りながら事態の拡大を防止し、事件を穏便に解決したいという心意気を盛り込むために、告示を起草する際には相当に悩んだことであろう。

　　照得四明冢牆，早年圈入法界。彼此長久相安，自來保護藉賴。
　　祇因欲辦善舉，苦於界内地隘；因此法公董局，欲將家地租買。
　　疊為爾等調停，另覓一地以代。無如福建義冢，早經遷移界外。
　　因此籌辦為難，猶思保全無礙。昨午事機較緊，通宵會商不懈。
　　原思展限寬期，今將圍牆拆壞。知非紳民所願，亦系出於無奈。
　　本道煞費苦心，始終難化解。趕即稟明上憲，一面諭董商辦。
　　爾等務顧大局，切勿逞憤圖快。須知僅取一隅，並非公所全塊。
　　設使一朝償事，貽禍國家堪畏。特此諄諄告諭，以免自貽後悔。
　　倘有無業匪徒，藉端簧惑致哕；定必按名嚴拿，照章重辦不貸[41]。

　この分かり易い韻語を読むと、描写が微に入り細をうがっていることが分かる。この韻語告示は格式化された文言告示より生き生きとして真に迫っている。故に情に訴えて民衆を感動させ、法律で彼らを威嚇するこの方法はより効果的だったのであろう。

---

[41] 『詳紀公所被奪後情形』、『申報』、1898年7月18日。

蔡鈞の告示が新聞に掲載されたのはすでに清朝晩期の白話新聞や雑誌が徐々に盛んになってきた時期であった。1876 年 3 月 30 日に申報館により発行された最初の白話新聞——『民報』が頓挫した後、1897 年 11 月に創刊された『演義白話報』は白話ブームの正真正銘の前触れとなった。大衆を啓蒙しようとすれば、白話の使用範囲を拡大しなければならないことはすでに有識者たちに認識されていた。康有為の弟子である陳栄袞は、「大体今日において変法するには、民智を開くことが先である。民智を開くには文言の改革に如くものはない」と述べている。[42] これを『大公報』の経営者である満州人英斂之の白話記述を借りて言い換えれば、即ち「今の中国では新政を興すところが多すぎるが、その第一としてまず国民を教化しなければならない。字が読めない国民が多すぎるので、間に合わせで対処しなければならない。どうやって対処すべきか、白話を提唱することだ」ということである[43]。

英斂之は自ら提唱しただけでなく、さらには『大公報』が創刊された 1902 年 6 月 17 日から附録欄にたびたび白話文を発表した。彼は新聞に掲載された文章の一部を二巻の白話文録——『敝帚千金』という本として出版した。この本は出版後、好評を博し、1905 年 8 月から『大公報』にこのタイトルをそのまま用いて、毎日白話の特集ページを開始した[44]。1906 年 9 月英斂之は「敝帚千金」欄に次の白話文を発表したが、その目的は白話の告示を提唱することにあった。

  政府裡再出告示，一律改用白話，越淺近越好。有個政令，貼出告示去，叫那認識字的人，念給不認識字的聽，念完了大家也就都明白

---

[42] 陳栄袞『論報章宜改用淺説』、『知新報』111 冊、1900 年 1 月。
[43] 『白話告示的好處』、『敝帚千金』第十七冊、1906 年 9 月 7 日。
[44] 杜新絶『〈敝帚千金〉研究』、北京大学修士論文（未刊行）、2004 年参照。うち一部は『白話與模擬口語寫作——〈語言研究〉附張附〈敝帚千金〉語言研究』と題して、夏曉虹、王風他『文学語言與文章体式——從晩清到"五四"』（合肥：安徽教育出版社、2006 年）に収録。

啦，這有多們省事呢。

　強調すべきは、ここで「一律」を使っていることから、作者はそれまでの告示に白話で書かれたものもあったことをはっきり知っていることを証明している。しかし、汪輝祖の「告示は庶民に読んでもらうものだが、庶民たちは告示の意味を理解できない」という考え方と同じく、英斂之も「わが国民は字を読める人が百人のうち二、三人に過ぎない。たとえ字を読める人がいるとしても、文言で書かれた告示の意味は分からない」と考えていた。従って、「政府の告示の内容は国民に実行させるものである」から、「直接本人に伝達するのと同じようにしなければならない」と彼は考えたのである[45]。これを実現するには、まず今まで部分的に白話を使っていたやり方を変えて全文白話の告示にしなければならない。そうすることによって、はじめて全ての国民に行政からの指示を遵守、実行してもらうことができるのである。しかし、一方、ひたすら行政の告示のみを強調する汪輝祖と違って、近代的ジャーナリストである英斂之は明確に白話告示を「新政の興起」、「民智の開明」と結びつけていた。この二点には当時の言語環境の中で共に富国強兵を目標とし、国民が新政に関与する熱意を呼び起こす意味も含まれていた。しかも、それは現実になりつつあった。これも英斂之が文中で昔から慣用された「百姓」を「人民」に変えた真意だろう。

　白話文運動の迅速な展開につれて、清朝晩期において少なくとも百三十数種の白話新聞、雑誌が強い勢いで白話による創作を喚起した。これも白話の公文書数を大幅に増加させた。この時期には、韻文告示のような愚民に妥協することを目的とする分かり易い文章でも不合格とされ、読むと語呂が悪く、無理矢理つなぎ合わされたものが多いだけでなく、文意の分からない人が読めば、やはりさっぱり分からなかった。言文一致の要求から『京話日報』の編集長は「我々の見解によれば、すべての告示は、みな白

---

[45] 『白話告示的好處』。

話で書くべきだ。各地の言語が違うので、地方の言葉に従って書いてもよい」という更に高い基準を設定した[46]。この告示が公表されて半月も経たないうちに、官話で文書を書くことにおいて優位を占める京師外城工巡分局はすぐさまその呼びかけに応え、純粋な白話の告示を発布した。

  査現在快到新年的時候，各鋪戸住戸，有祭神有開張的，必要放些個鞭炮。若要是放那不往高處飛升的炮竹，還不致有甚麼危險；要是放那雙響炮竹和起花等類，一定是往高處裡飛升。現在天氣這麼樣老不下雪，各樣物件都是乾燥的。倘然飛起來的火星兒，落在容易引火的物件上，著起火來，害處實在不小。若燒了自己的房子物件，那是自不小心，無的可怨；倘若延燒別人房子，總得將放炮竹的人，究問出來，送到當官，按例治罪，那時後悔豈不晩了？看起來這放雙響花炮和起花，真是有損無益。我們工巡局，原有保護人民公安的責任，豈可不預先告訴大眾知道，免得叫住戸鋪戸受了害？你們要是心疼自己合人家的房子物件，怕擔那放火的罪過，就應該不放這等花炮才是。

この布告が張り出されると、『京話日報』の編集者はたいへん喜び、「工巡分局は最も見識があると言えるだろう」、「この工巡分局の長官はきっと物分りの良い人物なのだろう、意外にも我が社の提案に応じたことは、尊敬すべきで、感動すべきことだ」と賞賛した[47]。工巡局（のち「巡警庁」に改称）はもともと新政機構の一つで、北京語で告示を出すことも革新的な行動と見なすべきである。

 もし朱筆から告示までの清朝の公文書と清朝晩期の白話文運動の内在的関係に当事者の自覚的論証を見つけるとするならば、筆者は黄遵憲が1902年に厳復へ宛てた手紙の中で述べたことが最も有力だと考える。厳復は梁啓超が『新民叢報』で自分の訳著『原富』に対する「太務淵雅（難し

---

[46] 『文言不喩俗』、『京話日報』、1905年1月18日。
[47] 『工巡分局出了白話告示』、『京話日報』、1905年1月29日。以上の2資料は郭道平氏より提供を受けた。ここに謝意を示す。

さと雅さを求めすぎる）」、「非多読古書之人，一翻殆難索解（古書を沢山読んだ人でなければ、意味がほとんど理解できないであろう）」という批判を承服せず、梁啓超の「文界之宜革命久矣（文界ではもっと早くから革命を行うべきだった）」という慨嘆に対して次のように反駁した。「若徒為近俗之辞，以取便市井郷僻之不学，此于文界，乃所謂陵遅，非革命也（俗な文辞で、市井僻邑の無学のために便宜を計らうだけのためというなら、それは文界にとって、「陵遅」の刑も同然で、革命などではない）」[48]。これに対して、黄遵憲は厳復に手紙を送り、自分の態度を表明した。

　　公以為文界無革命，弟以為無革命而有維新。如『四十二章經』，舊體也，自鳩摩羅什輩出，而內典別成文體，佛教益盛行矣。本朝之文書，元明以後之演義，皆舊體所無也，而人人遵用之而樂觀之。文字一道，至於人人遵用之樂觀之，足矣[49]。

梁啓超が唱道する文界革命を応援する論述の中で、「本朝」即ち清朝の「文書」を小説演義と同列させ、その俗語的性質を明確に認定した。黄遵憲が断言した「皆旧体所無也（皆旧体にないものである）」という結論は正確ではないが、白話は清朝政府サイドの公文書の中ではすでに定着し、「人人遵用之而楽観之（皆が喜んでこれを使う）」という事実は、白話文告を清朝晩期の白話文運動の重要な源と見なすべきことを証明している。

四、誰もが知っている『聖諭広訓』

　民衆の日常生活と密接な関係がある役所の告示以外に、清朝社会におい

---

[48] 『紹介新著・原富』（原文は未署名）、厳復『輿新民叢報論所譯原富書』、『新民叢報』1、7号、1902年2、5月。
[49] 黄遵憲『致厳復書』（1902年）、王栻主編『厳復集』第五冊、北京：中華書局、1986年、1573頁。句読点は変更している。

て強大な影響力を持ち、白話文が広まるのに大いに貢献したものがもう一つある。それは地方官と知識人が積極的に編集した「聖諭」と『聖諭広訓』について解説する本である。このような読み物を『聖諭広訓』シリーズと総称してよいだろう。

台湾の学者王爾敏氏は明朝と清朝の庶民生活について専門的な研究をしているが、彼の意見によれば、「清王朝二百年余りの歴史において政府と民間で最もよく知られている本は『聖諭広訓』であり、『時憲通書』、『万宝全書』以外に『聖諭広訓』は全国で三番目に通用していた一般書籍」であった[50]。この本の由来を一言で言えば、雍正帝が康熙帝の民衆を教化するために作った「聖諭十六条」についての解説である。

康熙九（1670）年十月、清聖祖は礼部への勅命の中で「至治之世，不以法令為亟，而以教化為先（至って治まった世ならば、法令を急務とせず、教化を優先するものである）」という思慮をもって次のように述べた。

> 朕今欲法古帝王，尚德緩刑，化民成俗，舉凡敦孝弟以重人倫，篤宗族以昭雍睦，和鄉黨以息爭訟，重農桑以足衣食，尚節儉以惜財用，隆學校以端士習，黜異端以崇正學，講法律以儆愚頑，明禮讓以厚風俗，務本業以定民志，訓子弟以禁非為，息誣告以全良善，誡窩逃以免株連，完錢糧以省催科，聯保甲以弭盜賊，解讎忿以重身命，以上諸條，作何訓迪勸導，及作何責成內外文武該管各官，督率舉行，爾部詳察典制，定議以聞。

礼部は十一月の報告の中で、普及方法について広く八旗および直隷各省、府、州、県、郷、村の人々に知らせ、確実に実行すると明確に決めた[51]。ここから「聖諭十六条」を講読解説する序幕が切って落とされた。

---

[50] 王爾敏『清廷〈聖諭広訓〉之頒行及民間之宣講拾遺』、周振鶴『聖諭広訓：集解與研究』、上海書店出版社、2006年633頁。初刊は『中央研究院近代史研究所集刊』22下期、1993年6月。
[51] 『聖祖実録』巻三十四、『清実録』第四冊、北京：中華書局、1985年461、466頁。

雍正二（1724）年二月、清世宗は「上諭十六条」の意味を演繹し、文章を敷衍させた結果、万言を得、『聖諭広訓』と名付けたものを全国に公布した[52]。この万言の書はすぐに初級の科挙試験を受ける受験生が暗記しなければならないものとなり、八股文の試験を受ける時に必ず暗唱する『四書』と同様に重視され、さらに各級の官学にまで採用され、教官が生徒全員を集め、月の一日と十五日に講読解説を行う際の決まった教材となった[53]。もちろん、雍正帝が期待していた最大の読者層は一般庶民であり、すべての国民に知ってもらうことを望んでいた。しかし、雍正帝は「『聖諭広訓』は意味がはっきりしていて、言葉が実直である」と自ら誇っていたが[54]、彼が使用していた文体はやはり文言なので、教化対象となる庶民たちが完全に理解するのは不可能だった。これは康煕帝の民衆を教化して風俗を良くし、統治を安定させるという遠大な計画と比べて、実に大きな差があった。そこで以前の通俗化の考え方を引き継いだが、康煕帝の「十六条」についての解説をさらに拡大して『聖諭広訓』をめぐり大規模な聖諭講読解説運動が展開された。

康煕帝から雍正帝にかけて十六条の「聖諭」に関する講読と解説も徐々に制度化されていった。雍正七（1729）年閏七月、大学士である馬爾賽などの提案に基づいて、清朝政府は「直省各州県大郷大村人居稠密之處倶設立講約之所」、「毎月朔望齊集郷之耆老、里長及読書之人、宣読『聖諭広訓』、詳示開導、務使郷曲愚民共知、鼓舞向善」（直轄省、各州県、郷村の人が多い場所に講約所を設立し、毎月一日と十五日に人を集め、村の老人、里長及び知識人が『聖諭広訓』を読み聞かせ、詳しく指導し、田舎の愚民に知識を与え、良い方向にむかうよう鼓舞する）ことを決めた。さらにそれを地方官の日常の職責として、官員審査の範囲に収め、州県の官員が力を

---

[52] 清世宗『〈聖諭広訓〉序』、『聖諭広訓：集解與研究』559頁。
[53] 『教官事例』、『欽定禮部則例』巻五十三、乾隆四十九（1784）年刻本。他に童生が試験の際に黙写しなければならない『聖諭広訓』については、周振鶴『聖諭、〈聖諭広訓〉及其相関的文化現象』、『聖諭広訓：集解與研究』584頁を参照。
[54] 清世宗『〈聖諭広訓〉序』、『聖諭広訓：集解與研究』559頁。

尽くしてやらなければ、その上司である総督と巡撫が実情を上に報告し処分するべきだとした[55]。毎月一日と十五日に定期的に『聖諭広訓』の講読解説を行うという制度は見かけだけの存在になってしまった時期もあったが、清朝末期までこの活動は続けられた。

地方官が監督と指導を担当し、『聖諭広訓』を熟読、暗唱できる秀才たちを主力として、全国各地の少なくとも二万以上ある講約所[56]で、毎月、毎年のように講読解説をしていたことから、このような膨大な需要がどれだけ多くの解説書を誕生させたか想像に難くないだろう。地方官は政治的業績をあげ、規範を方向付けしなければならず、指導者は模範を示し、後世に名を残したいという理由によって、似通った創作や翻刻本が次々と現れた。周振鶴氏が編集した『聖諭広訓：集解と研究』という大著のお陰で我々は大いに見識を深められた。この本に収録された康熙帝の「聖諭十六条」と雍正帝の『聖諭広訓』を解説する中国語の著作は三十種類にも達しているが、その中には周氏が目を通した善本と一致する作、及び復刻本は含まれておらず、周氏は自分が編集したものはまだ不完全な点があると率直に認めている。耿淑艶氏は『聖諭宣講小説：一種被湮没的小説類型』という論文の中で、多くの嶺南（広東と広西一帯）の知識人が作った「宣講故事集」を補充した[57]。民国年間に至ってもこのような読み物がまだ増刷されていたことは[58]、その影響力の強さを証明するのに十分であり、同時に、『聖諭広訓』の解説本の類いが氾濫するほどに普及していたことも明らかにした。

---

[55] 『学政全書』巻九「講約事例」、『聖諭広訓：集解與研究』512 頁。
[56] この数字は周振鶴氏の推算に拠る。『聖諭、〈聖諭広訓〉及其相応的文化現象』、『聖諭広訓：集解與研究』586 頁を参照。
[57] 耿淑艶『聖諭宣講小説：一種被湮没的小説類型』、『学術研究』2007 年 4 期参照。
[58] 周振鶴氏が言及した 1917 年版『宣講維新』、1924 年版『宣講選録』（『聖諭、〈聖諭広訓〉及其相関的文化現象』、『聖諭広訓：集解與研究』626 頁参照）、及び耿淑艶が論述した 1928 年版『宣講余言』（『聖諭宣講小説：一種被湮没的小説類型』参照）など。

庶民を教化することを目的としているため、これら「聖諭」や『聖諭広訓』について説明する本の多くは白話体を取り入れていた。周振鶴氏が収集した三十種の著作の中には雍正帝の『聖諭広訓』と趙秉義の『広訓附律例成案』を除くと、残りの本のうち白話の読み物は二十三種を占めている[59]。因って広く伝わった『聖諭広訓』の注釈本のうち直解直訳の白話本が絶対的な主流であったと断言できる。

　これらの解説者の白話のレベルはまちまちであったが、その中の優秀な作は、文化言語学において多くの著作を持つ周振鶴説からは、「言語は生き生きとし、修辞レベルが高く、白話は精彩をはなち、評話・説書と同じく方言色さえ味わうことができる」と評価された。周氏が考証した結果、「聖諭十六条」の解釈の第一人者と高く評価されたのが陳秉直という人物である[60]。陳秉直説が書いた『上諭合律注解』も重視すべきである。「敦孝弟以重人倫（孝行を敦くし、人倫を重んじる）」についての解説の最初で次のように述べている。

　　你們眾百姓可曉得為何上諭第一條把人倫說起？只為人生天地間，父子、兄弟、君臣、夫婦、朋友是個五倫，人人有的，所以叫做"人倫"，然人自少至長，未有君臣、夫婦、朋友之時，先有父子、兄弟、那父子、兄弟實為人倫之始，所以皇上先說出"孝弟"兩字來叫你們知道[61]。

陳秉直は後に浙江巡撫の職に就いたこと、満州族で鑲黄旗に属する旗人という彼の出自が官話の文章を手際よく書ける原因であろう。

　同様の例が他にもあり、清朝で最も流行した『聖諭広訓』の解説本に、天津出身の王又朴の手によるものがある。王又朴の当時の官職は陝西塩運

---

[59] 『聖諭像解』（梁延年）、『恭釋上諭十六條』（蔣伊）、『韻文衍義』（張亨鈃）、『宣講愸言』（簡景熙）、『聖諭広訓疏義』（広仁善堂）の5冊は文言で書かれている。

[60] 周振鶴『聖諭、〈聖諭広訓〉及其相關的文化現象』、『聖諭広訓：集解與研究』595、596、597頁。

[61] 陳秉直『上諭合律註解』、『聖諭広訓：集解與研究』4頁。

分司で、彼が書いた『聖諭広訓衍』を周振鶴説は、「王氏の白話翻訳は二百数十年前に書かれたものだが、その流暢さと分かり易さは、民国時代の白話を得意とした小説家でさえも及ばないと自ら嘆くだろう」と評価している[62]。彼が訳した『聖諭広訓』第一則の冒頭の内容を例として説明を試みると、例えば、雍正帝の文言は次のように書かれている。

> 我聖祖仁皇帝臨御六十一年，法祖尊親，孝思不匱，欽定『孝經衍義』一書，衍釋經文，義理詳貫，無非孝治天下之意，故聖諭十六條首以孝弟開其端。朕丕承鴻業，追維往訓，推廣立教之思，先申孝弟之義，用是與爾兵民人等宣示之。

王又朴は次のように訳した。

> 萬歲爺意思說：我聖祖仁皇帝坐了六十一年的天下，最敬重的是祖宗，親自做成『孝經衍義』這一部書，無非是要普天下人都盡孝道的意思，所以聖諭十六條，頭一件就說個孝弟。如今萬歲爺坐了位，想著聖祖教人的意思，做出『聖諭廣訓』十六篇來，先把這孝弟的道理講給你們眾百姓聽[63]。

彼の白話による記述は適切で、しかも翻訳の痕跡を残さない、実に得がたいものである。このような白話の著作は政府サイドの力を借りて、皇帝の聖諭と相俟って大量に印行され、相当な権威性を持ち、順調に各階層に達したことが推察できる。

注目すべきは、清朝晩期になると『聖諭広訓』の講読解説は時代とともにさらに変化し、分化と変形の現象が現れたことである。維新変法の啓蒙

---

[62] 周振鶴『聖諭、〈聖諭広訓〉及其相關的文化現象』、『聖諭広訓：集解與研究』605頁。
[63] 清世宗『聖諭広訓』、王又朴『聖諭広訓衍』、『聖諭広訓：集解與研究』162〜163頁。

思潮が日増しに人々の支持を得るにつれ、新聞、特に白話の新聞や雑誌が各地で盛んになり、演説もますます風靡した。新聞と演説、そして新知識を教える学校は、梁啓超により「文明を伝播する三つの鋭器」と呼ばれた。その違いは、「国民の識字率が高ければ、新聞を利用し、低ければ演説を利用する」ということである。しかし、どの「文明普及法」[64]にしても、『聖諭広訓』の影響から抜け出すことができなかった。

　1901年に山東巡撫である袁世凱が山東大学堂を創設するため皇帝に上奏文を提出した。彼の「試案」の規則には、「毎月一日と十五日に教師が学生を率いて敬礼し、『聖諭広訓』を講じて心身を戒める」と明記されていた[65]。翌年に公表された『欽定学堂章程』の中には、京師大学堂や高等学堂であれ、中学堂や小学堂であれ、すべての規則に「教師、学生はみな『聖諭広訓』を遵守し、毎月一日には教師が学生を集め、講堂で『聖諭広訓』の一条を謹んで講じる」という内容が記載されていた[66]。政府が経営する新式の学堂では、最初は制度化されていた講読あるいは『聖諭広訓』を講読するという伝統行事を意識的に残そうとしたことがここから看取できる。中でも、山東大学堂のやり方はより昔のやり方に忠実であった。しかし、その間の新旧の衝突はすでに学務を司る大臣に察知され、山東大学堂のやり方も昔とほぼ同様であった。しかし、朝廷の学務を主管する大臣もその矛盾に気づいており、翌年に公布された『奏定学堂章程』では上記の規約は削除された。但し、興味深いことに、『聖諭広訓』はこれで完全に退いたわけではなく、機能を変えただけであった。通行本の『聖諭広訓

---

[64] 任公『飲冰室自由書』、『清議報』26冊、1899年9月。この規則はもとは単独で項目が付けられていなかったが、1902年横浜新民社版『清議報全編』に収録された時、『文明普及之法』とされ、同年横浜清議報館活版部が単行本『飲冰室自由書』として出版した際に『傳播文明三利器』となった。

[65] 『光緒二十七年（1901）山東巡撫袁世凱奏辦山東大学堂折（附章程）』、朱有瓛主編『中国近代学制史料』第一輯下冊、上海：華東師範大学出版社、1986年、791頁。

[66] 『欽定大学堂章程』、『欽定高等学堂章程』、『欽定中学堂章程』、『欽定小学堂章程』、『欽定学堂章程』、1902年。後ろの三種類の規則から引用。

直解』は「中国文学」という学科で官話を学ぶための教材に指定され、その文章はみな京師の言葉で書かれているため、週一回勉強すべきだと決められた[67]。この措置の裏に明言できない深い意図が隠れているとはいえ、『聖諭広訓』の解釈本がすでに堂々と政府が経営する新式学堂に入ったという事実を重視すべきである。言い方を変えると、これは清朝晩期の白話文運動が政府の教育体系に受け入れられたことを反映している。

　白話の雑誌が南北各地で次第に興り、1902年になると、『大公報』が一早く白話のコラムを開設した[68]。英斂之は「毎日倶演白話一段，附於報後，以當勸誡（毎日白話で一節をしたため、記事の後に附録し、勧誡）」とし、彼の平俗化を進める厚意も当時の人に注目された。多くの人が彼の行為を認め、彼を模倣する新聞もますます多くなった[69]。英斂之の行動はその当時天津にいた直隷総督である袁世凱の注目を引いた。袁世凱の指示に基づいて1902年12月25日に『北洋官報』（隔日発行）が創刊され、毎回の表紙には呂守曾が編纂した『聖諭広訓直解』を連載した。この独特のレイアウトは上諭を尊崇する意味以外に、実は白話を官報の最も目立つところに位置させることにあった。これは白話を掲載した『大公報』の影響を受けたと言ってもいいだろう。

　最もはっきりしているのは、白話新聞と結びついた演説である。台湾の学者李孝悌氏は清末の下層社会の啓蒙運動を研究する際には、「演説」と「宣講（講読解説）」は関連があり、その上で、「宣講から演説への変化から我々は時代が変わった痕跡を見出すことができ、それと同時に新生事物や現象のいきさつも見抜ける」と述べた[70]。筆者が更に注目している点は、

---

[67] 『高等小学堂章程』、『奏定学堂章程』、学校司排印局、1904年。
[68] 英斂之は『〈敝帚千金〉凡例』で次のように言った。「中國華文之報附以官話一門者，実自『大公報』創其例。」（『敝帚千金』第一冊、1905年8月）
[69] 英斂之の壬寅年五月十八日（1902年6月23日）日記、『英斂之先生日記遺稿』、沈雲龍主編『近代中國史料叢刊續輯』台北：文海出版社、1974年、第二十二冊516頁。英斂之『〈敝帚千金〉凡例』、『敝帚千金』第一冊。
[70] 李孝悌『清末的下層社會啓蒙運動：1901-1911』、石家庄：河北教育出版社、2001

清朝晩期の『聖諭広訓』についての宣講が、新知識を支え、啓蒙を目標とする演説に次第に変化する過程における、政府サイドと民間の協力、及びその制度化のプロセスである。

　直隷総督である袁世凱の意向を受けて設立した「天斉廟講習所」は、天津で初めて風気を開くお手本という意味で注目されるべきである。この講習所は1905年7月3日にスタートした。毎晩八時から十時半まで、『聖諭広訓』と古今東西各種の有益とされる書籍を講読解説し、後者には『朱子格言』、『訓俗遺規』などの伝統的で道徳的な読み物もあれば、新しくできた『国民必読』及び『大公報』、『京話日報』、『天津日日新聞』を含む各種の新聞もある。毎日地元の有力地主や退職官吏が順番に講座を担当し、週二回は袁世凱の総督署の楽団も講座の休憩時間に演奏して花を添えた。形式が様々であり、演説も生き生きとしているので、講座は開始以降大勢の聴衆を引き寄せた[71]。

　このように官民協力により成功したモデルは天津で急速に推し広められたばかりでなく、さらにその影響はすぐに北京にも及んだ。学部が1906年5月に制定した『奏定各省勧学所章程』では「宣講所」を各庁、州、県で設立する勧学所の編成に必ず取り入れるようにと明言した。それに関連する規定も『聖諭広訓』の講読解説との繋がりを強調し、天津での成功例と近いものであるよう求めた。

> 各属地方一律設立宣講所，遵照従前宣講『聖諭廣訓』章程，延聘専員，随時宣講。……宣講応首重『聖諭廣訓』，凡遇宣講聖諭之時，応粛立起敬，不得懈怠。……其学部頒行宣講各書，及國民教育、修身、歴史、地理、格致等浅近事理，以迄白話新聞，概在応行宣講之列。[72]

年、94頁。
[71] 『宣講所牌示』、『紀宣講所』、『大公報』1905年7月1日、8月15日、7月26日。
[72] 『遵議各省学務詳細官制辦事権限並勧学所章程』、『学部官報』2期、1906年9月。

後に公布された『学部採択宣講所応用書目表』の中のトップはやはり『聖諭広訓』であり、その他には天斉廟講習所で使用された『訓俗遺規』、『国民必読』も収録されていた[73]。

この新旧混在した現象に対して、鋭い眼光を持つ『大公報』の経営者である英歛之などは直ちに不満を示した。彼から見れば「『訓俗遺規』等書、其間不免有不合時宜之旧理、與国民之新智識相矛盾。演説一道、影響于社会者極大、開風気、牖民智、端頼于此（『訓俗遺規』などの書は、時宜に合わない旧い理があり、国民の新知識と相矛盾するところがあるのも免れない。演説というのは、社会に影響を与えること極めて大きい。風気を開き、民智を牖くには、大いに此に頼る）」であるが[74]、彼が一番心配しているのは「講的稍有個宗旨不正，好者弄成一個從前初一、十五宣講聖諭的具文，壞者結成一個尋常說書廠兒的惡果（少しでも宗旨から外れれば、良くて昔一日、十五日に講じられる聖諭のおきまり文句になり、悪くするとつまらない講談者に成り下がってしまう）」ということである。そのため、英歛之は講座の担当者が確実に国民を教化するという大きな責任を担うよう強く求めた。しかし、これは講読解説の内容についての議論で、『聖諭広訓』を解説することから来た「宣講所」という名称に対して、英歛之は何ら反感を持っていなかった。そればかりか彼の心の中では、「宣講」という二字は、演説の別名であると考えていた[75]。このように「聖諭宣講」に対してかなり反感を持つ英歛之ですら「聖諭宣講」と「宣講所」の繋がりを切断できないことから[76]、それまでの「聖諭宣講」の影響力の強さが

---

[73] 『学部採択宣講所応用書目表』、『学部官報』4期、1906年10月。
[74] 『紀宣講所』、『大公報』、1905年8月15日。
[75] 『敬告宣講所主講的諸公』、『大公報』、1905年8月16日。
[76] 公に『聖諭広訓』にけちをつけることはできないが、英歛之は何度も同意できないことを吐露している。例えば1902年11月6日『大公報』に発表した『説演説』では、「演説」及び国民の文化的水準を拓くのに必要な言論の自由と『聖諭広訓』が代表するところの言論は一律に対立している：「但窃謂中国欲演説之風盛行，以拔顕愚之幽滞者，非先稍明言語自由之公理不可。若為上者之意，常以自由為非，則斯民所得饔者，捨『聖諭広訓』之外，無他物也。斯民之智，予日望之！」

分かるだろう。

　口頭での講読解説と演説を文字にすると白話文になる。清朝晩期の文言雑誌は時々白話の記事を「演説」或いは「演壇」と称したが[77]、その中で本当の講演原稿は決して多くなかった。このことからも白話と演説の関係が密接だということを証明できるだろう。或いは、清朝晩期の白話文は実は演説を模して書かれたものだと考えても良いだろう。天津県知事の唐則墹が1905年12月30日と1906年1月4日に西馬路と河東地蔵庵の二ヶ所の宣講所で行った演説は、我々に清朝晩期の政府が主導した宣講のサンプルを提供してくれる。『大公報』の附刊である『敝帚千金』に残されたこの二つの白話原稿の前置きはまったく同じである。

　　　本縣是地方官，有親民之義務，有教養之責任。今與各位白話講講。設宣講所是為民智不甚開通，不知爭勝，不能自強。所以請幾位讀書明理的先生，每晚登台演説，或講康熙皇帝的『聖諭廣訓』，或講大人先生訓俗警世的書，或講本朝的『聖武記』，或講勸人行善的格言，總是有益人心風俗的好話。

　一回目の講演のテーマは「合群」と「崇儉」、二回目は「正人心」と「自強」であった[78]。『聖諭広訓』を講読解説する古い話題の下で、「合群」や「自強」などの時局に関わる用語を含む新しい道理を引き出した。

　実は1910年になっても、政府から見れば『聖諭広訓直解』はやはり国民の通俗教育と結びつけることができるものであった。高歩瀛と陳宝泉が1905年に書いた白話本の『国民必読』に取って代わるために、清朝の学部

---

[77] 専門の白話雑誌があり、このため文言と白話の混雑現象は女性誌にとりわけよく見られる。例えば1902年5月に創刊された『女報』(『女学報』)には「白話演説」(後に「演説」に変わる)欄があり、1904年1月に創刊された『女子世界』には「演壇」欄がある。

[78] 『十二月初五日西馬路宣講所開講天津縣正堂唐演説白話』、『十二月初十日天津河東地藏庵宣講所開講唐縣尊演説』、『敝帚千金』第九冊、1906年1月3、14日。

は1909年に新版の『国民必読』を編集することを計画していた。翌年、本が完成し、試行された。新版の『国民必読』は各学堂や識字塾の専用教材として印行されたもので、学校に行けない庶民のための読み物はまだ計画されておらず、また白話本についての議論があり、そのモデルとなったのが『聖諭広訓直解』であった。

　　伏維我聖祖仁皇帝御制聖諭十六條，我世宗憲皇帝御制『聖諭廣訓』，先後頒行天下，凡士子歳科試敬謹默寫，著在令甲，久經遵行。而地方官吏敬謹宣講，以曉軍民，亦復垂為故事，且有以白話演為『直解』等書者，取其語意淺明，婦孺共曉，與現纂『國民必讀』之意隱合。臣等擬俟試行之後，熟察何種課本之尤為適用者，即據以演成通俗之文，作為定本，發交各地方勸學、宣講等所，廣為教授傳播，務使人人能明國民之大義，以植預備立憲之基礎。

　立憲の準備をするにあたり、国民に道徳を完備させ、知識を充実させ、責任を確定させることを目的とするこの『国民必読』を普及させる方式は、『聖諭広訓直解』のやり方を踏襲したものである[79]。『聖諭広訓』の白話解読本が、清朝晩期における白話文運動の一つの手がかりとしてずっと存在していたことは疑いのない事実である。

　実は政府サイドによる根源追求にしろ、民間の非自覚的踏襲にしろ、ひいては『聖諭広訓』の講読解説に対して異議を持っていた英斂之にとっても、『聖諭広訓』の講読解説と白話で注釈した読み物の大量出現という清朝の歴史を貫通する文化現象は、すでに人々の意識の底に沈殿した記憶と見慣れた常識になってしまった。実際、『聖諭広訓直解』の助けを借り、白話はすでに政府サイドが許可した学堂教材となり、政府系の雑誌の表紙を飾り、朝廷の上から下まで前代未聞の尊崇を受けた。清朝晩期の白話文運動の参加者はもともと異なる階級や政治集団から来たものであり、民衆

---

[79] 『奏編輯〈国民必読〉課本分別試行折』、『学部官報』114期、1910年3月。

の考え方を一新することも社会各階層が受け入れることのできるスローガンであった[80]。この二つの理由によって、『聖諭広訓直解』を代表とする淵源深い政府サイドの白話文は最終的に清朝晩期の啓蒙運動に融合することができた。

　清朝晩期の白話文運動の淵源について検討するには、違った角度から切り込むことができる。大まかに言えば、これらのリソースは社会構造から分ければ政府サイドと民間であり、教養レベルから分ければ知識人と大衆である。既存の文学史論述の多くは知識人と大衆が互いに影響しあうことに注目しているが、最近の調査である宣教師の白話文を加えても、全ての視角は民間の立場に限られている。本論は、このような民間に対する意図的な強調が一種の思考パターンとなり、我々が事実を全面的に観察、分析するのを妨害しかねないと考える。いずれにせよ、言語をめぐる発言力では政府サイドはより多くの文化リソースを有し、国家機構の力を利用することによって作り出される影響力は通常の場合、民間を上回るはずである。マルクスとエンゲルスが言ったように、「統治階級の思想は全ての時代において統治地位を占める思想である。つまりある階級が社会において物質面で統治地位を占めると、それと同時に精神面でも統治地位を占める」[81]ということである。これが本来の常識である。常識に立ち戻り、歴史の現場に戻ると、人民の生活に関わる白話の告示と定期的に講読解説された『聖諭広訓』、及びその白話の読本は清朝晩期の白話文運動のためにあらかじめ有力な伏線を張ったと同時に、白話文運動が展開する過程で政府サイドと民間が絶えず汲み取るリソースともなった。

　さらに大きな観点から見れば、清朝晩期の白話文運動には「白話を重視し、文言を排斥する」[82]と主張した裘廷梁のようなごく僅かな過激派も存

---

[80] 拙稿『晩清白話文運動』、『文史知識』、1996 年 9 期を参照。
[81] マルクス、エンゲルス『徳意志意識形態』、『馬克思恩格斯選集』、北京：人民出版社、1972 年、第一巻 52 頁。
[82] 裘廷梁『論白話為維新之本』、『中国官音白話報』（『無錫白話報』）、19、20 期合刊、1898 年 8 月。

在したが、主流となったのはやはり文言と白話が並存し、各々の道を歩むという考え方であった。「俗語を修めて民衆を啓蒙し、古文を用いて国学を維持する」という白話に対する前例の無い高い評価が白話を「文言」と並んで称される地位にまで昇格させた[83]。これはもちろん国民を教化する需要が直接の原因となっていたが、実は清朝の満州族統治者の白話に対する寛容な態度も白話文運動が「一人呼べば百人応じる」という普遍的な支持を得た重要な歴史的原因であるだろう。

2009年4月16日初稿、7月13日京西圓明園花園にて修訂
2010年1月14日香港中文大学寓居にて定稿

翻訳：馮宜光；校閲：紅粉芳恵、陳贇、沈国威

---

[83] 劉光漢『論文雑記』、『国粋学報』1年1号、1905年2月。併せて拙稿『晩清白話文運動』を参照。

近代韓国における翻訳小説の文体の変遷

崔　溶澈

一、近代韓国の西欧文学の翻訳と文体論争

　1894年の甲午更張（もしくは甲午改革）を契機として、全面的に近代化改革への道を歩み出した朝鮮では、西欧の発達した文物を積極的に受け入れ始め、外国文学の輸入と同時に翻訳の方法も多様化し始めた。当時、東アジアで西欧文化を最初に受け入れた日本が中国、韓国に大きな影響を与えていた。中国は梁啓超らによって日本から西欧文化を取り入れ、韓国では日本ないし中国を通して、西洋の先進文明を輸入するようになったのである。韓国における日本の影響力が増大するのに伴い、大部分の外国文学は、先に日本語訳された作品が再翻訳として韓国に紹介され、その中の一部の作品は中国語から重訳されたりもした。

　開化期（1895～1909）には主に「少年」のような雑誌や「漢城新報」、「大韓毎日申報」などの新聞を通して、キリスト教の物語や世界の歴史、あるいは偉人伝などが小説の形式で翻訳、紹介された[1]。『텬로력뎡：天路歴程（1985）』、『유옥역젼：アラビアンナイトの翻訳（1895）』、『拿破崙伝（1895）』、『태서신사：泰西新史（1896）』、『中東戦記（1899）』、『意大利独立史（1907）』、『월남망국사：越南亡国史（1906、1907）』、『中国魂（1908）』などがそう

---

[1] 以下、近代韓国の分期別外国文学翻訳の概況はすべて、『金秉喆韓国近代翻訳文学史研究』（乙酉文化社、1988再版）を参照した。なお、印刷上の理由で以下引用した韓国語（한글）古文の아래아は、すべて아に置き換えた。

である。その中には、西洋の宣教師が直接翻訳したものもあるが、殆どは日本語訳、あるいは中国語訳から再び翻訳された重訳本であった。翻訳の状態を考察すると、未だ完訳の形態はごく少数であり、翻案、抄訳または縮訳、梗概訳などが多数であった。しかし、梁啓超の『越南亡国史』や『中国魂』など一部作品は逐次訳で完訳されていた[2]。翻訳、台本(底本)が中国語から来た場合は勿論だが、日本語から来た場合にも、国名や人名は殆どが中国式の翻訳語を採用しており、法国、意大利、美国、羅蘭夫人、羅賓孫などと表記してある[3]。

日帝強占期が始まった1910年からは、韓国の民族精神の高揚や政治的意図を含んだ西洋の歴史、偉人伝の翻訳は次第になくなり、時事性の少ない純文学作品の翻訳が増加した。当時は『イソップ話(Aesop's・Fables)』を翻訳した『伊蘇普の空前格言(1911)』、『アンクルトムの小屋(Uncle・Tom's・Cabin)』のあらすじを翻訳した『검둥의설음(1913)』、ユゴー(Hugo)の『レ・ミゼラブル(Les・Miserable)』を翻訳した『哀史』など、大部分が日本語から重訳したものであった。この時期の後半にあたる1918年に創刊され、短期間で大きな役割を果した「泰西文芸新報」が、代表的な西欧文学の翻訳誌の役割を担っていた。発行人であった解夢張斗徹と岸曙金億の翻訳により、A・コナン・ドイル(Arthur・Conan・Doyle)の『忠僕/探偵譚』、モーパッサン(Guy・de・Maupassant)の『孤独』、ツルゲーネフ(Turgenev)の『密会』などが翻訳、連載された。翻訳の台本でも前の時期には中国語(漢語)から来た作品が相当数存在したが、この時期には中

---

[2] 梁啓超に対する朝鮮の知識人たちの関心は、この上なく大きかった。安昌浩など、近代における学校設立者たちは、梁啓超の小説や論文に対し漢文読本を使い、新聞や雑誌にも梁啓超の文章を翻訳して掲載した。『伊太利建国三傑伝』(1902)等の様々な本が翻訳された。これに関する研究には「韓国の開化期の文学に及ぼした梁啓超の影響の研究」(牛林杰、成均館大、2000)、「開化期の文体に及ぼした梁啓超の影響」(牛林杰、中韓人文科学研究会、2000)などの論文がある。

[3] 日本では当時これらを佛蘭西、伊太利、米国と表記した。これは当時、翻訳者が日本からの影響を表わさないようにという意図があったと思われる。

国語から重訳された西洋の作品は皆無であり、大部分が日本語あるいは西洋語を直接翻訳したものであった。

1920年代に至っては外国文学の翻訳が飛躍的に増加し、内容も純文学が殆どを占め、ジャンル面においても小説、詩歌、評論、随筆、童話などを網羅していた。このような変化の背景には、1919年の三一独立運動の衝撃により1920年から朝鮮総督府が施行した文化政策の一環であった『朝鮮』、『東亜』など多様な新聞の出現と、数多くの文芸誌の創刊、そして外国文学と幅広く接する日本留学生の増加があったと言える。ロシア語など一部の外国語作品は、やはり日本語から重訳されたが、英語またはドイツ語、フランス語などの場合は、直接解読できる専門の翻訳家が現われ始め、西洋各国の文学が幅広く紹介されたのである。

1920年代はまた本格的な翻訳文学論争が起こり、翻訳の方法と文体に対する真摯な学術的検討が進められた時期でもあった。それは翻訳史の初期において、常に見られた意訳や抄訳に対する反省から始まったのである。岸曙金億と無涯梁柱東の間で最初に始まった翻訳論争は、「充実した直訳か、作品全体の雰囲気を考慮した意訳か」という問題を提起し、文学の翻訳においてどちらがより正しい方法であるかを問う論争であった。原作との直接的対照を通して行なわれた実際の批評は、近代韓国翻訳批評史においても重要な意義を持つものであった。それは、今までの単純な内容要約の伝達や日本語を通した重訳の段階から脱して、内容と形式重視の責任ある翻訳を要求するという学問的成熟段階に達した反証である。岸曙は「翻訳はすなわち創作」という見地から、原作の意味を汲んだ意訳を重視し、無涯は原作の一字一句に則した直訳を強調することを徹底した翻訳を重視した。

当時、金億は『失われた真珠』の序文（1924.4.28）で「詩の翻訳というのは翻訳でなく創作で、私は創作よりもっと精力を加えた仕事だと思います」と言い、論文「移植問題に対する管見（『東亜日報』、1927.9.28～29)」においても、「翻訳は創作である」という副題の下に「厳正な意味での翻

訳は、存在しないというのが事実である。……そのため、翻訳とは何よりも翻訳者その人の恩恵であり、芸術的気質の処理能力と創作力を待たずには存在できない至難の業である」と主張した。後日「訳詩論」(東光、第3巻5号～6号、1931.5.1～6.5)においても、やはり結論は「詩歌の翻訳は、単純な翻訳ではなく、一種の創作だと言わずにはいられない」という一貫した立場を取っている[4]。

一方、これに対抗した梁柱東は、金億の『新月』の翻訳を直接例として挙げながら、直訳論を非難した岸曙(金億)がむしろ直訳に陥った実例を列挙して、自身は原文に忠実で、原文の真意を生かした意訳を場合によっては大胆に行なうと主張した。

その後、梁柱東はまた異河潤らの海外文学派と翻訳論争を起こし、翻訳において注目すべき次のような問題点を提起した。それは第一に訳者の翻訳態度としての意訳と直訳の問題、第二に翻訳の文体としての硬文体と軟文体の選択問題、第三に翻訳語彙としての外国文字(あるいは外来語)の使用の可否問題などである。当時提起された問題は、今日に至っても重要な意味を持ち、翻訳が直面する課題でもある。

洋酒洞は、自分自身が原則的には直訳論者であることを重ねて明らかにしている。『新民』第26号に掲載された彼の文には、「私は根本的に翻訳において直訳体をより尊重するものである。なぜならば凡常な一人の翻訳者としてむやみに意訳をすれば、それはあまりにも原作と違うものになるからだ。少なくとも翻訳者はその翻訳的良心において、原作の一字一句を疎かにしないという周到さと綿密さがなければならないであろう」と主張した。しかし同時に彼は、自分がただひたすら直訳のみを主張するのではなく、直訳と意訳の折衷論を掲げながら、「それが翻訳文として、言い換えれば自国語の文として拙文ならば、それは翻訳者の失敗である。翻訳文として非文である直訳文は意訳にさえ劣る。しかし、あまりにも原作との

---

[4] 金秉喆『韓国近代翻訳文学史研究』510頁、注(3)参照。

距離が遠い意訳は翻訳的な価値が疑われるであろう」と強調している。

翻訳の文体について、梁柱東は海外文学派である異河潤、金晋燮の見解とは明らかに違っている。梁柱東はいわゆる軟文体の使用を、次のように強く主張しているのである。『新民』第 26 号に掲載された彼の文体主張は以下の通りである。

> 文体に関することだが、これは蔽一言と現文壇の行文体に準ずれば大差はないであろう。論文にはいわゆる硬文体を使い、漢字と韓国語を混用することも可能だ。小説と戯曲などには軟文体を使い、訳語でも出来るだけ硬澁な漢字の慣用古事句は避けるほうがいいであろう。

このような主張に対して、異河潤は『東亜日報』（1927.3.19）で次のように反駁しながら、翻訳文体において軽文体と卑語の使用もやむを得ないことだと強調し、翻訳によって日本語が豊かに発達した日本を例にあげている。

> 翻訳により日本語がどれ程発展したかを肯定するが、その当時の翻訳はとても大衆化できるような文体ではなかった。しかしその翻訳の文体が、今日の日本の文芸作品の全てを支配して、引き継ぐようになったことは否定できないであろう。

金晋燮も『東亜日報』（1927.3.23）で、やはり外国文学の翻訳により新しい文明を輸入する立場にあるため、韓国にはない外来語の借用や新しい文体の創造（いわゆる卑語の使用）もやむを得ないことだと強調した。

> 作品を翻訳する際、我々の生活においてその言語が要求する内容を持たない場合、生硬な外来語を借用するしかないことは明らかである。……言語発達史において、語彙の豊富さを恒常的に造出する三種の方

法がある。第一は外来語を借用することで、その形態の変化もそのまま受容することである。第二は外国語をできるだけ文字に則して直訳する方法である。第三は自国に古くからある言葉に、新しい意味を附与することである。

金晉燮が述べている外来文化の輸入による新しい語彙の創造方法を、韓中日の三ヶ国の場合で見ると、第一の方法は日本で、第三の方法は中国で多く使われている。韓国ではその中間的な方法で、日本の純粋外来語と中国漢字語の代替方法が広く使われていたと思われる。

二、近代韓国の『紅樓夢』の翻訳と文体変化

前述した20世紀初頭の外国文学翻訳に対する多様で真摯な受容法の論議と実験において、大部分の学術研究は残念ながら、中国文学をその対象として含まなかった。中国の場合はすでに長い間、漢文経典や名作文学の翻訳がなされており、小説の場合も朝鮮後期に至って民間と宮中で広く行なわれてきたため、外国文学の新たな輸入は主に西洋文学に対して行われていた。

筆者は中国小説を専攻する立場で、近代韓国における中国小説翻訳の状況に大きな関心を持っており、その中でも伝統的な時期と近現代を引き継いで何度か翻訳が成り立ち、また、試みられた『紅樓夢』を例に挙げて、翻訳文体の変化様相を考察しようとするものである。

中国小説の翻訳本は、朝鮮後期にその大部分がいわゆる「宮体」で書かれた筆写本として残されており、諺解本の形態を帯びているものであった。現在、蔵書閣に残されている『楽善斎翻訳小説』の中には、30数種を超える中国小説の筆写本が含まれている。その中で特筆すべきものは、1884年

前後に出たと推定される『紅樓夢』（120 冊）、及びその続書である『後紅樓夢』（20 冊）、『続紅樓夢』（24 冊）、『紅樓復夢』（50 冊）、『補紅樓夢』（24 冊）、『紅樓夢補』（24 冊）など、紅樓系列翻訳筆写本である。『紅樓夢』は一回を一巻として翻訳し、続書五種の場合は巻数を半分、あるいは三分の一ずつ減らして編纂したが、全 262 巻にのぼる実に膨大な分量であった。特に『紅樓夢』の場合、上段に朱筆原文を収録し、漢字ごとにハングルの字母を利用して注音表記をした全文対訳本であることから、翻訳史上特記すべき作品である。この『紅樓夢』の翻訳は韓国では勿論、完訳本として世界最初の翻訳でもあった。伝統的な諺解本の方式による純ハングル表記を採用しているため、標点符号や分かち書きはなく、漢字語彙のハングル音表記という伝統的方式を活用している。他の諺解本の翻訳小説と同じく『楽善斎本紅樓夢』では、一切の序文や跋文、評点などは省略され原文のみが完訳された状態である。

筆者の考察によれば、この翻訳本の翻訳底本は『青黛王希廉評本』に属するものである[5]。『紅樓夢』の版本としてよく知られている「王評本」は、「程刻本」に引き続き本格的な繡像評点本として青黛後期を風靡した。巻頭には程偉元の序文を始め、人物繡像と論賛、問答、大観園図説、総評、音釈など実に多様な内容の文が載せられていたが、翻訳本では全て省略されている。したがって第 1 冊（即ち第 1 回）の最初の部分は次のように自分の所感と作品の延期部分から始まっている。

이난책을펴면뎨일회라짓난재스스로니라대일즉한번쑴꾸고환토하물지낸후의진짓참일을슘겨바리고통령하믈비러이셕두긔한글을말삼하미라그런고로진사은이라닐너시대다만이글의긔록한배무삼일이며엇던사람인고자긔가또니라대이계풍진의록록하여한가지일도성한배업다가당일

---

[5] その重要な根拠として「王希廉評本」でのみ使われている第 7 回目の「赴家宴宝玉会秦鐘」は「楽善斎翻訳本」にもそのまま使われている。崔溶澈「楽善斎本完訳紅樓夢初探」（『中國語文論叢』第 1 集、1988、中國語文研究會）を参照。

의잇던바녀자의게생각이밋쳐낫낫치자셰히비교하여보매그행동거지와 의견과지식이다내우해나난쥴깨다를지라나난당당한슈염과눈섭으로진실노져의치마입고빈혀꼬지니만갓지못하니내실노부그럽기난유여하나 뉘웃치미또무익하니크게엇지할슈업난날이라……그런고로가우촌이라 닐넛노라（卷之一，第1葉2葉）（影印本第1本3，4頁）

此開卷第一回也。作者自云：因曾歷過一番夢幻之後，故将真事隠去，而借「通靈」之説，撰此『石頭記』一書也。故曰「甄士隠」云云。但書中所記何事何人？自又云：「今風塵碌碌，一事無成，忽念及当日所有之女子，一一細考較去，覚其行止見識，皆出於我之上。何我堂堂須眉，誠不若彼裙釵哉？実愧則有余，悔又無益之大無可如何之日也！故曰「賈雨村」云云。

공공도인이뷘거슬인하야색을보고색으로말매암아졍태나고졍태를젼하야색으로드러오고색으로붓허뷘거슬깨다라드대여일홈을졍승이라곳치고셕두긔를곳쳐졍승록이라하니동로[디명]공매계[사람의일홈]졔목쎠갈오대풍월보감이라하엿더니그후의조셜근[사람의일홈]이도홍헌[집일홈이라]의셔십년을뒤져보며다섯번을가감하여목록을맨달고쟝구와편차를분배하며또졔목쎠갈오대금릉십이채라하고결구한슈를아오로써시니이난곳셕두긔의소쟈츌이러라시의닐너시대

　（卷之一，第12葉）（影印本第1本25，26頁）＊（[　]の字は原本は双行小字注である）

從此空空道人因空見色，由色生情，伝情入色，自色悟空，遂易名為情僧，改『石頭記』為『情僧録』東魯孔梅渓則題曰『風月宝鑑』後因曹雪芹於悼紅軒中披閲十載，増刪五次，篹成目録，分出章回，則題曰《金陵十二釵》，題一絶，即此便是石頭記的縁起，詩云：

　以上から見るとこの翻訳本は原文に忠実に逐字対訳をしており、現代翻訳本が意訳処理で巻頭部分を省略、または訳者の任意通りに直しているの

と比較すると、当時の原文収録と共にそのまま翻訳されていて、大きな意味を持っていると言える。また朝鮮後期に使われた生活言語を保存し、中国語の翻訳方式の特徴も見せてくれる貴重な資料の役目も果たしている。

具体的な翻訳方法には次のような何種類かの類型がある。

第一は、漢字語を意味ではなく発音通りに書いたもの。
① 思忖半（반향이나생각다가）　（1-11）
② 正該了結（료결하미맛당하대）　（1-15）
③ 便知有些不好（문득불호광경이이시믈알고）　（1-38）
④ 一日樂極生悲（일조의낙극생비하여）　（13-3）
⑤ 親姐姐親妹妹（친져져와친매매이시니）　（30-6）

以上の何種類かの例は、中国語の白話語彙をさらに意味を汲んで訳す使うことが出来るが、漢字発音をそのまま使ったものである。勿論、意味を汲んで訳す場合には翻訳文が長くなる等の不自然さが残り、不安であったのかも知れない。しかし万一、原文との対照がなければ、理解するのにさらに困難を感じたであろう。これ以外にも「一遍（일편）」、「不過（불과）」、「下回（하회）」、「両個丫鬟（량개차환）」などが同じ例に属する。

第二は、漢字語彙を理解しやすく、慣用で書ける他の語彙に変えて書いたもの。
① 士隱聴了也只得罷了（사은이쳥파의할일업셔바려두니）　（1-37）
② 一旦失去（일죠의일허바리니）　（1-38）
③ 説笑一回（한지위를담소하다가）　（13-1）
④ 我捨不得嬸嬸故来（내심자를참아바리고가지못하난고로）　（13-2）
⑤ 世詩書旧族（한셰샹의사환거족이라）　（13-3）

以上の場合では、「聴了」を「聴罷」、「一旦」を「一朝」、「説笑」を「談

笑」にそれぞれ変え、「孀孀」は「孀子」に、「詩書旧族」は「仕宦巨族」
として、韓国語に若干近い漢字語彙に変えようと努力した形跡が見られる。

第三は、少しの意訳もない完全なハングルで分解して逐字直訳したもの。

①我堂堂鬚眉誠不若彼裙釵（나ᄂᆞᆫ당당한슈염과눈섭으로진실노져의치마입고빈혀꼬지니만갓지못하니）（1-1）
②是個脂粉隊裡的英雄連那些束帶頂冠的男子也不能過（너ᄂᆞᆫ연지찍고분바른총중의영웅이라여간띠ᄯᅵ고관ᄡᅳᆫ남재라도또한능히네게지나지못하리니）（13-2）
③白漫漫人来人往花簇簇官来官去（희게깔닌거슨사람이왓다갓다하난거시오꼿치다북다북하난거슨관원이왓다갓다하미러라）（13-21）

以上の場合は若干の意訳が必要であるにもかかわらず、極端に徹底して文字の通りに直訳した部分である。「髭を生やした益荒男」と「チマを穿き、簪をさした女」を表わす「鬚眉」と「裙釵」をそのまま直訳している。「脂粉隊裡的英雄」も実際は「女傑」や「女丈夫」という言葉を意味するのであり、より具体的な指摘があっても良い筈であろう。「白漫漫」と「花簇簇」は、人々が路地を往来する様子を形容した言葉として、一般庶民と官服を着た役人の行列を白と花で区分したものであり、これをそのまま直訳しているために意味の伝達が難しい状態である。

第四は、中国語語彙を適切に意訳して、前後の内容によって添付させたもの。
　　城中門最是紅塵中（셩즁의창합문은가장홍진즁의）　　（1-13）
②且商議如何料理要緊（또엇덧케치샹하물샹의하미요긴하니라）（13-11）

この翻訳本は前述の内容で明らかにした通り、直訳を主として完全な原文対照を試みているため、以上の意訳、改訳、または一部を省略した縮訳や訳者が付け加えた添訳を入れるのは殆ど不可能な状態である。ただ一部の字句による独自理解のために、若干の意訳と添訳があるのみである。上記において「閭門」を「閭闔門」として使い、料理は内容に相応しく「治喪」に変え、理解し易いようにしている。これ以外にも、

小丑「노름판의져희하난놈이라」、西方霊河岸上「션경햐슈일홈」、雲板「문루의널판으로놉히달고일이이시면두다려알게하난거시라」、竜禁尉「벼슬일홈」

などのように本文中に双行小字注を付けている。また、原文をそのまま逐字訳して、これにさらに意味を補足しておいたものもある。焚花散麝（꼿사르고「습인을니라미라」사향을훗허야「샤월을니라미라」）は、賈宝玉が書いた「続荘子文」に出て来る最初の句節である。直訳して「花を燃やして四方を散らす」としているが、実際に花は花襲人を、麝は麝月を表わす言葉なので、独自の理解を助けるために付けたものである。

このような翻訳の文体は『紅樓夢』の場合も殆ど似ており、これは伝統的な方法にそのまま従っている朝鮮後期の翻訳方式だと言える。

20世紀以後、近代的な意味での翻訳方式として『紅樓夢』が翻訳されたのは、1918年、菊如梁建植による『紅樓夢』の翻訳である。彼は、春園李光洙と同じ時期に小説家として文壇に登場しており、中国小説と戯曲に強い興味を示し、この時期の中国文学の翻訳紹介に多大なる功績を残した翻訳家でもあると言える。彼の『紅樓夢』の翻訳は、1918年『毎日申報』に138回にわたって連載された。最初は完訳が試みられたが、新聞連載とい

う特性上進度が遅れ、少しずつ意訳や抄訳を行なうようになり、結局中断するに至った。彼は連載の開始に先立ち、一種の作品解説である「紅樓夢について」を発表し、この作品に対する訳者の該博な知識を見せている。翻訳の中から特筆すべき点として例を挙げれば、それは、林黛玉と薛宝釵の運命を同時に見せる金陵十二釵正冊の予言詩「可歎停機徳，堪憐詠絮才。玉帯林中掛，金簪雪裡埋」を、韓国の伝統的な詩歌方式である「時調」の方式に合わせて三行で翻訳している場面であろう。彼の翻訳は諺解本とは異なり、当時の知識人である翻訳家の一般的翻訳習慣によって、国漢文を混用しながら一部の名詞を漢字で処理し、原注あるいは訳者の注釈を付けて読者の理解を助けるように努めている。さらには、数多くの登場人物に対しての理解を一目了然にするために「寧栄両府系譜」までも作って、複雑に絡み合った事柄に対して特別な興味を感じることができない読者のため、特別に「訳者言」を入れて理解を高めようと努力している。また、読者の質疑に回答する形式の文も発表しているのである。自身が知っている作品の正しい意味を伝達するために、尽力している訳者の苦悩が十分に理解できるであろう。『紅樓夢』に対する彼の愛着は、1925 年に再び『時代日報』に翻訳連載を試みたことからも十分に見て取れるが、彼の新たな翻訳は不幸にも間もなく中断されてしまった。その後も『東亜日報』(1926)に評論「紅樓夢是非：中国の問題小説」を 17 回にわたって発表し、『朝鮮日報』(1930) にも「中国の名作小説：紅樓夢の考証」を、やはり同じく 17 回発表している。これは彼がどれだけ『紅樓夢』の原作と中国文壇の紅学熱に対して深い理解を持っていたかを示す証拠であると言えよう。

梁建植が翻訳した『紅樓夢』の特徴を簡単に分析すれば、おおよそ次のようである。まず、訳者自身が翻訳に先立つ解説で明らかにしているように、冒険的な現代語使用を一つの特徴として見ることができる。勿論、ここでの現代語とは、既存の古典式翻訳から脱した開化期以後の文体として、1910 年代に使われた当時の言語を言う。最初の部分では、大部分が充実し

た完訳を主としているが、時には韓国語の語感に合うように改訳したり、仕方なく縮訳したりする部分もある。彼の翻訳は「楽善斎本」のような朝鮮後期の小説翻訳の決まり文句を一掃するのに、大きな役割を果たしたと言える。そしてまた、中国語の直訳状態を完全に脱して、自由な文体においての現代化を遂げたのである。彼の翻訳の中で、最も著しい特徴の一つとして指摘できるのは、原文の詩詞を固有の時調で翻訳したという点である。このように独特な翻訳は、後世の翻訳本でも試みられることがなかったことから、真の翻訳の一つの手本となるだろう。例を挙げてみる。

無材可去補蒼天　　재주 없어 창천을 기우러 못 갔어라
枉入紅塵若許年　　홍진에 그릇 듦이 묻노라 몇 해런고
此係身前身後事　　아쉽다 이내 신전신후사를 뉘에 부쳐
誰記去作奇伝　　　　　　　　　（原作第1回）

　梁建植の翻訳は『紅樓夢』の翻訳史上最初の近代的な翻訳文体として、新聞連載というスタイルで発表したことに意義があるが、未完に終わった惜しさが残る。連載が未完となった原因は、原作の退屈な事件展開と関係があるはずであり、また、完訳か抄訳かの判断がつかなかった点にあるのかも知れない。彼は読者との紙上対話を通して何度も、この作品の退屈な展開を了解して欲しいと頼みながら理解を促し、部分的に意訳と抄訳をせざるを得ないという弁解のある広告さえ出した。しかしこれ以上、緊迫した事件展開がないこの作品に対して、編集者が決断を下したと推測される。
　1920年代は中国で新紅学の勢いが高まった時代であった。1921年、胡適は『紅樓夢考証』を発表し、その翌年には蔡元培と紅学論争を繰り広げ、世紀の論争として名を残している。1923年、顧剛が旧紅学と新紅学を分けながらも、新紅学の方に手を上げるとすぐ兪平伯の『紅樓夢弁』が刊行された。中国全域で20世紀の三大顕学の一つである紅学の動態について、衆目の関心が傾けられ、そのような中で梁建植は、中国文壇の動向を誰よ

りも敏感に把握して国内に紹介した[6]。

　1930年から1931年にかけて、新たな『紅樓夢』の翻訳が『朝鮮日報』で連載されたが、訳者は中国語を専攻した洌雲張志瑛（1887〜1976）であった。彼の翻訳は、前時代の翻訳に比べて遥かに柔和で流麗な文体を見せている。訳者が、漢城外国語学校の漢語科出身であり、周時経の門下でハングル（韓文）を専攻し、後に有名なハングル学者として大成した人物であったことを考慮すれば、彼の翻訳が特別な文体を見せる点も肯けるであろう。翻訳では可能な限り易しい韓国語を選択し、余儀のない漢字は括弧の中に併記して一般読者の便宜を図っている。全体の作品はあらすじを中心に翻訳し、非常に細密な描写や対話、難しい詩詞などは大胆に省略しており、前述の梁建植の翻訳とは好対照を成している。ただし『紅樓夢』の原典に対する理解や紅学関連知識においては、梁建植のほうがより深く豊富であったことは否定できない事実である。

　張志瑛（장지영）の『紅樓夢』の翻訳連載は、毎回、原作の一連句を抜粋しそれを題目として付け、翻訳文は出来るだけ韓国語で易しく書き、新聞連載小説としての特徴を最大限に生かそうとしている。やむを得ず使わなければならない漢字は、括弧の中で処理しているのが分かる。梁建植が国漢文混用で書いたのと比べると、張志瑛はハングル活動家らしい翻訳態度を見せたと言えよう。また、これが優れた作品性を持っているという点で芸術性は認めるが、一般読者が連載小説で読むには事件展開に緊迫感が足りないことを勘案して、筋書をメインとして翻訳し、過度な細密描写や難しい時事などは省略を躊躇しなかった。この点においても、初期の陽乾式とは対照的な翻訳態度だと言える。重要な詩詞や対連を挙げる時にも、原文なしに翻訳文だけを掲載し、登場人物や地名の場合も最初だけ括弧の

---

[6] 梁建植については朴在淵・金栄福便『梁白華文集』（ソウル知養社、1988）、崔溶澈『梁建植の紅樓夢、評論と翻訳文の分析』（『中国語文論叢』第6集、1993）を参照。

中に併記した。その後はハングルのみを書き、古典小説の翻訳が優れた現代小説の文体で作ろうと努力したのである[7]。

しかし、張志暎（장지영）が翻訳した「紅樓」の連載は、惜しくも302回分（原作の40回まで）を発表して、結局は中断してしまった。これにより、20世紀前半には、『紅樓夢』の翻訳が単行本として刊行されることなく終わってしまったのである。解放以降もこのような翻訳の伝統は継承されず、むしろ日本語翻訳を通した重訳本が長い間読書業界を掌握したことは、さらに残念なことといえる。

近代韓国において中国小説の翻訳文体は、翻訳の環境変化によって変遷を繰り返して来たことは事実である。諺解本小説では、純ハングル文体で漢字語彙をそのままハングルとしてのみ記録している。新小説の発達と同時に出現した新聞雑誌に連載された翻訳小説では、国漢文混用体が多く使用されたが、そのような翻訳文体は次第に変化し括弧中の漢字併記、あるいは分かりやすいハングル小説の形態として転換されていくのである。

(2009.12.研紅軒)

---

[7] 張志暎の『紅樓夢』の翻訳に対する研究は、まだ専門的な論文がなく、崔溶澈の「1910～1930年韓国紅樓夢研究和翻訳」（『紅樓夢学刊』、1996年第1輯）で一部扱っている。

近代欧米人の中国語文体観

内田慶市

1. はじめに

　近代欧米人、とりわけ宣教師たちは、典礼問題に象徴されるような布教政策の違いはあるにせよ、キリスト教布教という本来の目的達成のために、総じて中国語に真正面から向き合い、官話や方言、あるいは文法論等において早くから大きな研究成果をあげてきた。

　ところで彼らが学んだ、あるいは目標とした中国語とは一体どういうものであったのかについては、かつて私見を述べたことがあるが、今回は、特に彼らが残した多くの中国語著作から、その「文体観」について考えてみたい。それはまた、中国語が長く有してきた、話し言葉と書き言葉の乖離にも関わる問題であり、この点についても言及することになるはずである。

　まずは、彼らが一体どのような文体の中国語を記録してきたのかを見ていくこととする。

（ア）文言（文理、古文）
(1)『天主聖教實錄』(1584)、羅明堅（Michele Ruggieri, 1543-1607）

　　或問天下萬物。惟賢才最為尊貴。蓋以賢才通古今達事理也。故欲明理之人。不遠千里而師從之。予自少時。志欲明理。故奔走四方。不辭勞苦。其所以親灸於明師者誠不少。

(2) 『聖経直解』(1636)、陽瑪諾 (Emmanuel Diaz, 1574-1659)

　　維時耶穌語門弟子曰，日月諸星時將有兆，地人危迫海浪猛鬫，是故厥容憔悴為懼，且俟所將加於普世諸天之德悉動，乃見人子乘雲來降威嚴至極始顯是事，爾皆舉目翹首，蓋爾等真福已近，又指喻曰，視無花果等樹始結實時即知夏日非遙，爾輩亦然見行玆兆，則知天國已近肆，予確說於人類未滅前必會驗之天地可毀，予言不能不行

(3) 『無極天主正教真傳實錄』(1593)、高母羨 (Juan Cobo, 1592)

　　大明先聖學者有曰，率性之謂道，修道之謂教，性道無二致也，教其有二術乎哉。知此，則天主何與。一本之理，性同也，道同也，教亦同也。

これらはいずれも「聖書」に関わる著作であるが、イエズス会、ドミニコ会を問わず文体的には同じ文言体が用いられている。

(イ) 口語、方言
(4) 『Catecismo de la Doctrina Cristiana＝基督教教義問答』(1593)、高母羨

　　俺爹你在天上（在天我等父者）。你賜乞阮稱美你名（我等願爾名見聖）。你國賜來乞阮（爾國臨格）。你賜乞阮只地上。順守你命。親像在天上（爾旨承行於地，如於天焉）。日上所用個物。今旦日你賜乞阮（我等望爾，今日與我，我日用糧）。你亦赦阮罪（爾免我債）。親像阮赦得罪阮人（如我亦免負我債者）。魔鬼卜迷阮心忖。你莫放乞阮做（又不我許陷於誘惑）。寧救阮若難（乃救我於凶惡）。啞民西士（亞孟耶穌）

来華宣教師たちは布教する地方の言葉も重視したが、その一つの表れが

その地方の方言を使用した著作である。このドクトリナは恐らく中国語では最も古いものであるが、コボ（高母羨）は、閩南語を用いている。（括弧内は方豪 1974 の注釈）

（ウ）問答体
(5)『天主聖教啓蒙』『誦念珠規程』(1600?)、羅儒望（Joannes de Rocha, 1566-1623）

　　師：你喚做甚麼名字
　　學：我喚做某。某就是教中聖人聖女的名號。
　　師：你是基利斯當麼。
　　學：是。天主賜我做基利斯當。
　　師：怎麼說天主賜你做基利斯當。(《啓蒙》)

　　師：你每日做甚麼工夫。可以養得你亞尼瑪的生命。與保存得你愛天主的德。
　　學：每日誦天主聖母全念珠一串。並默想十五超性之事。包含吾主耶穌一生的事體。
　　誦念珠首一分的規程
　　誦念第一次。亞物十遍。在天一遍。訖。略停片時。默想聖母歡喜條內的第一件。然後獻祈如左。
　　獻：極有德。極有福。童貞瑪利亞。我念亞物十遍。在天一遍。虔恭拜獻與爾。敬祝爾歡喜。(『念珠』)

(6) 艾儒略（Julius Aleni, 1582-1649）の『西方答問』(1637)

　　從極西到貴邦多浮海，二三年始至。敝幫又在大西內地，去大海萬余里，陸行三月，始到海邊名邦謂之薄而都瓦爾，到則待數月，方得乘便

舟。

　　問九萬里之遙，危險必多，不知何處更甚。(『西方答問』)

彼らの著作にはこのような「問答体」のものも多く存在するが、この場合は普通は「口語体」「白話体」が用いられることが多い。(6)のアレニには同じような内容の著作である『職方外紀』(1623)もあるが、両者の文体は明らかに異なっている。

(エ) 擬章回小説体（白話体）
(7)『儒交信』(17??)、馬若瑟 (Prémare, 1666-1736)

　　話說康熙年間。有一員外姓楊。名順水。字金山。他雖然富厚有萬金家事。卻是個俗人。但恃著幾貫錢財。也攀交鄉官。依附明士。不過是圖個虛名。說他也是冠裳一派。同縣有個舉人。姓李。名光。表字明達。為人志誠素樸。心口如一。他家裡雖非素豐。卻也不甚寒儉。然性格寡欲。知足安分。日日只管讀書。別無他業。離城十里。又有一甲科。覆姓馬。名慎。號溫古。先前做了一任官。極是清庶。今歸林下。養性修德。人人都愛敬他。和李舉人是極相厚。(第一回)

この『儒交信』は宣教師によって「儒生」がキリスト教に感化されていく話を、「章回小説」に擬して著したものであるが、「白話体」が用いられている。このような「章回小説風」の著作としては、他に以下に示すように、プロテスタントの宣教師ミルン (William Milne, LMS, 1785-1822) による『張遠両友相論』(1819)がある。

　　第一．其敬止一真神。而日日拜之。其不敢不如此。遠曰。我看世人多亦敬神。則何說信者。比世人不同呢。張對曰。世人所敬的各神類。不過系自己手所作。無用。無能的偶像而已。這是假神。不是真神。又

這假神系無數的。惟其真神止一。可見信者。比世人不同。遠曰。這麼講果是不同了。只怕尊駕若言各神系假而無能的。則人家不歡喜。(『張遠両友相論』)

2. 近代欧米人の中国語文体観
2-1. リッチ、セメード、メンドーサ

 近代欧米人たちは早くから中国語の実際についてかなりの程度まで理解しており、たとえば、マッテオ・リッチなど早期の来華宣教師たちは、以下に示すように、しばしば中国語の文体についても言及している。

 在風格和結構上，他們的<u>書面語言與日常談話中所用的語言差別很大，沒有一本書是用口語寫成的</u>。一個作家用接近口語的體裁寫書，將被認為是把他自己和他的書置於普通老百姓的水平。然而，說起來很奇怪，儘管在<u>寫作時所用的文言和日常生活中的白話很不相同</u>，但所用的字詞卻是兩者通用的。因此兩種形式的區別，完全是個風格和結構的問題。(利瑪竇『中国札記』27頁)

 <u>他們的書寫的方式和他們的談話極不相同</u>，儘管用的詞是一樣的，所以當有人執筆書寫時，他得動他的腦子；如果認為書寫和通常談話是一個樣，那是大笑話。正因為如此，無論在公眾或私下場合，他們尖銳有力的說詞、演講、議論和教導，總先用筆作練習。(曾德昭『大中国志』40頁)

 <u>它是一種書面比口語更容易理解的語言</u>（如希伯來語），因為每個不同的字表示的含義肯定不同，這在口語中不那麼容易區別。
 我說的這種方式，及我提到的他們的文字，令人驚奇地看到，用口語則不成。原因在於，一個圖形或字，對他們說都表示一件事物，儘管讀音不同。(門多薩『中華大帝国史』112頁)

このように彼らはすでに中国語の書面語と口語の違いや「官話」というものの存在、あるいは中国以外の漢字文化圏などについても認識していたことが分かる。

2-2. ヴァロの三分類

　欧米人により最初に公刊された中国語文法書であるヴァロ（Francisco Varo, 万済国, 1627-1687, ドミニコ会士）の *Arte de la lengua Mandarina*（1703）では中国語の文体を以下のように三種類に分類した。

漢語有三種說話的語體（modos de hablar）。
　第一種是高雅、優美的語體，很少使用復合詞，怎麼寫就怎麼說。這種語體只是在受過教育的人們中間使用，也只有他們才能懂。如果我們的教士能學會這種語體，那當然是一件很好的事情，因為那些有教養的中國人聽到他用這種語體說話，把漢語說得很優雅時，必定把他看作一個學問淵博得人。然而事實上，由於我們每個人都受到環境條件的限制，用這種語體來說話對我們而言是極其困難的。
　第二種語體處於高雅與粗俗之間的中間位置。它能夠被他多數人所理解，也使用一些復合詞；聃在憑上下文能夠確定意思的時候，就不用復合詞。這一語體還使用某些優雅的文學詞語，而且所有的人都能理解。對我們來說，在準備佈道宣教時，無論面對的是教徒還是異教徒，掌握這種語體都是十分必要的。因為，如果我們不以粗陋鄙俗的語言令他們生厭，他們就能饒有興致地聽講，從而使得我們傳布的教義更容易為他們接受。
　第三種是粗俗的語體，可以用來向婦人和農夫佈道。這種語體雖說是最初級的，但是學起來最容易，所以也是我們開始學習的起點。

　為了讓大家明白後兩種語體的實際用法（這裡我們將不考慮第一種語體），我們將給出每一種語體的例句：

（1）欲升天者，可行真善路，若不然，豈得到。（第二種語體）
（2）但凡人要升天，該當為善。若不為善，自然不會升天。（第三種語體）

　　同一個句子分別以兩種語體來表達，其差異可以一目瞭然。第一個句子用了"欲"和"者"這兩個詞，這是一種優雅明白的說法；凡是具有中等理解能力的人，或者說話說得相當好的人，都能夠理解。在第二個句子裡，用的是"但凡"和"要"這兩個較通俗的詞，任何一個能說或者能懂一點官話的婦人和農夫，都能夠理解。第一個句子用了"可"、"真"和"路"，這是優美文雅的說法；第二個句子則用"該當"表示必須的意思。至於"的"和"路"，這是很通俗的說法。其餘不贅。（11-12頁）

第2種と第3種については、ヴァロは別の個所でも次のように説明している。

這個人是福州府知府的兒子。
　　這就是我們在本書第一章的第二條誡律裡談到的和普通百姓對話的第三種語體。但是，在和政府官員以及學者對話時，我們應該用第二種語體，這個我們也介紹過了，根據這種語體我們應該說：
這一位是福州府太爺的公子。（36頁）

　第1種の文体が如何なるものであるかについてはヴァロは明確にしていないが、いわゆる「文言」あるいは「書面語」であることは容易に推測されるところであり、第2種は「半文半白」の文体、第3種は「口語」である。
　彼はまた以下のように各章で多くの具体例も挙げている。

- 小詞"吾"有複數形式,但僅限於書面語。不過基督教徒們經常使用它,比如當我們說天主的名字時,就說:吾主耶穌極度,吾主,吾天主(41頁)
- 小詞"輩"和"儕"的意思是"同一類者",它們也可以構成複數。前者用於口語,後者用於書面語。(41頁)
- "這"和"那"在口語中很常用。其餘的(=此、且、茲)則用於書面語。例如:此禮,"此"是文雅用語,當我們和受過教育的、有學養的人們對話時就用它,(63頁)
- 關係代詞有:的、者、他、之、其、凡、但凡。第一個是"的"。這個詞最常見,一般緊跟在短語之後,與我們的通俗卡斯蒂利亞語的 los que。"者"更多地用於書面語,用在口語中就顯得文縐縐的。"他"和"之"的意思相當於 ille, illa, illud;"他"用於口語,"之"用於書面語。"其"表示"他的、她的、它的",在口語和書面語中都是文雅的詞。(64-65頁)
- 表示這種否定的詞有:不、非、弗、無、莫。"非"這個詞在口語和書面語中都顯得文雅。"弗"和"無"通常用於書面語,不用於口語。"莫"除了表示禁止否定以外,還有一個特殊用法,如:救世莫大恩惠。這是一種文雅的用法。(70-71頁)
- 表示禁止否定的小詞有:不要,莫,毋,勿。在這些小詞中,"不要"是口語中很常見的一個。說話的時候如果用"毋",那就顯得文雅。其餘兩個小詞只用於書面語。例句如下:你不要做。莫說。天主教有誡毋殺人。勿來。(71頁)
- 怎麼做得。何大。後者是一種文雅得表達方法。傷他何如? 何因你去了?這兩個詞都是書面語。又如:何故不念經?"何"用於下面三種方式:何用? 何消? 何必? 即:用得著嗎? 有甚麼原因嗎? 有甚麼必要嗎? 這幾個詞都用於口語。"安"和"焉"則用於書面語。(76-77頁)
- "了"很常用,"已"一般用於書面語。(85頁)

総じて言って、彼が書面語と口語を区別する「鑑定語」とは、以下のよ

うな語ということになるだろう。

　書面語：吾、此、且、茲、者、之、其（文雅）、儕、弗、無、莫、勿、
　　　　何（何如、何因）安、焉、已
　口語：輩、這、那、的、他、其（文雅）、非（文雅）、不要、毋（文雅）、
　　　　何用、何消、何必、了

2-3. プレマールの分類

プレマール（Prémare, 1666-1736）も中国語の文体について以下のように述べている。

　　在中國人中可以區分三種層次的語言：老百姓的語言、體面人的語言和書面的語言。
　　粗俗的語言發音有上百種方式，而且幾乎寫不下來。在粗俗的語言之上有一種比較有禮貌，比較講究的語言，用於無數真實的或虛構的歷史記載中，這種語言非常細膩、微妙。無論精神、風俗、禮貌、文雅、鮮艷的色彩、文字、對比反差，甚麼都能表達，毫無遺漏。這些小小的著作很容易讀懂。我讀了相當多，我還沒有發現有模棱兩可的地方，我到處感受到一種不亞於我們寫得好得書得清晰、有禮。
　　這兩種語言表達方式，一種是老百姓使用的，他們說話不加斟酌，另一種是官員們和文人們使用的，是來自於書中，書面語言完全不是白話，運用這種書面語言要經過好幾級才能達到所謂經書中的精練高超的水平。這裡所說的語言已經不是口頭上說的了，而只是書寫用的了。眼前沒有文字相助的話，是不太容易懂的，這種文字讀起來很有興味，因為很朗朗上口，讓人不覺得刺耳，抑揚頓挫，很是和諧、柔順。（〈馬若瑟神父致本会某神父的信〉1724『耶穌會士中国書簡集－中国回憶錄》中卷，282-283 頁）

プレマールの見るところによれば、一般大衆が使用する言語が口語であり、それより丁寧で、より吟味されたものが役人や文人の使用する言語であるとした上で、しかしながらそのような言語（つまり後者）は一般的には話されるものではなく書き言葉ということになる。

2-4. ド・ギーニュの分類

広東のフランス領事であり、その後ナポレオンの命を受けて漢仏羅対訳辞書『漢字西訳』(1813) を編纂した M.de Guignes（1759-1845）は *Voyages a Peking, Manille et L'ile de France, faits dans l'intervalle des années 1784 à 1801*（1808）において中国語を以下のように4種に分類した。

(1) 古文：経書の文体で、最も簡潔。更に「上古文」「中古文」「下古文」に分けられる。
(2) 文章：高級な文章の文体。古文ほど簡潔ではないが、華麗で吟味されたもの。よい文章を書くには、文章の構造と「活字」「死字」「実字」「虚字」の区別が明確に出来なければならない。あくまでも「書かれるもの」であり、「話されるもの」ではない。
(3) 官話：官吏や文人、あるいは教育を受けた人たちの言語。文章よりも広範で、同音異義語、前置詞、副詞、虚詞が多く用いられる。「書かれるもの」ではなく、「話されるもの」である。
(4) 郷談：地方の言語、大衆の言語であり、教育を受けた者は、それを話すことは出来るが、官吏、文人たちと話をする場合にはこの「郷談」をあえて使うことはしない。（第二巻、391-395頁）

また彼は、「中国には話し言葉は2種類しかない。つまり、「官話」と「郷談」である。北京、広東あるいはその他の都市であろうとも、人々は「官話」によって自分の意思を表現する。その違いは「発音」にある。発音が比較的上手な場所は江南地方である」とも述べているが、こうして見てく

ると、彼の言う「古文」とはヴァロの第1種の文体に相当し、「文章」は第2種に、「官話」は第3種にほぼ等しいと言うことができる。

2-5. ロバート・トームの分類

　その中国語能力、特に北京語について、トーマス・ウェード（Tomas Francis Wade, 1818-1895）から「当代随一」[1]と讃えられたロバート・トーム（Robert Thom, 1807-1846）は『意拾喩言』（1840）の序文の中でド・ギーニュの考えを基礎として更に自分の論を展開している。

　トームは中国語をまず「文字（Written Language）」と「言語（Spoken Chinese）」の2つに大別する。これはつまり、「書面語」と「口語」の区別である。

　次に、「文字」を以下の数種に分類する。

I. 古文（ancient literature）
　　（1）経書　　（2）古詩
II. 時文（世文　modern literature）
　　（1）文章（fine writing）：最もよい文章は漢代のもの。
　　（2）詩賦（Poetry, Songs, Ballads, &c, not ancient）：最もよいものは唐代のもの。
　　（3）論契（Edicts from the Emperor or the Mandarins to the People）
　　（4）書札（embracing all the different styled of correspondence）
　　（5）傳誌（all History, and Historical Novels of the first order）：『三國志』『水滸傳』など。
　　（6）雑録＝時文之末＝which is opposition the wanchang＝「文章」の最も粗野なもの。たとえば『意拾喩言』。

---

[1] ウェードは、『語言自邇集』（1867）の序文の中でトームのことを以下のように評価している。
　The only sinologue of standing who spoke the Peking mandarin was Mr. Robert Thom.

また、「言語」つまり「口語」は「官話（Mandarin Language）」と「郷談（Local dialect）」に分類され、「官話」はさらに2種類、すなわち「北官話」と「南官話」に分類し、次のように説明している。

　「北官話」はまた「京話」「京腔」とも呼ばれ、簡単に言えば北京の言葉である。首都がかつて南京にあった頃は、今の広東語同様に低俗な地方の話し言葉と見なされていたが、今では国内で広く通用されている。最もその「北官話」を反映したものとしては、『紅樓夢』、『金瓶梅』、『正音撮要』、『聖諭』がある。
　「南官話」はまた「正音（true pronunciation）」あるいは「通行語（language of universal circulation）」と呼ばれる。これが正式な「官話」である、南京で使用されるものである。「南官話」の特徴としては「入声」を持つことで、多くの小説はこの「南官話」を用いて書かれている。

　トームが最終的にイソップの翻訳に際して採用した文体とは、「時文之末」である「雑録」であり、それは「文章」と最も遠い位置にあるものであったが、実際には『意拾喩言』もそれほど「粗野」ではなく、かなり「優雅」な部分も備えた文体であった。

2-6. レミュザの分類ほか
　ロバート・トーム以前では、レミュザ（Abel Rémusat, 1788-1832）もかつて『漢文啓蒙 Elemns de la Grammire Chinoise ou principes généraux』（1822, 35-37頁）の中で中国語の文体について言及している。
　レミュザは以下のように、「古文（style antique）」「文昌（＝文章, style littéraire）」「官話（langue mandarinique）」の3種に分類する。

　　古代では、書き言葉は制限された用途にしか使われなかったため、人は動詞や命題の主語を省略することを好み、また意味の自由を語に

認めることを好んでいた。語動詞の関係はめったに記されることがなく、また思っていることは最低限の語で表された。それぞれの命題は孤立して書かれ、それに先立つもの、またそれに続くものとの関係は示されることがなかった。ここから出てきたのが、格言調で曖昧かつ無駄が無く断片的な文体であって、これが古い記念碑的な作品に認めることができるもの、そして上記のような理由から「古文」と呼んでいるものである。

　「古文」はほどなくして、社会が益々持つ［書の］要求と関係を持つことをやめ、様々な変容をこうむったが、それらは全て目的としては言語を明示的で正確にするため、また様々な形態を可能にするためであった。話しながら理解しあうために、単純語は複合語に置き換えられた。単純語は、同音語のせいで、あまりにも多様に解釈されたからである。代名詞がより多く用いられ、語の名詞的意味や動詞的意味を決定するのに役立った。新しい小辞（particules）や別の用い方をされた小辞の使用は、語の関係をはっきり示し、また様々な慣用語法の手法は、命題の切断や繋ぎに変化を付けた。こうした変化の産物としである文体が、「官話」と呼ばれるもの、あるいは俗に官僚風の言語と呼ばれるものである。

　この2つの文体の間に、中国人は「文昌」（文学的文体）という第3の文体を置いている。この文体は他の2つに関与している。それは「古文」と比べて、曖昧さが少なく、無駄が少しあり、より飾りたてられている。「官話」と比べては、明確さに少し欠け、冗漫ではなく、そしてあえていうなら文法性は劣っている。この文体は、他の2つのどちらにより近づいているかによって、無限のヴァリエーションがある。

レミュザの分類の「文昌」はヴァロの第2種に相当すると言うことができる。

　彼はまた、「半文半俗」ということについても、次のように述べている。

多くの文章において認められている文体の混淆、特に「半文半俗」と呼ばれている文章の中には、近代の文体には用いられることのない古文体において使われている小辞(particule)はほとんど見あたらない。ここでは近代の文章に特徴的な文のみについて語ることにし、また同時に最も使われている不規則的成句について知らしめることにしたい。後者はふつう小辞や、古い用法から曲用されている表現により形成されている。

ここで彼が近代的文章の特徴的な「小辞＝虚詞」あるいは文法現象として認定しているものには以下のようなものがある。

也（也不是個人。）、只（只是，只得，只好等等）、又、就、還、連（連我也不知。）、便（買便買，不買，便罷。）、且（我且問叔。）、卻、倒（吃的倒好。）、叫／教／交（那個叫他做官。）、可（你可知道麼。你可實對我說。）、來／去（想來想去。提起筆來。）、打（打動他的心。）、把（把真心話都對他說了。）、見（看不見）、待（我將好意待他。你可親筆寫個庚帖來，待我送了去。）、一（一些，一點等等，訪一訪，一上一下）、原來／從來、難道、麼、莫非／莫不、多少、敢（豈敢，不敢）等

この他、Bazin（Louis Bazin, 1799-1863）や Meadows（Thomas Taylor Meadows, 1815-1868）、Matter（Calvin Mateer, 1836-1908）などの文体の分類にも注目しておいてよいだろう。

先ず、Bazin であるが、彼は明らかにド・ギーニュやトームの「官話」研究を継承していると思われるが、*Memoire sur les principes généraux du chinois vulgaire*（1845）では以下のようなことが述べられている。

(1) 中国には「文言」と「口語」の二大別がある。

(2) 「文言」＝「文字」は書かれるもので、話されるものではない．
(3) 「口語」＝「官話」はこの国家の「活きた」言語であり、共通語であり、自然言語である。
(4) 「官話」には2種類あり、1つは「北官話」、もう1つは「南官話」である。「北官話」は北京の方言であり、「南官話」は南京の方言である。
(5) 「口語」には「官話」のほかに、さらに、地方の言語あるいは「俚語」＝「郷談」がある。
(6) 「郷談」あるいは「方言」の多様性について、私たちは初期の戯曲作品の「対話」に見ることができる。
(7) 「口語」の最も初期の資料は宋代以降のものである。ただ、中国人がいつから自分たちの口語を記録し始めたかに関して言えば、それは8世紀の唐代玄宗皇帝の頃である。
(8) 最も重要でかつ注目すべき口語資料は18世紀末の雍正帝の発布した『聖諭』である。

Bazinは更に、中国語における「話すこと」と「書くこと」についても鋭い指摘を行っているが、それについては後述する。

MeadowsはDesultory notes on the government and people of China and the Chinese Language（1847）でレミュザの3種の文体を更に補足して、1.Anicient style, 2.Literary style, 3.Business style, 4.Familiar style, 5.Colloquial Chineseの5種類に分類した。

この5種類のうち、第3と第4は「混淆体」に相当し、第3の典型例として『大清会典』を挙げている。また、第4は第3と第5の中間に位置し、書面語の中では最も平易なものであり、たとえば、簡単な小説或いはシナリオがそうだとする。

Mateerも『官話類編』（1892）で官話を 1. T'ung-hsing Mandarin, 2. Local Mandarin, 3. Colloquial Mandarin, 4. Book Mandarinの4種に分けた。

なお、Hirth（Friedrich Herth, 1845-1927）は *Notes on the Chinese documentary style*（1909）でこれまでの欧米人の文体に関する議論をまとめている。

2-8. ヤホントフの鑑定語

ところで私たちは、一体何をもって「古文」や「文章」「官話」と見分けるのか、つまり、それらを分別する「鑑定語」なるものが存在するのかが大きな問題となってくる。

この点に関しては、上述のような、たとえばヴァロの具体例やレミュザの示す例文などから帰納させていくしかないのが現状であるが、唯一、ヤホントフ 1969 は一つの指標としてよいものである。

彼は先ず唐宋時代の各種文献（古文、伝奇、変文、語録、話本）を「文言体」「白話体」「混淆体（変文と語録）」の 3 種に分け、その後、以下の 25 の虚字をこの 3 種に分類するための「鑑定語」とするのである。

A（文言体）:
其、之（代名詞）、以（前置詞）、於、也、者、所、矣、則

B（混淆体）:
而、之（連体修飾語）、何、無、此、乃

C（白話体）:
這、底（＝的）、了、著、得、個（量詞）、裡（方位詞）、便、只、子、兒

ヤホントフの挙げた語は実は、ヴァロやレミュザのものと重複するものもある。私たちは今後も鑑定語の選別について検討すべきであるが、たとえば、"V 来／去"といった方向補語やあるいは結果補語、更には代名詞の使用法なども近代白話の一つの鑑定語になり得るものだと考えている。

3. モリソンの文体観

ロバート・モリソン（Robert Morrison, 1782-1834）も中国語の文体については「こだわり」を持っていた。それはもちろん彼の「翻訳観」と深く結びついたものであるが、とりわけ聖書の漢訳（『神天聖書』）において「如何なる文体を採用するか」は極めて重要な問題であった。

彼の『神天聖書』は一般には「文理」つまり「文言」に分類されているが、実際の情況は以下に示すように、決して「文言」とは言い難く、ヤホントフが指摘した幾つかの白話鑑定語が用いられている。

> 撒百日已過而七節之初日黎明時，馬利亞馬厄大利尼與別的馬利亞来見墓。而卻有大地震，蓋主之神使從天下來而退滾石離門，及坐其石上。厥容似電，厥衣白如雪。因怕之看守者惶，而似死了。又神使謂婦人曰，爾勿懼，我知爾尋耶穌，被釘十字架者。其不在此，乃已復活，依其所言爾，來見主被放在之所。又快去告訴厥門徒知，其已從死復活，而卻其先爾往加利利。彼處爾可見之。夫我已達爾知也。即時伊等離墓往去，有懼亦大歡喜，跑去以達門徒知之。且伊等往達厥門徒，卻耶穌自遇伊等曰，歡喜也。伊等即時俯伏面前而抱厥足也。時耶穌謂伊等曰，爾勿懼乃往去達我弟兄們。要先我往加利利去。而在彼可見我。夫伊等往去時，卻有或看守者來城報祭者首輩知凡所得成之情。且伊等同老輩集會相議時，即給大賄與兵丁曰，爾將言雲，夜間我們睡時厥門徒來偷之去也。若總督聞此我們則勸他，而保汝等。如是伊等受銀子而行依被令也。故至今日此言常得傳於如大輩之中也。時十一門徒往加利利至耶穌令伊等之山也。伊等見之即俯伏厥前，惟內中有的疑者也，且耶穌近來語伊等曰，在天在地我得授以諸權。故爾往去教訓萬國，施洗伊等於父者子者及聖風者之名也。教伊等守我凡所命爾等之諸情也。夫我常時偕爾等，即至於世之末也。啞門（馬寶傳福音第二十八章）

聖書翻訳において如何なる文体を採用するかについては、モリソン自身

も次のように述べている。

　　這個時期，馬禮遜先生繼續進行《新約聖經》的翻譯，同時編寫他的漢英詞典，還用漢語或者英語口頭宣教。每個禮拜日，當他為世俗工作勤奮地勞作時，另一個重要地問題讓他思索了好久：那就是翻譯中文《聖經》時應該採用何種風格最為恰當。他將深思熟慮後的結果寫信告訴了米憐牧師，米憐先生在他的《新教在華傳教前十年回顧》一書中收錄了他的來信，相信所有關心這個重要問題的人對這封信會有興趣。

　　正如在其他大多數國家的情況一樣，中文書籍中也有三種語體風格：文言、白話和折中體。四書和五經中的語體非常簡潔，而且極為經典。大多數輕鬆的小說則是以十分口語的體裁撰寫的。《三國演義》，一部在中國深受歡迎的作品，其語體風格折中於二者之間。起初，馬禮遜先生傾向於採用折中體；但後來看到一本《聖諭》；使用全然口語的體式，每個月兩次在各省的公共場所向百姓宣讀，以訓誡相關人士並指點他們的政治責任，馬禮遜先生決心仿效這本《聖諭》。

第一，因為廣大民眾更易理解。
第二，在人群中宣讀的時候，它清晰易懂，而這時經典文言體無法達到
　　　　的。折中體在公眾場合宣讀時也很清楚，但不如白話體容易理解。
第三，在口頭講道時，白話體可以逐字引述而不用加上任何引申解釋。

　　但是在重新考慮這件事後，他決定採用折中體：因為這種語體從各方面看都最適合於一本旨在廣泛流通的書。一方面，這種語體保有古代經書嚴謹和尊貴氣質的一些成分，而沒有過於凝練使其難於理解。另一方面，它對於閱讀水平尚可的讀者都清晰易懂，而不會陷入口語粗俗的泥沼。這種語體既沒有超越目不識丁之人的理解水平，又不會讓具有良好教育之人感到鄙俗。每當中國人進行嚴肅的談話時，都假裝瞧不起口語化的小說作品，但同時，他們又不得不承認古代經書的風格沒有普遍適用性。他們對《三國》的體例喜愛若狂。（漢訳本，175-176 頁）

こうした結果、彼が最終的に採用したのは『聖諭』ほど「俗」ではなく、「雅」を保持した『三国演義』の文体、つまりは文言白話の折衷体であったのである。

ただ、ちなみに以下に両者の文を並べて見ても、いずれも「文章体」ということでは同じであり、それほどの「雅俗」の違いは感じられない。それはむしろレミュザの言うように「こうした文体はその他の二つの文体の間におかれ、従って、時には古文に近く、時には官話に近づくといった無限の可能性を生ずるものである」ということに過ぎないものであるように思われる。

《聖諭廣訓直解》
　　怎麼是孝呢。這孝順爹娘，在天地間，為當然的道理，在人身上為德性的根本。你們做兒子的，不知道孝順你的爹娘，但把爹娘疼愛你們的心腸想一想，看該孝也不孝。你在懷抱的時候，飢了呢，自己不會吃飯，冷了呢，自己不會穿衣。
　　（夫孝者，天之經，地之義，民之行也。人不知孝父母，獨不思父母愛子之心乎。方其未離懷抱，飢不能自哺，寒不能自衣。）

《三國演義》
　　飛曰："吾莊後有一桃園，花開正盛；明日當於園中祭告天地，我三人結為兄弟，協力同心，然後可圖大事。"玄德、雲長齊聲應曰："如此甚好。"次日，於桃園中，備下烏牛白馬祭禮等項，三人焚香再拜而說誓曰："念劉備、關羽、張飛，雖然異姓，既結為兄弟，則同心協力，救困扶危；上報國家，下安黎庶；不求同年同月同日生，只願同年同月同日死。皇天后土，實鑒此心。背義忘恩，天人共戮！"誓畢，拜玄德為兄，關羽次之，張飛為弟。祭罷天地，復宰牛設酒，聚鄉中勇士，得三百餘人，就桃園中痛飲一醉。（第一回）

もちろん、モリソンは聖書翻訳において「信」「達」「雅」のうち特に「雅」を重視したことは「聖書」というもののキリスト教におけるその位置・性格からも明らかであり、次のような聖書以外の翻訳著作とは異なっている。

『古聖奉神天啓示道家訓』（1832）

　　有造化天地人萬物之神者性理證據論
　　　設使於行過曠野時，<u>我腳踢著一塊石頭</u>，有人問，<u>該石是那裡來的</u>。若或答曰，其石由永遠在那處，亦未可定。斯言尚似理。但設使<u>我在那曠野遇著一個時辰錶</u>，而有人問，<u>該時辰錶是那裡來的</u>。若或答雲，其錶是永遠在那處。此言似不合理。其故何也，既然該石頭永在那處，似可說得<u>的</u>，為何該時辰錶永在那曠野，似不成話。其故乃此，該石頭無何機關，其時辰錶有許多機關，故意製造<u>的</u>，為合一用處，所以顯然該時辰錶須有<u>個</u>製造者。既該物有<u>個</u>被造之時候，則明然不能永在那處。又也，未造之之先一個使造者必另在。雖該人不知造制時辰錶之法，他尚且可見有故意設計策，使各機關合為一用處。且既見有故意設計之作，必有一位立意製造者也。雖不知該一位是誰，或與自己同類，或不同類，皆然。只知確的以必有一位立意製造者也。雖其時辰錶有時行錯了，尚且所推論，以必有一位立意製造者，乃論得是。（1葉）

　　　夫千里鏡可喻得人之眼睛。其鏡顯然是<u>故意設計所致</u>，其眼亦明然有一位原設計製造之者也。鏡之各凹凸玻璃<u>十分像似眼睛珠</u>。又光射<u>透過去其鏡與其眼時</u>，或合，或散，俱依個定理相同。（略）有了千里鏡，便可知必有個人設計製造。有了人之眼睛，便可知必有個神設計製造。均歸一理。即是見有故意立計，必有故意立者也。但<u>人不會做眼睛</u>，故必是神所造化也。（7葉）

『西游地球聞見略傳』（1819）

　　　西邊友羅巴列國年歲有三百六十五日，六個時辰，惟伊之一個時辰不

過系我們漢人的時辰之一半，且伊等分從子時，周到子時，為二十四個時辰，又伊分月不是依太陰而分之，乃將一年中三百六十五日，分為十二個月，或三十日成一個月，或三十一日成一個月，其二月三年算二十八日，每四年載二十九日，月內日數如左，（16葉）

4. 白話は口語か？——結びに代えて

近代欧米人の中国語文体観は基本的には「古文」「文章」「官話」の三種である。このうち、「古文」と「文章」は「書面語」であり、「官話」は「口語」である。

筆者はかつて、「白話」あるいは「半文半白」は確かに「口語」を反映したものではあるが、「口語」そのものではなく、あくまでも「書面語」であると述べたことがある[2]。ロバート・トームが彼の『意拾喩言』を「雑録」に入れて、『聖諭広訓』や『正音撮要』などの「口語」（トームはこれを「言語」と称した）の範疇には入れなかったのもそのためであると考えられる。

古屋昭弘 1998 では、張居正などによる『四書直解』の「混淆体」について以下のように述べている。

> あのような文体すなわち文語・口語の混交体が口頭語としても存在したことにはもはや疑いはない。（132頁）

確かに『四書直解』『孝経直解』などのいわゆる「直解」類、あるいは『聖諭』などの「宣講」類は「口語」と考えることはできる。しかしながら、一方で私たちはヤホントフの以下のような見解も考慮すべきである。

> 文獻的內容和它的語言之間沒有必然聯繫，因為和古語體散文一樣，語錄就是這樣的哲學著作。其次，<u>口語和口頭說話不是一回事</u>：學者甚

---

[2] 内田慶市『近代における東西言語文化接触の研究』(2001)、330-331頁。

> 至在口頭談話中能夠使用古代語言。換言之,<u>作為口頭說話記錄的文獻,不一定反映真正的口語</u>。(98頁)

　この記述の中のとりわけ「口語と口頭で話される言葉とは同じではない」「口頭で話される言葉を記録した文献は必ずしも真の口語を反映してはいない」という指摘は重要であると思われる。
　この問題に関しては、上述のBazin1845も次のように指摘している。

> 今天的中國人說話的語言不是明朝人說的語言,明朝人說的是明朝的語言,其他朝代的語言也是那個時代的語言。Rémusat批評Morrison的語法書沒有採用Rémusat做的那樣《王嬌梨》《好逑傳》等小說的例子而採用中國人的口語,但是Rémusat的批評犯了兩個錯誤。<u>一個是世界上任何語言都很難像人們說話的那樣寫,漢語更難。"官話"一直游離著"寫"</u>。還有一個是《王嬌梨》《好逑傳》等的語言不是Rémusat想像的那樣是現在帝國使用的語言,而是十四世紀的語言資料,裡面每一葉都能發現文言的句子和說法。

　Bazinのこのような見方は恐らく上のプレマールの見方を継承したものと思われるが、「世界の如何なる言語も人が話すようにそのまま書くことは難しく、中国語は特にそうである。『官話』は常に『書く』ということから遊離してきたのだ」という彼の考え方は筆者のものと完全に一致している。
　つまり、「白話」は当然、当時の「口語」を反映したものであるが、しかし依然として「白話」すなわち「書面語」のままであり、「口語」ではないのである。「限りなく話し言葉に近い」が「話し言葉」ではないというのが筆者の考えであり、「官話」だけが「口語」であり、「話すとおりに書く」という情況は五四文学運動以前には中国には存在し得なかったということである。

この件について劉復 1992 でもかつて以下のようなことが述べられている。

「支那の言（口語）と文（文章）とは一致するものではなく、外国の言文は一致するものである。」と人々はよく口にする。この話は一寸聞いただけでは間違いなさそうに見えるが、実際は言と文は絶対に一致出来ないもので、ただ比較的に接近しているか、それとも隔離しているかに過ぎない。

英語について云えば、たとえば、"I am a man"、"Here is your book" 等の語句はもちろん言文一致せるものである。しかし、
That what is called the History of the Kings and Early Consuls of Rome is to a great extent fabulous, few scholars have, since the time of Beaufort, ventured to deny.（Lord Macaulay, "Ways of Ancient Rome" 序文第一語）
この句は文と云うことは出来るが、言と云うことは出来ない。（中略）

支那の文語文は、「大学之道」とか、「天命之謂性」等の句の如く、言うまでもなく話し言葉とは一致しない。また白話文にしても、只ある場合にのみ一致するにすぎないのである。（中略）

それ故、口に云う言葉は筆に書く文とは絶対に一致出来ないものである。但し、外国で用いる文には大多数について云えば、只一種しかなく、それは話し言葉に近いものである。支那で用いる文は、民国六年以前に於いては、口語と縁の遠い文言文を正宗としていたが、文学革命が起こってからは、話し言葉に近い白話文を添加して、現在ではこの両種が並び行われ同等の重要な地位に立つ様になった。（劉復著、魚返善雄、中野昭麿共訳『支那文法講話』三省堂、8-10 頁）

近代欧米人は以上のように中国語の各種文体の内容とそれらの違いについてかなり正確に認識していたことが分かるが、こうした知識の基礎の上に、彼らが学んだ中国語とは結局のところ、二種類であった。一つは「口

語」(「官話」と「郷談＝方言」)、もう一つは「文章」すなわち「白話」であり、後者のテキストとして、Wade は『文件自邇集』(1867) を編纂したのであり、Hirth は *Text-Book of Chinese Documentary*（新漢文件録）(1885-1888) を出版したのである。

　付記：フランス語文献に関しては、小野文氏と千葉謙悟氏のお世話になった。記して感謝の意を表したい。

主要参考文献：
劉復『中国文法講話』上海北新書局、1932
劉復著、魚返善雄、中野昭麿共訳『支那文法講話』三省堂、1943
古屋昭弘「17世紀ドミニコ会士ヴァロと『官話文典』」『中国文学研究』第22期、早稲田大学中国文学会、1996
——「明代知識人の言語生活—万暦年間を中心に—」『現代中国語学の視座』、東方書店、1998
ヤホントフ（雅洪托夫）「七至十三世紀的漢語書面語和口語」『漢語史論集』北京大学出版社、1986
内田慶市「欧米人の学んだ中国語—ロバート・トームの『意拾喩言』を中心に」、狭間直樹編『西洋近代文明と中華世界』京都大学学術出版会、2001
——『近代における東西言語文化接触の研究』関西大学出版部、2001
万済国『Arte de la lengua mandarina（華語官話語法）』姚小平等訳、外語教学与研究出版社、2003

「文体ノ改善」の行方
——日本語口語文体の戦中・戦後

安田敏朗

一、はじめに

　近代における文体の成立には、多かれ少なかれ翻訳などの人為的な要素がからまってくる、といえる。きわめて雑にいってしまえば、各種文体と各ジャンルとが基本的に密接不可分であった状況から脱ジャンル化したひとつの文体へと統合していこうとすることが（たとえば言文一致体のような）、近代における文体の成立の特徴であろう。とすれば、口語文体を成立させることは近代国民国家の存立と不可分でもある。したがって、東アジア近代史の文脈で文体を論じることは、政治的な意味を必然的に帯びることになる。本報告では、戦前・敗戦後の「口語文体」をとりまくさまざまな動きを、東アジアという文脈をあまり意識することはできないまでも、国語審議会・国語協会などの団体を軸に、また敗戦後については憲法の文体の事例をおりまぜつつ論じていくことにしたい。

二、官制による国語審議会と文体

〈諮問について〉
　文体とは人為的に成立させるものだ、とすれば、近代日本の国語施策においてそのことを明確にうたったもののひとつとして、国語審議会に対し

て 1935 年 3 月 25 日に文部大臣・松田源治からなされた諮問をあげることができる。諮問は四項目。

　一　国語ノ統制ニ関スル件
　二　漢字ノ調査ニ関スル件
　三　仮名遣ノ改定ニ関スル件
　四　文体ノ改善ニ関スル件

　四番目が「文体ノ改善ニ関スル件」である。当時の文体は「改善」を必要とする状態であったと、一義的にとらえることはできる。その裏には、ひとつの文体への統合という前提がある、ともいえる。
　そもそも、1934 年 12 月 21 日に勅令により官制が公布された国語審議会とは、「文部大臣ノ監督ニ属シ其ノ諮詢ニ応ジテ国語ニ関スル事項ヲ調査審議ス　国語審議会ハ前項ノ事項ニ付関係各大臣ニ建議スルコトヲ得」るもの（第一条）であって、それまでとは異なり建議のできる機関となったものの、実際の役割としては 1902 年発足の国語調査委員会（〜1913 年 6 月）の流れを汲む委員会でもあった[1]。この国語調査委員会も、「調査方針」のなかに「文章ハ言文一致体ヲ採用スルコトヽシ是ニ関スル調査ヲ為スコト」を掲げているように、文体への意識をもった機関であった。しかしながら、国語調査委員会の具体的な成果をみてみると、文体よりもかなづかいや漢字制限、あるいは標準語制定のための調査といった事項への傾斜がみられ、『口語法』（1916 年）や『口語法別記』（1917 年）というまとまった重要な成果はあるにしても、必ずしも「言文一致」に関する調査を深化させたとは言い切れない[2]。それは喫緊の度合がそれ相応に異なっていたと

---

[1] 国語審議会全般にかかわる議論は、安田敏朗『国語審議会——迷走の 60 年』（講談社現代新書、2007 年）を参照。
[2] 現在とは異なり、一般の人が文章を書くのは、書簡がせいぜいのところであっただろう。それもあってか、文部省普通学務局長から「口語体書簡文ノ小学校ニオケル教授ノ状況」の調査が「各高等師範学校及ビ各府県師範学校ニ諮問」されたことがあっ

いうことでもある。

　国語調査委員会を引き継いだ形となる臨時国語調査会（1921 年 6 月〜1934 年 12 月）の調査発表事項をみても、文体に関連するものを見出すことはできない[3]。

　国語審議会は官制公布の翌日（1934 年 12 月 22 日）会長南弘、副会長穂積重遠を含めた委員に辞令が発令される。翌 1935 年 1 月 14 日に文部省で委員を集めた初顔合わせがなされ、そこで松田源治文部大臣は諮問事項に

た。その整理を国語調査委員会（主として保科孝一補助委員）がおこない、1911 年に公表している。そこでは、各学校で作成した書簡文の「標準文」について、以下のような指摘がある。

　　（四）標準文ニハ用語ノ生硬ナルモノ、言ヒアラハシ方ノ穏健ナラザルモノ多シ。殊ニ児童ノ学年度ニ深ク注意セズ、低学年度ノ女生ニ授クル標準文ニ女生ノ日常語ニアラハレザル、漢語ヲ用キタルガ如キモノ尠ナカラズ。
　　（五）標準文ニハ、其ノ文体形式用語等口語体ノ自然ニ遠ザカレルモノ多シ。是レ普通文或ハ候文ヲソノマヽ口語体ニ改作シタルガ為メナルベシ。〔……〕
　　（六）標準文、並ビニ教室ニオケル教員ノ用語ニ方言ヲ雑フルモノアリ、従ツテ児童ノ成績ニ於テモ屡々之ヲ認ムルガ如キハ、畢竟現今国語教育ニオケル標準語タル東京語ヲ研究スルコト十分ナラザル為メナルベシ。（国語調査委員会編纂『口語体書簡文に関する調査報告』1911 年、例言、2 頁）

　口語体とは創られるもの、しかも翻訳（言い換え）として存在することが、さりげなく示されている。それでもなお、口語体が不十分であることの指摘は、同書にまとめられた「口語体書簡文教授に関する意見及感想」にみてとれる。たとえば、茨城県女子師範学校からは、「口語体書簡文は、自由に己の思想感情を発露するに於て遺憾甚だ少し」とはするものの「敬語につきては、口語体書簡文は、候文体に比し、大に欠くるところあり」「方言の多く混ずる」といった不十分な点の指摘がある（37,38 頁）。埼玉県師範学校からは、「口語体の文章は、我国普通の文体ならざるべからず」「日用文も亦口語体ならざるべからず」といった主張が文語体によってなされている（36 頁）。

[3] 具体的には「常用漢字表」「略字表」「字体整理案」「仮名遣改定案」「漢語整理案」「国号呼称統一案」などである（『国語調査沿革資料』文部省教科書局国語課、1949 年、112〜113 頁）。

ついて以下のように述べている。

　　　国語調査の事業は只教科書の編纂や実際の授業に就て考慮するのみ
　　で満足すべきものではありません。大所高所から見まして、もっと大
　　きな事業即ち国語の統制を図り、その純正なる標準を維持して健全な
　　る発達を促し、更に進んで祖国の言語の対する尊重愛護の観念を養い、
　　以て大国民たる品位を十分保持し得る様に致さねばならぬと存じます。
　　御承知の通りフランスの学士院（アカデミー）が第17世紀以来国語の
　　統制に努力いたして居るのでありますが、我国の現状を見ますと、一
　　層この統制を必要とするものがあります[4]。

　つまり、諮問の第一項目の「国語ノ統制ニ関スル件」を、アカデミー・フランセーズを念頭に置きつつ強調するのみなのである。ほかの第二、第三項目は、要は前身である臨時国語調査会での調査事項を引き継いだものであった。「統制」が何よりも重要であったことがわかる。

〈「漢字ノ調査ニ関スル件」と「仮名遣ノ改定ニ関スル件」〉
　実際には諮問の翌月1935年4月に開催された国語審議会第一回総会において「右諮問事項中第二ノ漢字ノ調査ニ関スル件ヨリ審議ヲ進ムルコトトシ、主査委員九名ヲ選ビ、先ヅ漢字ノ字体整理ニ着手セリ。之レ社會慣用ノ字体頗ル区々ニシテ統一ナク、為ニ社會上及ビ教育上少カラザル支障アルヲ認メタルニ依ル」[5]と、まずは諮問第二項からはじめることとなった。そしてこの「漢字字体整理案」は1938年7月の第三回総会で決定答申された。1939年3月の第四回総会では「仮名遣改定ニ関スル件」が決定答申されている。臨時国語調査会の調査報告である「常用漢字表」の再検討も

---

[4] 「国語審議会設置の趣旨——初顔合わせに於ける挨拶」『国語の愛護』6号、1935年9月、16頁。
[5] 「漢字字体整理案報告案」、標準漢字関係議案第68号、1938年。

1938 年 12 月の第二回総会において認められ、主査委員会が 70 回以上開催され、社会各方面の意見を参考にしつつ、1942 年 6 月の第六回総会で「標準漢字表」が決定答申された[6]。マル秘の印が押された「標準漢字表選定経過報告書」によれば、「国民教育ナラビニ社会生活ノ能率増進、高度国防ノ完成等各方面ヨリ考察シテ、コレヲ整理統制シ、現代ノ社会ニオイテ使用スベキ漢字ノ標準ヲ示スコトハ目下ノ急務」とされていた。この標準漢字表は、最終的には 2669 字となって文部省から発表されたが、それにも

---

[6] 「標準漢字表」の内訳は、常用漢字 1134 字、準常用漢字 1320 字、特別漢字 74 字の、計 2528 字。それぞれの漢字の選択基準は、常用漢字は「国民ノ日常生活ニ関係ガ深ク、一般ニ使用ノ程度ノ高イモノ」、準常用漢字は「常用漢字ヨリモ国民ノ日常生活ニ関係ガ薄ク、マタ一般ニ使用ノ程度モ低イモノ」、特別漢字は「皇室典範、帝国憲法、歴代天皇ノ御追号、国定教科書ニ奉掲ノ詔勅、陸海軍軍人ニ賜ハリタル勅諭、米国及英国ニ対スル宣戦ノ詔書ノ文字デ、常用漢字、準常用漢字以外ノモノ」。勅諭・勅書の存在に注意したい。これは 1923 年の臨時国語調査会の常用漢字 1962 字に比べると、常用漢字自体については制限が進んだことになるが、準常用、特別漢字などという曖昧な枠を設けたために「伝統」を尊重したい側から猛烈な攻撃を受ける。たとえば、頭山満など 12 名の連署による文部大臣宛の標準漢字表反対の建白書では、「国語の問題は鞏固なる国体観念に照らして講究」すべきであるとしたうえで、反対の理由を「国語審議会決定答申案にいふ特別漢字七十一字を以て畏き辺の御事をも限定し奉」ることになる点、常用漢字ではなく準常用漢字のなかに「国民が日常奉体すべき教育勅語を始め皇室典範、帝国憲法、歴代天皇御追号、勅諭、詔書の文字多数を含む」点、「漢字の否定、仮名遣の変革」をくわだてる団体である国語協会（後述）に国語審議会が「私党化」されている点などをあげている。そして「エスペランチスト、ローマ字論者、カナモジ論者の過去及び現在の思想言動を調査し国語運動に名を藉りて行はれたる非国家思想の有無、思想謀略の存否如何を明確にせんことを要す」と思想問題にまで発展させてこの答申の廃棄を求めている。雑誌『大法輪』などではこの標準漢字について大々的な批判の論戦を張ることになる（平井昌夫『国語国字問題の歴史』昭森社、1948 年、354〜359 頁[復刻版、三元社、1998 年]）。要するに、「国体」に関する用語を、「国民ノ日常生活ニ関係ガ薄」く「常用」としないのはなにごとか、というわけである。こうした圧力が功を奏したのか、結果として、1942 年 12 月 4 日に文部省が公表した「標準漢字表」は、常用・準常用・特別の区別をなくし、字数を増やした 2669 字となった（国語審議会が発表した標準漢字への反応をまとめた書物に、木下公一郎編『漢字整理の問題』日の出書院、1943 年がある）。

とづいて国語審議会は「漢語ノ整理ニ関スル主査委員会」を組織し、漢語整理案を検討することになった。標準漢字表にない漢語をどういいかえるか、ということである[7]。このように、臨時国語調査会の成果を引き継ぎつつ活発に活動をしていた国語審議会であるが、「国語審議会議案目録」の敗戦までの議案をみても、諮問第四項目の「文体ノ改善ニ関スル件」は一件もない。それどころか、諮問とは直接関係のなさそうな「国語ノ横書ニ関スル議案」が登場している[8]。

　もちろん、漢語の整理をおこなうことが文体に影響をあたえると考えるのは十分に合理的ではあるものの、「文体ノ改善」を念頭に置いての議論ではない。漢字制限の問題、かなづかいの問題が喫緊の課題であった、ということであろう。

　「文体ノ改善」についての議論が国語審議会でなされるのは、この官制による国語審議会でではなく、文部省設置法にもとづく国語審議会令（1949 年 7 月）で設置された国語審議会においてであった（建議「法令の用語用字の改善について」1950 年 11 月 7 日[9]）。具体的に「改善」をは

---

[7] 「漢語ノ言換ヘニ関スル方針」、漢語整理関係議案第 4 号によれば、
一、言換ヘノ範囲
　イ、昭和十七年十二月四日發表ノ標準漢字表ヲ基準トシ、本表以外ノ漢字ヨリ成ル漢語及ビ本表以外ノ漢字ヲ含ム漢語ニシテ現在用ヒラレテキエウモノヲ先ヅ整理ノ対象トスルコト
　　　　但シ　古典語、専門語、特別語ノ範囲ニ属スルモノハ　シバラク除外スル
　ロ、標準漢字以外ノ漢字ノミヨリ成ル漢語ハ適當ナ語ニ言換ヘル
　　　　顰蹙（眉ヲヒソメル）　邂逅（メグリ合フ）　蹉跌（ツマヅク）　浩瀚（大部）
　ハ、標準漢字以外ノ漢字ヲ含ム漢語モ同様ニ適當ナ語ニ言換ヘル
　　（下略）

[8] 「国語審議会議案目録　昭一〇・一　──昭二〇・五」、『国語調査沿革資料』文部省教科書局国語課、1949 年、132～142 頁。

[9] 国語審議会とは関係なく、文部省教科書局国語課が主管した「公用文改善協議会」は「官庁の業務を民主的にし能率的にすることを目的として、官庁用語等〔……〕をやさしく美しくするため」に設けられたものだったが、これは 1948 年 6 月から翌年 3

かることができるのは、法令の文体しかなかった、ともいえるだろう。

　次にふれる、「国語愛護」熱が高まっていた 1930 年代（その背景には日本語の中国大陸などでの「普及」があった）、「国語の整理統一」が大きな問題として認識されており、その一環として、たとえば判決文の口語化といった模索などもおこなわれていた。そうした動きを背景にもつ国語審議会への諮問ではあったのだが（おそらく直接には 1926 年 6 月 1 日の、内閣訓令号外「法令形式ノ改善ニ関スル件」[10]があったと思われる）、結局は官制による国語審議会は、諮問の第四項目については沈黙したままであった。「文体ノ改善」ということの必要は認識されてはいたにせよ、具体的に手をつけることはできなかった、ということになるだろうか。

月までの組織であった。一方で、法律文体の口語化が或程度の現実性を帯びて議論されていたのが、「満洲国」においてであった。判決文の口語化を実践していた千種達夫という人物が「満洲国」の司法部参事官として法律の起草のために赴任する。のちに触れる国語協会の会員でもあった千種は、口語化を強く念頭におきつつ起草作業を進めていった（といっても、デアル体使用・難解な漢語をいいかえる程度）。実験場としての「満洲国」の一側面を示すものともいえる。千種達夫は、口語体で法案を起草したが、現実の壁は高かった。しかしながら、起草はあくまで口語体でなされ、それを文語体に翻訳して公布された。さらにそれは中国語にも翻訳され、日本語文・中国語文ともに正文とされた（1936 年 1 月から。それまでは中国語文のみが正文）。日本語の口語→日本語の文語→日本語臭のある中国語、と翻訳される奇妙な構図となった。その千種は「満洲国」から 1946 年 9 月にひきあげ、東京高裁の判事として、国語審議会に参加し、公用文口語化の流れをつくっていくことになる。千種達夫と法律文の口語化については、安田敏朗『脱「日本語」への視座』三元社、2003 年、第 10 章を参照。

[10] この内容は「法令ノ用字、用語及ビ文体ハナルベク之ヲ平易ニシ、一読ノ下容易ニ其ノ内容ヲ了解セシメンコトヲ期スベシ」といったものであった。とくに口語という指定はない（全文は『国語運動』3 巻 7 号、1939 年 7 月、1 頁に掲載）。

三、国語愛護同盟・国語協会・国語審議会

〈国語協会と国語審議会〉

　それでは、まったく「文体ノ改善」の議論がなされていなかったか、というとそれはまた事情が異なる。ここで国語協会という団体に触れなければならない。

　国語協会とは、文部省の国語調査事業（当時は臨時国語調査会（1922年〜1934年）を後援・促進し、国語の整理統一を目的として1930年に発足したものである。臨時国語調査会会長で貴族院議員の南弘[11]が国語協会の副会長となり、西園寺公望の賛同を得て、西園寺の推薦で当時の首相近衛文麿を会長に迎えたものの、機関誌も事務所もなく、活動停止状態になった。

　とはいうものの、国語協会は1937年に、国語愛護同盟と言語問題談話会を吸収合併する形で再発足する。国語愛護同盟（機関誌『国語の愛護』全8号、1935年4月〜1937年5月）は広い視野での国語改良をめざした団体として1932年に発足し、内部は法律部・医学部・教育部・経済部に分かれ具体的な研究をおこなっていた（国語協会と合併後に婦人部が創設される）。言語問題談話会（機関誌『言語問題』）は英語学者で岡倉覚三（天心）の弟でもある岡倉由三郎が1935年に組織したものである。

　再発足した国語協会（機関誌『国語運動』1巻1号、1937年8月から、確認できる最後の号は8巻5号、1944年5月）の設立の趣旨は「国語・国字の整理と改善を計り、その健全な発達を促し、国語を愛護する精神を培うこと」と定められた。会長の近衛文麿がいうように「出来るだけ政府の整理事業に御力添を致したい」とすると同時に「国語国字に整理統制を加へて之を純化し、大に国語に対する尊重愛護の精神を啓培することに努

---

[11] 国語協会の副会長となった南弘は1932年3月に第15代台湾総督に任じられたが、同年の五・一五事件後に組閣された齋藤実内閣の逓信相となったために台湾総督在任はわずか2ヶ月であった（逓信相は1934年まで。1936年からは枢密院顧問官）。会長の近衛は名目的なものであったにせよ、副会長にこうした大物をすえることができたのは、国語問題が喫緊の課題と認識されていたことを物語ってもいる。

力」するものであった[12]。

　人的なつながりをみても、たとえば国語協会の副会長南弘は国語審議会の会長となっており、国語協会の理事15人のうち7人が国語審議会のメンバー（総数37人）であったことから（なお、再発足した際の国語協会の理事・幹事23人のうち10人が国語審議会のメンバー）も、国語協会は政府の整理事業との関連が深い組織であったことがわかる[13]。

　その性格も、国語審議会と協調的であった。たとえば国語協会に合流した国語愛護同盟機関誌『国語の愛護』の「書き方の定め」には、

1. 漢字は，なるべく，文部省臨時国語調査會の発表した常用漢字を使う。
2. 仮名遣は同じ調査會の発表した改定仮名遣案による。
3. 送り仮名，句読法は，読みやすいことを目的とし，定まつた規則に従つたものではない。
4. 国語愛護同盟の規則の部分では分ち書きを試みた[14]。

とあり、国語協会の「さしあたつての主な目的」は、「一、よい言葉のもりたて　二、漢字・漢語の整理　三、仮名遣の改定　四、文体を口語体に整理　五、横書は左からに統一　六、表音文字の研究」とされた。四番目までは国語審議会への諮問を書き換えたような趣である。具体的な経緯は分明でないものの、文部大臣が「国語ノ横書ニ関スル件」を国語審議会に諮問したのが1942年7月6日で、国語審議会が「国語ノ横書ニ

---

[12] 近衛文麿「国語の尊重愛護は国民の責務である」『国語運動』1巻1号、1937年8月、3，4頁。

[13] 国語協会の会員数は1942年度末現在で2773名という規模であった。カナモジ論者、ローマ字論者、漢字制限派、など国語整理に関する立場もさまざまであった。したがって、機関誌『国語運動』掲載の文章も著者の要望があれば、かなづかいなどに手を入れることはなかった（講演録などは国語協会の方針に従っている）。

[14] 『国語の愛護』第1号、1935年10月、1頁。

関スル件」を答申したのが 1942 年 7 月 17 日である。しかしこれについては反対の世論が強く、閣議決定は見送ったという[15]。ともあれ、国語愛護同盟ではかねてから左横書きを主張・実践してきていたので、横書きについては国語審議会に影響をあたえた事例ともいえるだろう。

　国語審議会の議論をみていても、文体についてとらえることができないことはすでにみた通りであるが、それでは、国語協会ではどうであったかを概観してみると、当初は、国語愛護同盟での活動を引き継ぎ、各部の活動紹介がなされてはいたものの、『国語運動』3 巻 7 号（1939 年 7 月）で「法律文の改善」という特集を組んだ以外には目立った議論がなされてはいない。国語審議会での議論を参照すれば、漢字制限、かなづかいに論点が集中してしまうのも無理はない。

〈国語愛護同盟と「文体ノ改善」〉
　一方で、国語愛護同盟では法律部が口語体での判決文・訴状の検討、経済部では商業文の口語化、医学部が「テニハドイツ語」（ドイツ語の単語を日本語の助詞などでつないだもの）からの脱却などの試みを展開していた。いうまでもないことだが、法律部が脱却をめざしていたのは、文語文体であり、経済部が脱却をめざしていたのは候文[16]であり、医学部はドイツ語という外国語からの脱却をめざし、脱ジャンル化したひとつの口語文体をめざしていたことになる（少し強引にいえば、順に漢文脈、和文脈、欧文脈からの脱却ということになるだろうか）。さらに忘れてならない点は、それぞれすでに存在している文体を書き換えていく作業だという点であり、それはすなわち翻訳（ドイツ語の専門用語をどう訳すか、といった点に明瞭だが）だという点である。それはもちろん用語の言い換えでもあるのだが、逆にいえばすでに存在している文体であるか

---

[15] 「国語施策年表」、文化庁『国語施策百年史』ぎょうせい、2006 年、936〜937 頁。
[16] 「現在では普通の手紙には口語体がよほど広く行われて来たし、その文集の如きも世間に現れているが、商業文としては従来の候文の型が依然として一般に行われている。」（「経済部の報告」『国語の愛護』5 号、1935 年 7 月、59 頁）。

らこそ、その「改善」が可能なのだともいえる。もうひとついえば、文語文を自在に作成できる層が減っていったという現実問題もあるだろう[17]。ときあたかも、文豪谷崎潤一郎が『文章読本』（1934 年）を著し、文章に実用的・芸術的の区別はない、と宣言していた。

〈権威づけとしての天皇〉

　ところで、こうした言語運動が自らの正当性を示すために、天皇の力を借りてもいることを指摘しておきたい。国語愛護同盟はその機関誌『国語の愛護』第 1 号（1935 年 4 月）の扉に「明治天皇の御製」五種を掲げている。

　　　しばかりに　いとけなきより　いづるこは　まなびのみちに　いるひまやなき
　　　うるはしく　かきもかかずも　もじはただ　よみやすくこそ　あらまほしけれ
　　　よきをとり　あしきをすてて　とつくにに　おとらぬくにと　なすよしもがな
　　　ものごとに　うつればかはる　世の中を　こころせばくは　おもはざらなむ

---

[17] たとえば、1929 年 7 月 26 日に名古屋控訴院刑事部で下された控訴棄却の判決文を、三宅正太郎裁判長は口語体でさらに固有名詞もカタカナで書いた。三宅は固有名詞から漢字を排除することで「行きづまつた司法事務の渋滞を打開することができると感じ」、「法律の著書論文も口語体で書かれるものが多くなつた。口語体に書けば読む人に分り易いばかりでなく、書く人に書き易い。漢学の素養のない若い者に、文語体で判決を書かせることは、思想を判決で表わすのではなく、思想を型に入れることである」と考えていたらしい（千種達夫「判決書の変遷とその思い出」『書斎の窓』191 号、1970 年 9 月、14 頁）。ちなみに三宅は敗戦後、「国民の国語運動連盟」の一員として代表の安藤正次、山本有三らとともに憲法の口語化を求める要望書を携え、1946 年 3 月に首相官邸を訪れている（古関彰一『日本国憲法の誕生』岩波現代文庫、2009 年、215 頁）。

ききしるは　いつのよならむ　しきしまの　やまとことばの　たかきしらべを

　国語協会の機関誌『国語運動』創刊号（1937年8月）の扉にも、二首目と五首目が掲げられている。明治天皇の「御意」に従った運動であるということを示しているわけである。

　　　　　　　　四、戦争と文体

　「大東亜戦争」開戦後しばらくして、国語協会はカナモジカイとともに「大東亜建設に際し国語国策の確立につき建議」を東条英機内閣総理大臣宛におこなう。「日本を盟主とする大東亜共栄圏を建設するためには、各地の諸民族の間に日本語を通用語として普及せしめねばならぬ」という一文からはじまるこの建議は、「わが国語は極めて複雑かつ不規則であるから、この際思いきった整理改善を加えて、これを簡易化しなければ、大東亜の通用語として、ひろく普及せしめることは、とうてい望めない」という立場から、「すみやかに大東亜におけるわが国語国策の根本方針を確立され、かつ直ちに、その実行に必要な諸般の処置をとられんことを望んでやまない」として六点の方針を掲げるのだが、その第一点に文体が登場する。

　　一、文体はすべて口語体とすること。
　　　　　国語の整理改善のためには、まず文体の統一が必要である。幸いわが国の文章は今日ほとんど口語体に統一されようとしているが、まだ文語体や候文が使われている場合もかなり残っている。これは国内においても、なるべく早く口語体に整理統一さるべきものであるから、大東亜の諸国に示すべき日本語とし

ては、今から例外なく、すべて口語体とするのが適当である[18]。

　これは国語協会の主張を実現させるために、「大東亜戦争」といったある意味での「外圧」を利用しようとした、と解釈することもできる。また「幸いわが国の文章は今日ほとんど口語体に統一されようとしている」という判断がなされていることにも注意したい。

　それでは、「日本語を通用語として普及」させるときに、単に「口語体」を教えるだけで事足りたのであろうか。先に、口語体創出の試みは、定型化した文体からの翻訳であると述べたが、それでは、日本語教育の文体はどう考えられていたのだろうか。

〈文化語と生活語〉
　さかのぼれば、1917年に大槻文彦は「台湾朝鮮が、御国の内に入つて、其土人を御国の人に化するようにするにわ、御国の口語を教え込むのが第一である。それに就いても、口語に、一定の規則が立つて居らねばならぬ。口語法わ、実に、今の世に、必要なものである」と[19]、口語の役割を強調していたが、1930年代以降は日本語のさらなる浸透というものがめざされるようになっていった。たとえば、文部省図書監修官であり、敗戦後は文部省国語課長として国立国語研究所の設置[20]などに尽力した釘本久春（1908年～1968年）は、1943年に以下のように述べている。

---

[18] のこりの方針は「わかりやすい言葉を用いること」「発音を正しく統一すること」「文字はカタカナとすること」「かなづかいは、字音・国語とも発音式にすること」「左横書きと分ち書きをすること」であった（「大東亜建設に際し国語国策の確立につき建議」『国語運動』6巻5号、1942年5月、2～7頁）。
[19] 文部省『口語法　別記』、1917年　端書、3頁。
[20] 国立国語研究所設置とGHQとの関連については、安田敏朗「国立国語研究所設立をめぐる二、三のことども」『国文論叢』（神戸大学文学部国語国文学会）42号、2010年（近刊）を参照。

然るに満洲帝国の成立、支那事変の成起といふ段階に至つて日本語教育は異民族間各個の生活上の現実的要件として求められる事となつたのであります。特に大東亜戦争勃発以降は日本の立場よりみるも異民族の立場よりみるも日本語普及は現実生活の基盤を形成する必須不可欠の事実として求められて居るのであります。東亜共栄圏の成立は東亜文化圏の確立を根底とすると同時に目的とするものではありますが、それは又東亜生活圏の確立を意味して居るからであります。従つて今や異民族の日本語学習は寧ろ生活語的位相に於いて日本語を体得することを第一要件とするのであります。

　日本語によつて高き日本文化材を味得せしめる事、殊に日本の古典文化財を観賞せしめる事は今日に於いても重要な課題であります。又現にその要求も必要も存するのであります。併し今日教へられ学ばれる日本語は何よりも先づ現実生活の基盤に食ひ入るものでなければなりませぬ。日本語そのものに絶対的基準による生活語と文化語との区別はあり得ないにしても、兎に角生活語的位相に於ける日本語の把握が教育対象たる異民族大衆に肝要とされるのであります。[21]

　ひらたくいえば、口語文体ではなく、生活臭あふれる「はなしことば」を教育することによってかれらの生活基盤にまで浸透せよ、ということである[22]。そうした「はなしことば」が教育可能なのかという問題はさてお

---

[21] 釘本久春「日本語普及史の諸問題」『日本諸学研究報告　第二十篇国語国文学』文部省教学局、1943年9月、287〜288頁。
[22] 1940年前後に、日本語教育従事者の意見を吸い上げて組織化するために文部省主催で国語対策協議会（1939年、1941年）が、あるいは「満洲国」で東亜教育大会（1942年）などが開催されもした。しかし、より簡易化しないと教授は困難だというかれらの率直な意見は政策に反映されなかった。ただし、第一回国語対策協議会の結果、外務省外郭団体（のちに文部省外郭団体）として、日本語教育振興会が設置され（釘本も常任理事となった）、雑誌『日本語』の刊行や教科書編纂などの事業をおこなったが、その日本語教科書の題名が『ハナシコトバ』であった。その編纂趣意にはこうある。「ハナシコトバは、極めて簡易で且必須な日本語の話言葉を、主として青少年男

くとして、生活語であれば、日々の変化というものは生じやすい。さらにまたそれを教育するのであれば、いわゆる「母語話者」以外の話者による変化もそれ相応に発生する[23]。

〈はなしことばへの統制〉
　しかしながら、釘本のこの論文も収めた『戦争と日本語』で、釘本は、「日本語普及の具体的措置」について以下のように述べる。

　　その一は、全地域を一貫して日本語に統一を保たしめること。言葉に於いても、言葉を表記する書方に於いても、醇正にして権威ある日本語を移植するといふ努力が、各地域を通じて行はるべきこと。いはゞ植民地日本語ともいふべき変態日本語の成立するおそれは、今より厳密に戒めねばならない[24]。

　統制を保ち、勝手な変化を起こさせないようにすべきだ、というわけである。そしてまたこのようにも述べる。

　　〔……〕日本語普及の困難なる理由を日本語そのものの性格・構造に帰し、日本語普及の効率をあげるために日本語そのものの変革、日本

女に学習せしめる目的で編纂したものである。日本語の学習には、口から耳へのいわゆる話言葉から入る方法と、目に訴へるいわゆる書き言葉から入る方法とがある。しかし、書き言葉を学習せしめるにしても、真に自己のものたらしめるためには、話言葉の修得がその前提となるべきである。しかも、本書は卑近な日常語の学習が目的であるから、その意味からも話言葉を学習せしめることとしたのである」（日本語教育振興会編『日本語教科用ハナシコトバ学習指導書　上』1941年、1頁）。
[23] 安田敏朗「非母語話者の日本語はどのように語られてきたか──「台湾方言」「共栄圏日本語」「日本語クレオール」」、内田慶市・沈国威編著『言語接触とピジン──19世紀の東アジア』（白帝社、2009年）では、台湾における非母語話者が話す日本語がどのように評価されてきたのかを通時的に追っている。
[24] 釘本久春『戦争と日本語』龍文書局、1944年、23頁。

> 語の伝統性と自然性を歪曲してまで簡易化し、単純化しよ［う］とするがごとき主張である。口を開けば日本語の複雑をいひ、難解をいひ、普及方策上日本語の特殊なる単純化を必要とするといふごとき態度である[25]。

明治天皇の「御意」を掲げている国語協会のなかにもこうした主張をする者がいることを暗に示したともいえるが、いわば「正しい統制」こそがなされるべきだということである。もう少し引用する。

> 日本語の普及にあたつては、たゞ便利な、簡単な言葉を普及しようとするのでなく、できるかぎり正しい、美しい日本語、私たちの遠い祖先から承け伝へて来た正しい美しい日本語を、異民族のひとびとの間に植ゑつけるやうに努めなければならないと信じます[26]。

こうした日本語の統制をおこなうためには、普及をする側の意識をも高めねばならないという主張につながる。

> 話し言葉を「雅び言葉」に育てようと努めてゆくとき、私達は、今日の国民生活全体を、いつそう立派に、仕上げてゆく道に、いつそうこの国がらの尊さを現はす道にしつかりと立つことになる。毎日の、身近かな生活が、そのまゝに、日本の国がらの尊さを現はすことになる。[27]

普及する側もされる側も、口語文体にも「はなしことば」にも、「雅」にもとづく統制をかけようとしたわけである。

---

[25] 同前、83頁。
[26] 同前、295頁。
[27] 同前、234頁。

五、敗戦と文体

〈継続する国語改良〉

1946年3月、国民の国語運動連盟が結成される。国語協会やカナモジカイ、日本語教育振興会など戦前からある言語運動団体を糾合した組織で、代表を安藤正次・前台北帝大総長とし、作家山本有三らが名前を連ねた。そもそもがGHQのCI&E（民間情報教育局）が山本に接触し、こうした民間団体の結成をうながしたとされている。「民主的」な形での言語運動の活性化を期していたとみることができる。しかし、こうした言語運動団体の主張が敗戦によって変化したわけではない。自らの主張の実現のためには「大東亜戦争」も「民主化」も使えるものは使う姿勢を読みとることができる[28]。

釘本久春も、敗戦後の「国語改革」のためには国語の愛護という形での国民の団結、そして文化語の生活化、といったように、どこかで聞いたような話をくりかえしていく[29]。

---

[28] そもそも、「国民の国語運動連盟」といいながら、その「国民」の範囲をしっかりと考えていたのか疑問である。日本内地にいた朝鮮人・台湾人にはサンフランシスコ講和条約発効まで法的には日本国籍があたえられており（発効により一方的に剥奪していく）、「国民」の範囲に厳密にいえば入るわけである。とくに台北帝国大学総長であった安藤正次は、日本人なのだから国語を常用せよ、と台湾人に訴えていたわけであるので、こうした問題に敏感であってもよいのだが、まったくそのようなそぶりは見せない。1947年1月に刊行した著書のなかで安藤は「国語は国民すべてのものであり、国民は国語の前には平等であり、またさうあるべきはずなのである。すべての国民は、等しく国語文化の恩恵に浴する機会を与へられなければならず、国語における特権階級とも見られるべきものの存在は否定されなければならない。」（安藤正次『国語国字の問題』河出書房、1947年、11頁）としている。植民地での国語教育もある意味では、こうした「国語の前での平等」を理念にしていたとはいえるのであるが、この著書では植民地の事例などは一切登場しない。

[29] たとえば、1949年刊行の著書では、「より高き、より豊かな国語の創造へ、そしてより高き、より豊かな日本人の生活の創造へ、この志向に、国語改革の仕事の本質があるはずである。そしてそれは、日本人の社会を進めようと願う、私たちの社会への深い愛、深い祖国愛と、国語に対する、国語の将来に対する、深い信頼と愛情とが

〈敗戦と詔書〉

　敗戦後の大きな言語問題としては、国語審議会による常用漢字表・現代かなづかいの答申とそれが内閣告示・訓令となり、実際におこなわれていったことがあるが（これはいうまでもなく、戦前から国語審議会で継続していた議論である）、ここでは、詔勅（詔書・勅書・勅語）について触れておきたい。おそらく一番有名な詔書は1945年8月15日に天皇の肉声の録音によってラジオから流された「終戦の詔書」であるが、その内容については、「八月九日御前会議の後、内閣書記官長・迫水久常を中心に連日徹夜で原案が練られ、川田瑞穂・安岡正篤ら漢学者が手をいれた」[30]ものとされているが、当然、英語への翻訳などといったことが念頭に置かれていたわけではない。

　それとは異なり、1946年1月1日に「国運振興の詔書」、いわゆる「天皇の人間宣言」が出される[31]。『朝日新聞』に掲載された詔書を一部引用す

ほんとうに一枚となつた精神によつで、始めて正しく進められる仕事であろう。国語愛と祖国愛、私どもは、いわゆる国語改革という仕事を進めていく基底に、この二つの愛を絶対に必要とするのである。」（釘本久春『国語教育論』河出書房、1949年、175頁）というように「愛」を強調し、また、「文化語と生活語とを一致させること、文化語を生活語の中から生み出すように努めること、文字言葉と話し言葉とを一致させること、話し言葉から文字言葉を生み出すように努めること。これが、いわゆる国語問題の要点であろう。」ともしている（165頁）。また、敗戦後の言語状況をみて「社会が混乱せざるを得ない状態に直面したにせよ、何故に、私たちは、私たちの言語生活を、国語の状態を、植民地的カタコト外国語の混入に陥らざるを得なかったのであるか。〔……〕要するに、私たち一般の国語に対する自覚と、国語を愛する心情が、かような社会の混乱現象の前に、弱いからである」（釘本久春「現代の言語生活」『国語教育講座　第一巻　言語生活（下）』刀江書院、1951年、12頁）と述べる。「国語への愛と統一」が相変わらず強調されるのであった。

[30] 佐藤卓己『八月十五日の神話――終戦記念日のメディア学』ちくま新書、2005年、12頁。この書は、作成のプロセスを追うものではなく、それがメディアを通じてどのように受けとめられたのかを考察したものである。

[31] ちなみに、この詔書のどこをみても「朕は人間なり」などとは書いておらず、たとえば『朝日新聞』はこの詔書の脇の記事の見出しを「天皇、現御神にあらず」として、難解な詔書の理解の方向づけをしている。

〔……〕朕ハ爾等国民ト共ニ在リ、常ニ利害ヲ同ジウシ休戚ヲ分タントト欲ス。朕ト爾等国民トノ間ノ紐帯ハ、終始相互ノ信頼ト敬愛トニ依リテ結バレ、単ナル神話ト伝説トニ依リテ生ゼルモノニ非ズ。天皇ヲ以テ現御神トシ、且日本国民ヲ以テ他ノ民族ニ優越セル民族ニシテ、延テ世界ヲ支配スベキ運命ヲ有ストノ架空ナル観念ニ基クモノニ非ズ。

　この詔書は、GHQ の CI&E のアメリカ人特別諮問委員ハロルド・ヘンダーソン中佐とイギリス人のレジナルド・H・ブライス博士の思いつきからはじまったものだとされるが、日本語に翻訳されて検討されるなかで、「日本語で伝えられたものは、西洋人が甘い考えで期待したような、全面的な「神格の否定」とはとてもいえない内容」となり、「難解で謎めいた言葉使いをすることで、天皇裕仁は巧みにも天から途中まで降りてきただけであった」と評されるものであった[32]。
　詔勅は法制局で作成するのだが、英語との翻訳をくりかえすなかで GHQ の意図を貫徹させないようにするという効果があったようである[33]。
　なお、『讀賣報知』1946 年 1 月 5 日の「點睛」には「元旦に下された詔書の文章は、從來の勅語類等に比べると著しく平明である。新聞を讀む程度の人なら、大概は解し得る程度である。そして、行を更へ、句讀訓點を正確にうつてある點も一般民間の文章と同じ行き方で、從來とは全く趣を

---

[32] ジョン・ダワー（三浦陽一・高杉忠明・田代泰子訳）『敗北を抱きしめて――第二次大戦後の日本人』岩波書店、2001、第 10 章。
[33] また、1946 年 3 月 6 日に発表された憲法草案要綱（GHQ 案を参考に日本政府が作成したもの）に天皇の勅語が付されたのだが、翌 7 日に新聞に掲載された勅語には「人格ノ基本的権利ヲ尊重スルノ主義」「憲法ニ根本的ノ改正ヲ加ヘ」といった奇妙な表現がみられる。これは勅語草案を英訳し、GHQ との交渉の過程で英語で付け加えられた表現を翻訳したものの、語句の些細な検討のできないまま発表に至ったからだとされている（古関彰一『日本国憲法の誕生』岩波現代文庫、2009 年、197〜203 頁）。

一變してゐる」というように、わかりやすくなったとの評価がある。さらに、『朝日新聞』1946年1月9日の「声」に「詔書民主化」と題して投書した詔勅講究所所長森清人によれば、「詔勅に正式に濁点、句読点が使用されたのは、全く今回が最初である」という。そして詔勅は法律文の規範であるので「近く改正を予想される憲法も、今後制定せらるべき法律も、おそらくその文章には濁点、句読点が使用されるに至るであらう」としている。たしかに、日本国憲法には濁点・句読点が使用されている。

　濁点と句読点が打たれただけでもこの驚きというのは想像しにくいのではあるが、「詔勅の沿革上全く異例に属するものであり、われ等も、この画期的新時代に対処する覚悟を新たにして、聖旨に応へ奉るところがなければならぬ」と結ばれている。

　森が「異例」としている点はこればかりではない。「国運振興の詔書」つまり「詔書」という形式をとっていることも「異例」なのだという。森によれば「政府の奏請等によらず、勅旨により臨時の小事に関して下される場合は、勅語の形式を以てせらるゝのが普通である」にもかかわらず「詔書」だからだ、というのだ。森がこの「国運振興の詔書」の内容をそれほど重要なものとして認識していなかったことを示すものでもあるが、重みからして、天皇の親署（御名）や御璽を必要としないレベルのものなのに、天皇の親署・御璽、それに総理大臣および各大臣の副署がある、よりレベルの高い「詔書」の形式がとられていることが「異例」だ、というわけである。森は『詔勅宣命の研究』（慶文堂、1943年）などの著作がある専門家であるので、さすがというべきだろうが、「詔書」という形での権威づけを求めたGHQの意図を、勅語であるべきなのに詔書形式になっている、というところで判断していた（ただしそれは「新時代に対処する覚悟」からだ、としている）、ともみることができるだろう。

　この元日の詔書は文語体であったが、詔書の文体の口語化がはかられていったのは事実のようであり、1946年5月の第90回帝国議会招集の詔書

も、6月の開院式の勅語も、ひらがな口語体であった[34]。
〈憲法の口語化——翻訳文体について〉[35]

　詔書が変われば、それは憲法もその他の法律も規定していく、という見解は一般的なものであっただろうが、憲法の口語化も、敗戦後の大きな言語問題であった。

　大日本帝国憲法の延長線上で日本側が作成した案は当然ながらマッカーサーによって否定され、代わりに「マッカーサー草案」が示される。この草案を日本政府が受け取ったのが1946年2月13日。草案にもとづいて3月6日に日本政府が示したのが「憲法改正草案要綱」であり、そこから条文化した「憲法改正草案」が示されたのが、4月17日のことであった。手近な資料として『国語施策百年史』をみると、この経緯と憲法前文の一部について三案それぞれが示されており、文体をみるに都合がよい[36]。少しだけ引用する。

　　①且政府ノ行為ニ依リ再ヒ戦争ノ恐威ニ訪レラレサルヘク決意シ、
　　②且政府ノ行為ニ依リ再ビ戦争ノ惨禍ノ発生スルガ如キコトナカラシメンコトヲ決意ス。
　　③政府の行為によって再び戦争の惨禍が起ることのないやうにすることを決意し、

　順に、マッカーサー草案に付された外務省仮訳、改正草案要綱、改正草

---

[34] 白石大二『終戦後における国語改良の動向』社会社、1947年、92〜94頁。なお、同書94頁に引用する帝国議会開院式の勅語（1946年6月21日付官報号外）は、このような表記である。「本日、帝國議會開院の式を行ひ、貴族院及び衆議院の各員に告げる。今囘の帝國議會には、帝國憲法の改正案をその議に付し、なほ、國務大臣に命じて緊要な豫算及び法律案を提出せしめる。」天皇の一人称「朕」もここには登場しない。
[35] 以下の記述は、安田敏朗「憲法の文体をめぐって」『ren』（一橋大学大学院言語社会研究科紀要別冊）1号、2007年3月の一部と重複する部分がある。
[36] 文化庁『国語施策百年史』ぎょうせい、2006年、330〜332頁。

案である。最後のものは現行憲法と同じである（③のあとに、第90回帝国議会においてこの改正草案が審議され最終的に確定するので、表現および内容が変わった部分もある）。どれも翻訳調だが、③がやや口語的（「起ることのないやうにする」あたり）といえる。

　このように、マッカーサー草案という英語から日本語の文語体への翻訳、そしてさらに口語体への翻訳という、二重の翻訳がなされている。翻訳というものにはさまざまな思惑が入り込むものである。たとえば、②と③とのあいだに、作家山本有三に依頼してより翻訳臭の薄い案が作成されたが、それは採用されなかった（ちなみに上記引用に相当する山本案は「かりそめにも少数の権力者によって、ふたゝび戦争にひきこまれることを欲しない」とある）[37]。

　②が公表された時点で、山本たちは「国民の国語運動連盟」を代表して、憲法の口語化の要望を首相に対してなすのだが、応対した担当国務大臣松本烝治は、自らの憲法案がGHQによって否定されたこともあってか、「あんな風なほんやく臭の憲法であってみれば、せめて口語化でもすれば、少しは日本語らしくなるかも知れないね」と述べたという[38]。1877年生まれの松本の文体意識をみることができる。

　崩壊した「満洲国」から1946年9月に引き揚げてきた千種達夫（注9参照）が日本でみたものは、③の憲法草案であったのだが、以下のような感想を残している。

---

[37] 古関彰一『日本国憲法の誕生』岩波現代文庫、2009年、217〜218頁。そのためか、憲法改正草案が発表された翌日1946年4月18日、山本は、国民の国語連盟の要請を受け入れてひらがな口語体となったことに感謝しつつも、「前書きがあれでは国民に卑屈感を感じさせるものがあるのでいかん」といった談話を発表している（『時事新報』1946年4月18日、3面）。
[38] 入江俊郎「憲法草案余録」『法曹』56号、1955年、8頁（古関彰一『日本国憲法の誕生』岩波現代文庫、2009年、215〜216頁から再引用）。なお、山本有三と憲法口語化については、永野賢「山本有三評伝・新資料（三十八）——国民の国語運動連盟と日本国憲法の口語化」『国文学　解釈と鑑賞』48巻15号、1983年12月も参照。

当時憲法の草案が新聞紙で発表されていた。見れば法文は口語体ではないか。初めは新聞紙が口語体に飜訳しているのだと思っていたら、原文も口語体であることを知った。永年あれほど努力して達せられなかった、われわれの理想が、終戦という転機と、立法者の英断とによって、実現されたのだ。私は感慨無量であった[39]。

翻訳文体とみてとった千種の直感は正しかった。また日本国憲法の文体に関して「文章全体に受身の言葉が多くて日本語的でない響を与える」ともしている[40]。

③の草案が出された翌日に次官会議で、漢字ひらがな交じりの口語体を公用文書に採用することが定められた。ついでにいえば、日本国憲法で使用されている漢字は1946年11月16日に内閣告示・内閣訓令となった当用漢字表に反映されており、憲法が文字通り日本の言語生活を規定するものとなっている。

ただ、当時の論調をみると、翻訳調であることよりも、口語で書かれていることへの反応が大きい。たとえば、1946年4月17日発表の「憲法改正草案」を掲載した『朝日新聞』（4月18日、1面）は、

> 憲法改正のとくに注目されることは全文を口語体でしかも平假名で表現してゐることで、これは憲法が國家の基本法であり、民主主義日本の性格を現はす根本法規であるので、國民のすべてが理解できることを建前とし、とくに平易な表現を用ひたものである

と紹介している。法律が、ましてや憲法が口語体で書かれることなど、夢想だにできなかった時代があった。たとえば国文学者永積安明は、

---

[39] 千種達夫「法文の口語化」『言語生活』1952年2月、36頁。
[40] 千種達夫『裁判閑話』巌松堂、1948年、20頁。

憲法がやうやく口語で書かれようとしてゐる。〔……〕誰れも彼もが知つてゐなければならない憲法が、昨日までごく一部の人間、いはば文字の特権階級にしか理解できない文章で書かれてゐたといふことのなかに、この国の憲法が人民のためのものではなかつた明らかな證據を間はずがたりしてゐるのであるが、

と口語で書かれた意義を説く。しかし、新憲法の草案をみても「大量の漢字を追放しえないことによつて、まだほんたうに人民のためのものとなつてゐないものであることを白状してゐる」[41]と批判を加えていくのであつた。

「人民のためのものとなつてゐない」と永積は述べた。本稿の流れからいえば、脱ジャンル化した、ひとつの文体は未完ということになるだろう。しかし、永積の批判ははたしてどこまで届きうるものだったのだろうか。参考までに「人間宣言」後の天皇巡幸で聞いたことばが以下のように報道されていたことを、付け加えておく。

昭和電工にて御説明をうなづかせられるごとに"アさう"とハツキリのたまはせられるおん姿〔……〕澄んだテノールでしかも温和なお言葉、おん自らを"わたくし"と申され、生活を"くらし"といはれるなどは陛下もわれらと同じ日本人であらせられ、正確なる日本語のお持ち主であろうと拜し奉つた。

この記事は「正しい国語　御巡幸に拝した事ども」（『時事新報』1946年2月22日付、2面）と題されている（微妙な敬語については措いておく）。「正しさの基準」をどこに求めていたのかが、如実にわかる。「人民のためのものではなかつた」帝国憲法において、神聖にして犯すべからざる存

---

[41] 永積安明「日本語の歴史的反省──誰が国語を解放するか」『日本評論』21巻6号、1946年6月、46頁。

在であった天皇の話すことばから「われらと同じ日本人であらせられ、正確なる日本語のお持ち主」だと感激する心性をもつのもまた「人民」なのである。

　また、脱ジャンル化した文体が未完である、という点でいえば、若干時代は下るが、釘本久春は、「新憲法に口語文が採用され、役所や会社などで口語文が表向きの標準文体として採用されてから、口語文が支配的地位を持つようになってはいる」としながらも、「祝辞や弔辞などの儀礼的な表現の場合には、今なお漢文的文体で書かれないと、修辞的要求を満足できない人々がある。〔……〕手紙文などに至っては、「候文」の勢力は、依然として健在であると言える」と断定している。そこには、

> 実際的な目的のために書かれる文章の場合には、現在のところ口語文は、はなはだしく未熟であり、不安定である。そして、口語文の未熟さに対する、あるいは不安定さに対する不平不満が、ともすれば古典的な安定感のある文語文を使ってみたい修辞的要求を引き起し、文語文で用をたそうとさせたりもするのである。

という現実があることを指摘している[42]。口語文の不安定さ、未熟さ、という感覚はなかなか共有しがたいものではあるのだが、こうした変動期にあるからこそ、天皇のことばに「正しさ」を求めていこうとする心性がはたらいた、ともいえるだろう。それは、詔勅や憲法の文体がかわればすべてが右にならえでかわっていくという「上から」の変化に依存する心性をも示しているといえよう。

---

[42] 釘本久春「現代の言語生活」『国語教育講座　第一巻　言語生活（下）』刀江書院、1951年、8頁。

六、おわりに——自由民主党の文体意識

ところで、2005年7月7日に示された自由民主党の「新憲法起草委員会・要綱　第一次素案」をみると、「前文」に関する作成の指針のなかに、こんな文言がある。

　　現行前文の文体が翻訳調、生硬、難解であるのに対し、新たな前文は正しい日本語で、平易でありながら一定の格調を持った文章とする。

　自由民主党の見解として、「翻訳調」であることが「正しい日本語」と相反するととらえているようにも受け取れる。もちろん、現行憲法がGHQによる押しつけであることをいいたいがための「翻訳調」の強調なのであろうが、明治以来、法律の文体は漢文脈を基調としつつ、欧米のものを翻訳してきたのではないか。それなのに、翻訳文体が「正しくない」のだとしたら、近代日本語は崩壊することになる。

　ともあれ、その自由民主党のいう「新憲法案」には、先に引用した、政府の行為による戦争の惨禍云々といった文言すらみえない。そのかわり、「日本国民は、帰属する国や社会を愛情と責任感と気概をもって自ら支え守る責務を共有し」などといった文言がある。

　前文はとりあえず措いておこう。ただ、指摘したいのは、自由民主党の「新憲法案」の条文は、変えたい条文以外のところでは、現行憲法の文体をほとんどそのまま継承しているということである。一例をあげれば、現行憲法で「公共の福祉」とあるところは一律に「公益及び公の秩序」に変換されている。単なる変換ではない。たとえば、憲法が保障する自由と権利について、現行憲法では

　　国民は、これを濫用してはならないのであつて、常に公共の福祉のためにこれを利用する責任を負ふ。（第12条）

とあるのに、自由民主党の「新憲法案」では、

> 国民は、これを濫用してはならないのであって、自由及び権利には責任及び義務が伴うことを自覚しつつ、常に公益及び公の秩序に反しないように自由を享受し、権利を行使する責務を負う。（第12条）

などとある。「福祉」と「秩序」は大違いである。翻訳の問題などではさらさらない。近年流行の「公共」論のいかがわしさを思うと、こういった文言にはどうにも敏感にならざるをえない。

したがって、変えたい条文のところだけが「正しい日本語」（ここまでの議論でいえば、口語文体といいかえてもよい）でない、といいたいのだろう。しかしながら、「正しい日本語」とは「自由民主党のイデオロギーを反映した日本語」と読み替えるべきである。「難解」なのも、自由民主党のイデオロギーからすれば「難解」＝「理解不能」なものだ、といっているにすぎない。日本語の「正しさ」を政権与党（当時）が決める権利など、どこにもない。

ちなみに、民主党についてふれておけば、2009年の衆議院議員選挙に際して示された「マニフェスト」には「民主党は2005年秋にまとめた「憲法提言」をもとに、今後も国民の皆さんとの自由闊達な憲法論議を各地で行ない、国民の多くの皆さんが改正を求め、かつ、国会内の広範かつ円満な合意形成ができる事項があるかどうか、慎重かつ積極的に検討していきます。」とある。そこで、2005年10月31日に発表された民主党憲法調査会の「憲法提言」をみてみると、具体的な条文をともなった「提言」ではないからか、憲法の文体についてふれた部分はない。しかし、この「提言」に先立つ民主党創憲議会報告書（2005年2月14日）には、憲法前文の作成にあたってふまえる原則の一番目に「簡潔な文体であること。格調高く、ロマンの香りがするものであることが望ましい。」とある。四番目の原則

に用いるべきキーワードとして「共生」「友愛」「正義」「公正」「福祉」「協和」「自立」「創意」などがあがっているが、要は「友愛のロマンあふれる簡潔な文体」、といったところになるのだろうか。憲法が法律の文体を規定していくものであるならば、「ロマンの香り」というのは、それはそれで何やら楽しげではあるのだが、はたしてどうなるであろうか。

「文体ノ改善」からだいぶ遠いところに来てしまった。国語審議会は、1934年公布の官制が1949年に廃止され、同年あらたに国語審議会令という法令により規定されるようになった。その国語審議会令の所掌事務に「国語の改善に関する事項」が登場する。「文体ノ改善」の行方がここに定まるのだとすれば、なにやら後退という気がしないでもない。

近代訓読体と東アジア

齋藤希史

一、訓読文と訓読体

　漢文を訓読し、それを漢字仮名交り文に書いた文章は、読み下し文や書き下し文と呼ばれることが多い。ただし、そのような呼称は、明治以降のもので、もとはたんに「訳文」「国字解」「和解」などと呼ばれていた。現在では、書き下し文は訳文とは別のものと理解されることが通常だが、言文一致体が普及する以前においては、書き下し文こそが漢文の「訳」だったのである。

　同時に、その「訳」は、たんに文意を理解するためであっただけでないことにも、注意が必要だ。例えば、明治九年刊『習文必用』（高島正清、万青堂）は、漢字片仮名交りの書き下しを巻一に「訳文」として並べ、巻二にもとの漢文を「原文」として配し、「訳文」に「原文」の字数を注記して、復文に便ならしめている。復文は漢文学習の基本であり、書き下し文は漢文に復される可能性を常に含む文章だった。

　そうであれば、原漢文が存在しなくても、その文体は漢文への参照を常に要求される。漢文の助字を解説する『助語便蒙　作文須携』（鈴木貞次郎、中村熊次郎版、明治九年）に「方今盛ンニ行ハル丶新聞体ノ文章ヲ作ルヲサヘモ助字ハモツトモ繁要ニシテ」「漢文或ハ新聞体ノ文章ヲ作ルヲ

習フ助ケト為シ」(「凡例」)とあり、漢字片仮名交り文と漢文をともに学ばせる『育英文範』(亀谷行、東京光風社、明治十年)に「今ノ所謂片仮名文ハ、其源漢文ニ出ツ、故ニ法ヲ漢文ニ求メザルヲ得ズ」(「例言」)とあるように、「新聞体」や「片仮名文」、つまり訓読文に倣って作られた訓読体の普通文もしくは今体文は、その範を漢文に求めるのが一般的な意識であった。

　以上の状況を踏まえた上で、本報告では、漢文の読み下し文である「訓読文」に範を取って書かれた文体、すなわち「訓読(文)体」が明治になって公的な文体としての地位を獲得したことの意味を、東アジアにおける近代通用文体の成立という観点から考えようとするものである。「訓読体」は、当時「通俗文」「今体文」「新聞体」「片仮名文」等々と呼ばれたものを含み、境界を厳密に画定できない場合もあるが、主眼は「訓読文」をベースにしつつ、その羈絆を次第に脱していくというところにある。

二、「書下し」の思想

　明治以前、公的な文章は訓読体ではなく漢字平仮名交りの候文であった。江戸開府以降、詔勅はほとんど出されることがなく、公的な布令は基本的に幕府の御触書として示されたが、その文体は漢字平仮名交りの候文である(幕末になって頻繁に出されるようになった詔勅は漢文である)。また、読み書きを習うための教本である「往来物」においても、候文が基本とされ、御家流で書かれた漢字平仮名交り文が学ばれた。つまり、日用から公儀に至るまで、書きことばの標準は候文にあったのである。とはいえ、候文と一口に言っても、使い手によってそのすがたはかなり異なっていた。文部省による明治七年刊の作文教科書『書牘』の冒頭「日用文緒言」を見てみよう。

近代訓読体と東アジア　111

> 方今通用の往復書簡は男女を分ち男は都て顛倒語を用ゐ女は概書下しを用ゐ来れり然れとも今日に在て男女文を異にする時は日常交際上に於て障礙なきこと能はす故に此書は男の文の顛語と女の文の無用の辞とを改めて男女を通し同く書下しの体裁に定めたるなり既に書下しの体裁に定むるを以て目途となす時は速に顛倒語の書簡を廃せすはあるべからすと雖数百年来の慣習一日の能改むる所に非れば此書姑く今日通用の書簡の体裁をも其後に附載せり

　ここで「顛倒語」と称されているのは、「以手紙致啓上候」や「葡萄一籠風味如何可有之哉無覚束候へとも任到来御目に懸候間御笑候可被下候」などであり、「書下し」と云うのは、「一筆啓上致し候」や「御庭園へ御植付に相成候舶来種之菓物熟し候由にて沢山御投与下され有難く御礼申述候」などである。つまり「難有」と「有難く」、「被下」と「下され」のような違いが男女の用いる文章の違いにあるということなのだ。もちろん、この男女の違いは、公用と私用の対比にもある程度対応している。「顛倒語」が多ければ多いほど、その文章は格式ばったものとなる。
　書記体の近代化を目指した文部省は、「男女を通し同く書下しの体裁」に改めることを目標に置く。ここで「書下しの体裁」とするのは、読む順のままに字を書くということである。日本語を記すために用いられた候文がそうであるように、近代以前の日本語とは逆の語順で漢字を置くことが少なくなく、それを改めることこそが肝要と見なされたのであった。その意味では、訓読文も訓読体も言文一致体もすべて「書下し」なのであった。
　明治九年二月二八日付『東京日日新聞』に掲載された海内果「明治宝典ノ文体ヲ論ズ」は、「維新ノ後チ選修スル所ノ新律ヤ彼ノ曲折シテ読ムベキ支那文ヲ用ヒズシテ直読スベキ片仮名雑リトナス其ノ卓見果断以テ前賢ニ超越スルヲ証スベシ」と言う。五箇条の御誓文がすでにそうであったように、詔勅も漢文から訓読体への移行が進み、法令を始めとして、公的性格の強い文章は、新聞などのメディアを含めて、ほとんど漢字片仮名交

りの訓読体を採用した。現代の私たちにとっては、候文に比べると訓読体の方が難しいように見えるかもしれないが、当時にあっては、「顚倒語」を駆使した候文よりも近代的なものとして捉えられていたのは間違いない。そこには、文字は読まれるべき音声の順に配置されるべきだという考えがある。あるいは、音声化されることを前提として書かれるべきだという考えだと言い換えてもよい。

　明治初年の話しことばにおける漢語の流行についても、こうした状況を踏まえて理解しなければなるまい。「直読スベキ片仮名雑リ」が文章の主流となることと漢語が人々の口に上りやすくなったこととは相関する。もちろん、教養のひけらかしといった動機や新漢語の大量発生という条件はあるにしても、それ自体がそもそも「直読スベキ片仮名雑リ」文というしくみがあってこそ成立するものだったのではないだろうか。漢学の素養を有する書生たちが天下を取ったというだけでは、説明にはなりにくい。

　さらに言えば、この転換は、近世後期、漢学が教育の基礎に位置づけられ、漢文、つまり「曲折シテ読ムベキ」文が広く学ばれたことを前提にしている。逆説的な言い方になるが、「書下し」の文章しかなかったなら、わざわざ「直読スベキ」文章を称揚する必要はない。文章は「直読スベキ」ものだと気づくことすらないかもしれない。日常のことばとは異なった「曲折シテ読ムベキ」文の普及が、そうではない文章の価値を認識させたと言える。

　また、「読ム」という行為が前景化したことにも注意が必要である。訓読体そのものは、もちろん明治に始まる文体ではない。近世の実用文として、論説・箚記・注釈などに広く用いられていたし、西洋語の翻訳もこの文体でなされていた。しかしそれが明治になって一気に普及するためには、つまり近代訓読体として成立するためには、「直読スベキ」という性質への着目が必要であった。音声の秩序に文字の秩序が従うことに意味が見いだされたとしてもよい。それは西洋文明に則った近代化の証の一つとなった。そして、その「読ム」という行為の前提になったのが、素読を始めと

する漢語漢文の暗誦教育であった。言語の音声という問題は、話しことばもしくは日常語の領域で語られがちであるが、口上や演説のように、非日常的なことばを読み上げるという行為の重要性も、それに劣らない。

三、訓読の定型化

　加えて、近代訓読体の成立の要件として注意しなければならないのは、訓読の定型化である。もともと訓読は、古典中国語のシンタクスで書かれた漢字の文字列を、その漢字を保存したまま日本語のシンタクスで読むために生まれたものであり、文字や綴りの変換をともなう翻訳とは異質のものと言えるが、一方で、原漢文に用いられている漢字を基本的に保存しさえすれば、漢字の読み方や和語による補読によっては、ほとんど現代語訳に近いものとすることも可能である。しかし、漢学教育の普及と規範化により、訓読の規範化も進むことになる。初学入門の素読は訓読によってなされたから、その標準化を図るためには、自由自在な訓読ではなく、一定の基準にもとづいた訓読であることが望ましい。また、訓読が復文とセットになって漢文学習のための階梯と位置づけられたことで、古典中国語と日本語のシンタクスの相異のみを意識した機械的な復元作業が可能になるような訓読も求められた。齋藤文俊「江戸・明治期の漢文訓読と一斎点」（『近代語研究』第九集、武蔵野書院、一九九三）他は、近世後期の訓読法には、読み添えが減少し、漢語の音読が増え、なるべくすべての漢字を読むという傾向が見られることを明らかにするが、それはこうした要請に応えるものであった。現在の中等教育で行われている漢文訓読はその嫡子であろう。

　訓読の定型化は、訓読の書記としての訓読文の定着を容易にした。初学者が教師について素読を行うのは、解釈行為としての訓読を行っているのではなく、原漢文に対応してあらかじめ定められた訓読文を読み上げてい

るということであった。教師の発する訓読の音声をひたすらなぞり、目の前にある漢字の羅列と照らし合わせる。漢字を解釈するのでなく、音声化するのである。その音声を文字にすれば、訓読文である。もちろんそれは訳文としても機能するが、同時に、諷誦を要求される音声でもあった。

　こうした訓読の定型化、また、それによって生み出される訓読文の定型化によって、近世後期以前はさまざまにバリエーションがあった訓読体もまた、定型化を余儀なくされていくことになる。明治の訓読体に音読語が多いのは、近世後期の訓読法に由来するが、たんに訓読法の変化にのみもとづくのではなく、素読とその書記としての訓読文というシステムが成立したがゆえに、訓読体もまた定型化したのであった。そして、その定型化によって、漢文を背後に持つ文体であることが明確に意識され、文体として一定の基準が得られ、権威を獲得することになる。そうでなければ、詔勅や法令に用いられることはなかったであろう。

　また、定型化された訓読体は、その出自からして権威的な性格が強いものとなったが、その表徴となったのが漢字片仮名交りという書記法であった。言うまでもなく、片仮名は漢文の補読用文字として発達したものであり、平仮名が「女手」と呼ばれ、初学者がまず学ぶべき文字とされたのとは大いに異なっていた。漢字片仮名交り文は、中世から近世にわたって、仏典や漢籍（あるいは漢訳洋書）にもとづく知識を記すために用いられてきたように、外来知識の権威を示す書記法として機能していた。それは、日本で作られた漢字語を多用する候文が、御家流の文字とともに平仮名で綴られるのとは対照的であった。

　すなわち、日常の書きことばとして広く用いられていた漢字平仮名交りの候文とは異なり、定型化された訓読にもとづく漢字片仮名交りの訓読体は、ことさらに日常性を排除した書きことばとして登場したことになる。しかし、そうした浮き上がった文体だからこそ、通用性もまた高かったとも言える。

四、訓読体と俗文体

　明治初年以降、漢字片仮名交りの訓読体は、世を席捲した。法令、メディア、教育など、およそ公的と考えられたすべての場において、漢字片仮名交りの訓読体が正統の地位を獲得した。上述したように、この文体の特徴は、実用と権威の二つの側面を有するところにある。

　ここで実用と言うのは、単に使いやすいということではない。そうであれば、福澤諭吉が主張したような候文をベースとした漢字平仮名交り文の俗文体の方が有用であるには違いない。

> 漢文の漢字の間に仮名を挿(さしはさ)み俗文中の候(そろ)の字を取除くも共に著訳の文章を成すべしと雖(いえども)も、漢文を台にして生じたる文章は仮名こそ交りたれ矢張(やは)り漢文にして文意を解するに難(かた)し。之(これ)に反して俗文俗語の中に候の文字なければとてその根本俗なるが故に俗間に通用すべし。但(ただ)し俗文に足らざる所を補うに漢文字を用うるは非常の便利にして、決して棄(す)つべきに非(あら)ず。行文(こうぶん)の都合次第に任せて遠慮なく漢語を利用し、俗文中に漢語を挿(さしはさ)み、漢語に接するに俗語を以(もっ)てして、雅俗めちゃ／＼に混合せしめ、恰(あたか)も漢文社会の霊場を犯してその文法を紊乱(びんらん)し、唯(ただ)早分りに分り易き文章を利用して通俗一般に広く文明の新思想を得せしめんとの趣意(しゅい)にして、……
>
> 　　　　　　　　　　　　　　　福澤諭吉「全集緒言」

　上に引いた文章の要点は、漢文に由来する訓読体ではなく、候文から「候」を取り除いて漢語を増やした文体を翻訳のための書記体の基礎とすることにあるが、同時に、漢語の用法を漢文（中国古典語）から離脱させて俗語と混用させることによって、「漢文社会の霊場を犯してその文法を紊乱（びんらん）」させる、つまり通行文体となりつつあった訓読体の権威をゆるがすところにもある。もちろん福澤自身は、漢文を基点として綴

られる訓読体を読むのも書くのも不自由はなかった。むしろ、俗文体は意識しなければ書けないものだったのである。

> 余が心事既に漢文に無頓着なりと決定したる上は勉めてこの主義を明にせんことを欲し、例えば「之を知らざるに坐する」、或は「この事を誤解したる罪なり」と云えば漢文の句調にて左まで難文にも非ざれども、態と之を改めて「之を知らざるの不調法なり」又「この事を心得違したる不行届なり」と記すが如き、少年の時より漢文に慣れたる自身の習慣を改めて俗に従わんとするは随分骨の折れたることなり。又字義に就ても同様にして、例えば恐の字と懼の字と漢文には必ずその区別を明にすれども、和訓には二字共にオソルと読むゆえ、先ず世間普通の例に倣うて恐の字ばかりを用いたり。（同上）

こうして見るならば、福澤自身にとっては、むしろ訓読体で書くほうが実用性は高かったということになる。しかしそれでは庶民には届かない。訓読体における実用性とは、近世における知的エリートにとっての実用性であって、特段の教育を受けずに日常の言語生活のなかで理解できるような実用性からは遠い。しかし、一定の教育を受ければ修得可能だという地点こそ、近代書記体としてふさわしいものであったとも言える。国民国家以前というリテラシーの格差が大きい社会にあっては、どこに実用の基準を定めるかが重要であり、また、それはつねに調整されつづけるものでもある。国民語には、国民としての威信が必要であって、俗に従えばよいというものではない。近代訓読体は、福澤の主張する俗文体も参照しつつ、一方で訓読体としての権威も保持させながら、成立したのであった。

五、東アジアにおける近代訓読体

　周知のように、近代訓読体は、漢文に由来する語彙を多用したことで、中国・朝鮮・ベトナムという漢字使用地域の知識人にとって、ある程度慣れれば大意を了解するのが容易な文体となった。それが企図されていたとは言えないが、結果としてこのことは大きな効果をもたらした。梁啓超の「和文漢読法」はまさしくその証左であるし、彼および彼の周辺の留学生が日本書を利用して西洋の知識を次々に吸収し、翻訳していったのも、学術的な著作の多くが近代訓読体を採用していたからであった。裏返して言えば、日本の近代化に大きな作用を及ぼした福澤の著作が漢訳されなかったのは、こうした文体の差に起因するところも大きかったに違いない。一見、漢字を多用しているかに見えても、「誤解」という漢語を避けて「心得違」という日本語の漢字表記で書かれてしまえば、東アジアの他地域の人々にはかえってわかりにくい。逆に、福澤が避けるような「漢文を台にして生じたる文章」の方が、漢字圏における通用性という点ではまさっていたのである。

　梁啓超という視点から東アジアにおける訓読体の流通に着目した清水賢一郎氏は、漢文訓読体を「帝国漢文」と名付けたが（「梁啓超と〈帝国漢文〉」、『アジア遊学』13 号，2000 年）、すでに述べたように、訓読体は漢文を基点としつつ、それからの離脱を図る文体であってみれば、それをそのまま〈漢文〉と称するのはやや無理があろうし、それが主に日本語の話される地域のみならず帝国という領域で流通したかどうかについても、やはり疑問なしとしない。梁啓超と訓読体との距離の近さは指摘のとおりとして、近代訓読文体の意味自体は、二つの面にわけて考える必要があろう。

　一つは、原理としての近代訓読体である。すなわち、漢文という書記体を資源としつつ、シンタクスと音声は地域言語に依拠すること。これは、東アジア各地で行われた近代文体成立の原理そのものであり、本報告の見

取り図では、権威と実用ということになる。ここでその詳細を論じる用意はないが、白話文もハングル文も、あるいはクォック・グーも、近代訓読体が先行例として存在したことの意義は大きい。もう一つは、語彙通用性としての近代訓読体である。すなわち、古典語彙の転用やそれを模倣した新語を大量に用いることであり、それによって、西洋文明の事物や概念が新漢語として瞬く間に東アジア全域に広まったのである。

むしろ、〈帝国漢文〉という問題を立てるのであれば、注目すべきは別の側面ではないか。例えば、日本において、教育勅語が駢儷文ふうの構成をとるのは『古事記』の太安万侶序を連想させるし、「八紘一宇」なる漢語が『日本書紀』に由来することもよく知られている。中国の古典ではなく、日本古代の書物から漢語を呼び出すことも、近代訓読体においてはしばしば行われていたのであった。日本の新漢語は、西欧語の翻訳として文明を流通させる機能を有していただけではない。政治や教育の場でさかんに使われたことばの中には、国家的伝統を宣揚するために古代から召喚されたものも少なくはなかったのである。その頂点が、漢字片仮名交りで書かれた詔勅であり勅諭であり、「同文」イデオロギーの宣揚であったとも言える。新たな起源によって、漢字漢文の根拠を上書きし、帝国の版図たる「東亜」へと再編しようとしたのである。

以上、雑駁ながら、日本の近代初頭において一世を風靡した訓読体（今体文・普通文）について、問題の所在を指摘した。実用と権威の二重奏はそもそも調和的なものではなく、文体の安定は常に危機にさらされている。明治中期以降、漢字片仮名交りから漢字平仮名交りへの移行が進み、片仮名交りが主に法令や詔勅あるいは軍用文など権威性の強い媒体において保存される一方で、一般に広まった平仮名交りは言文一致体への接近を強めていくが、こうした分裂は、そもそも近代訓読体にその契機が内包されていたのである。そして、東アジアにおける近代訓読体の意味とは、このような権威と実用、文と言との拮抗によってもたらされる力の場を用意したことであり、それぞれの国民文体成立の契機として働いたことにあった

のではないだろうか*。

---

* なお本報告の第 1 節から第 3 節については、拙稿「言と文のあいだ——訓読文というしくみ」(『文学』2007 年 11・12 月号) を、第 5 節については、同「〈同文〉のポリティクス」(『文学』2009 年 11・12 月号) を、漢字圏という枠組みについては、同「漢字圏としての東アジア」(『大航海』66 号、2008) 参照されたい。

江戸時代の唐話資料における文体の変容
――岡島冠山の唐話テキストを中心に

奥村佳代子

一、「唐話」という呼称の指示範囲

　江戸時代の中国語資料を唐話資料とも称する。唐話は、学んだ人は誰かという側面から見た場合、唐通事を学習者とした唐話と、唐通事以外の日本人を学習者とした唐話とに大別することができるだろう。また、学ばれた土地はどこかという側面から見れば、長崎で学ばれた唐話とそれ以外の土地で学ばれた唐話とを区別しなくてはならないだろう。

　もっとも限定的な意味での唐話とは、長崎の唐通事が会話に用いた中国語であるといえる。長崎の唐通事は、下の引用で語られているように、中国人との口頭での意思疎通のために用いた自らの中国語を唐話と称していた。

　　我説的唐話雖不如唐人的口氣，不過杜漫撰而已。但是不是講假話，又不是打夢話一樣不三不四的。算做一个唐話可以做得准了。你若依我的教法，平上去入的四聲，開口呼撮口呼唇音舌音齒音喉音清音濁音半清半濁，這等的字韻分得明白後其間打起唐話來，憑你對什麼人講也通的了。蘇州寧波杭州楊州紹興雲南浙江湖州，這等外江人是不消説，對那福建人漳州人講也是相同的了。他們都曉得外江説話，況且我教導你的是官話了。官話是通天下中華十三省都通的。若是打起郷談來，這個我

也聽不出，那个怪我不得。我不是生在唐山，又不是生成的。那个土語各處各處不同，杭州是杭州的鄉談，蘇州是蘇州的土語。這个你們不曉也過得橋。

私が話す唐話は、唐人の話しぶりには及ばないし、間違いも多いけれど、でたらめな言葉を話しているのではないし、寝言やうわ言のようにもなっておらず、唐話としてはなかなかのものです。（まぎれもない唐話です。）私の教えに従って、平、上、去、入の四声や、開口呼、撮口呼、唇音、舌音、歯音、喉音、清音、濁音、半清音、半濁音などの発音をはっきりと区別できてから唐話を話すと、誰に話しても自由に通じるようになるのです。蘇州、寧波、杭州、揚州、紹興、雲南、浙江、湖州などの外江の人々は言うまでもなく、福建や漳州の人に話しても同じように通じます。彼らは皆外江の言葉を理解するし、まして私が教えているのは官話なのです。官話は天下どこでも中華十三省全部で通じます。方言（鄉談）なんかで話されたら、この私でも聞き取ることができないけれど、私を非難できる人などいるでしょうか。私は唐山で生まれたわけでも育ったわけでもないのですから。方言は場所によってそれぞれ違っていて、杭州は杭州の方言、蘇州は蘇州の方言です。でも、これが分からなくても、やっていけるのです[1]。

ここに引用した言葉は、おそらく唐通事を目指す者を諭している言葉であるが、この人物は自らの唐話を「我説的唐話雖不如唐人的口氣，不過杜漫撰而已」であるが、と断ったうえで、「算做一个唐話可以做得准了」と述べている。つまり、唐話とは外国人（日本人）が話す中国語を指していると考えられる。またさらに、「況且我教導你的是官話了」とも述べている。ここでは、中国語を指す言葉として、「官話」「鄉談」「土語」などが登場するが、唐通事が習得すべき唐話とは官話であると主張しているので

---

[1] 『小孩子』（『中国語教本類集成』第一集第一巻所収）より。中国語文に付した句読点と日本語訳は筆者による。

ある[2]。ただし、中国人が話す官話＝唐話ではなく、長崎で唐通事が話す官話＝唐話であると認識していたのではないだろうか。長崎における中国貿易の担い手として、中国語会話能力が欠かせなかった唐通事にとって、中国生まれ中国育ちの中国人のようには話せなくても、官話を学び、長崎の中国語＝唐話を習得することが、第一に目指すべき指標であると見なされていたのだろう。

　万人に通じる中国語の習得を目指した唐通事が残したテキストは、長崎という限られた空間であるとはいえ、同時代の中国人との会話に役立てられた唐話の姿を書き写したものであり、そこに書き残された言葉が実際に話されていた唐話であると理解すべきだと思われる。唐通事が唐話および唐通事としての仕事や心構えを学んだと考えられるテキストの『譯家必備』『唐通事心得』『唐話』『長短話』『小孩子』『養児子』『閙裡閙』『和漢俗語呈詩等雑字』などの語を鳥瞰してみると、それぞれある時期に話されていた標準的な言葉に相応しく均質である[3]。たとえば、語彙のレベルで言

---

[2] 官話に対する唐通事の考えは、その他の唐通事教育書にも共通した内容が見られる。例えば、『唐通事心得』（木津祐子 2000「『唐通事心得』訳注稿」、『京都大学文学部研究所紀要』第 39 号を参照）では、次のように述べられている。「大凡學了福州話的人, 舌頭會得掉轉, 不論什麼話都會講。官話也講得來, 漳州話也打得來。譬如先學了官話, 要你講漳州話, 口裡軟頭軟腦, 不象ヶ下南人的口氣。先學了漳州話, 要儞説官話, 舌頭硬板々, 咬釘嚼鉄, 像個鞋子説話一樣的不中聆。這个正真奇得狠。唐人是生成的, 自然如此, 連日本人也是這樣了。若是外江人遇着下南人, 或者見了福建人, 講官話自然相通。原來官話是通天下, 中華十三省都通得了。童生秀才們要做官的, 不論什麼地方的人, 都學講官話, 北京朝廷裏頭的文武百官都講官話。所以曉得官話, 要東就東, 要西就西, 到什麼地方去再沒有不通的了。豈不是便當些。但是各處各有郷談土語, 蘇州是蘇州的土語, 杭州是杭州的郷談, 打起郷談來竟不通, 只好面々相覻, 耳聾一般的了。」

[3] 『唐話』『和漢俗語呈詩等雑字』は、県立長崎歴史文化博物館所蔵のテキストを、『唐通事心得』は木津 2000、『小孩子』『養児子』『閙裡閙』は『中国語教本語教本類集成』第一集第一巻所収の影印を、『譯家必備』は『唐話辞書類集』（汲古書院）第 20 集所収の影印および関西大学図書館長澤文庫所蔵のテキストを、『長短話』は関西大学図書館長澤文庫所蔵のテキストをそれぞれ参照した。

うと『譯家必備』で用いられている人称代詞は単数形が「我」「你」「他」、複数形が「～們」、同動詞は「是」、語気助詞は「了」「哩」「罷」「阿」「呢」「麼」、疑問詞は「什麼」「甚麼」「怎麼」にほぼ限定されており、非常に均質であるといえる[4]。

　文字で残された資料を見る限り、唐通事のテキストは口語として極端に不自然ではないように見える。しかし、「我說的唐話雖不如唐人的口氣,不過杜漫撰而已」というように、唐通事には自らが話す中国語は中国人の話す中国語とは異なっているという自覚があった。唐話とは、唐通事の中国語に対する理解を示していると同時に、外国人の話す中国語であるという自覚を表した呼称だと言えるだろう。

　しかし唐話は、唐通事が学び話した中国語であっただけでなく、唐通事以外の日本人知識人、たとえば荻生徂徠や伊藤仁斎や雨森芳洲などの儒学者によってそれぞれの目的のために学ばれ、長崎を遠く離れた江戸や京都や大坂で学ばれ話された中国語でもあった。唐話のステージは、長崎における中国人との貿易上のやりとりの場だけでなく、日本人や朝鮮人を相手とした学術上や外交上のやりとりの場もあった。また、唐話の知識は文学の方面にも生かされ、「水滸伝」の訓訳、翻訳や、日本の近世文学における白話小説の影響にも関係していく。唐話は、異なる目的を持つ使用者や学習者を介し、日常生活や商売の言葉から、学問や外交を語る言葉へ、口頭で話される言葉から学問や文学として書かれる言葉へと繋がっていった。

　すでに確認したように、唐通事の唐話の語彙の特徴は均質であるということであり、このことは口語として実用されていたことの現われであるといえるだろう。しかし、使用者や土地が変われば、その特徴は維持されるわけではない。したがって、唐話資料にはレベルの異なる様々な唐話が含

---

[4] 『譯家必備』の会話部分に限る。『譯家必備』には、貿易に関わる文書も載せられており、文書類の言葉は、この限りではない。なお、『譯家必備』は、関西大学図書館長沢文庫蔵（『唐話辞書類集』第20集所収）のテキストを用いる。

まれているということに留意しなくてはならず、レベルの異なる資料を比較する場合には注意が必要だと言えるだろう。

このような唐話の多様化を生み出すきっかけとなった出来事は、荻生徂徠の中国語学習であり、講師を務めた岡島冠山によって『唐話纂要』をはじめとする唐話シリーズが著され、出版されたことである[5]。唐通事以外の日本人に、初めて具体的に文字として広く示された唐話が『唐話纂要』であり、岡島冠山を編著者とした唐話書は、一般の日本人にとっての唐話のイメージとして定着したといえるだろう。

二、岡島冠山の唐話と唐通事の唐話

2．1．岡島冠山の唐話来歴

唐話が初めて書物として出版されたのは、岡島冠山（1674-1728）の編著書『唐話纂要』（享保元（1716）5巻5冊、享保3年以降6巻6冊）であり、唐通事以外の多くの日本人にとっては、『唐話纂要』が初めて目にする唐話であったと言えるだろう。

岡島冠山の経歴には不明な点が多く、唐通事であると明記した記録があるかどうかはわからない。岡島冠山の名が冠せられた唐話書の序文や跋文では、冠山は次のように紹介されている。

『唐話纂要』享保元年高希樸仲敦甫序

　　夫崎陽者。其地瀕海。跨唐一葦。賈舶商舶舳艫相接。職譯官此。歳致
　　千金。故其土人士戸學人習。然超然出類者。僅僅晨星耳。獨我友玉成
　　子能抜萃者也歟。玉成崎陽人也。少發大志。長來東都。其開口譚唐。
　　揮筆譯和。恰如仙人之如尸解。将凡骨庸胎一時脱換。獨餘其衣冠而不
　　化也。一起一坐一咲一噭。無不肖唐。嘗在崎陽。與諸唐人相聚譚論。

---

[5] 『徂徠集』巻之十八「譯社約」（近世儒家文集集成第三巻『徂徠集』、ぺりかん社、1985年）。

其調戲謾罵。與彼絲髮不差。旁觀者惟辨衣服。知其玉成。其技之妙大率如此。故海内解音者聞名譽服。望風下拜宜乎。所著南木太閤等書與水滸西游相頡頏。使見者愛翫不已也。頃採唐話。便于初學者。集爲纂要。其書五卷五冊。平生成語無不該載。

『唐話纂要』白樫仲凱跋

唐話者華之俗語也。（中略）玉成岡嶌君世家長崎。少交華客。習熟其語。凡自四書六經以及諸子百家稗官小説之類。其聲音之正與詞言之繁。頗究其閫奧。且質之於大清秀士王庶常者。而后華和之人無不伸舌。以稱嘆之。嗚呼岡嶌君之於唐話。可謂勤矣。

『唐譯便覧』伊藤長胤序

冠山子生乎肥長乎肥。々會同之地。故多与閩廣呉會之人交。善操華音。

　序文、跋文は一様に岡島冠山の唐話が素晴らしいと賞賛し、長崎生まれ長崎育ちであり、若いころから親しく中国の人と交わり、中国語を習得したのだとしている。
　岡島冠山が生まれたころの長崎には、唐人屋敷はまだ存在していなかった。唐人屋敷は、来日した中国人全員が帰国するまでの間滞在することを許された唯一の空間であった。そこは、限られた日本人しか出入りすることのできない、中国人の街だったということができるだろう。唐人屋敷が建設された理由は幾つかあるとされるが、中国人が長崎市中を自由に行き来し日本人と接触することによって引き起こされる問題を解消することも理由のひとつとして挙げられる[6]。唐人屋敷が開設される以前は、長崎は

---

[6] 唐人屋敷（唐館）開設に至った理由として、密貿易の禁止を徹底するため、キリスト教の伝来を阻むため、風紀の乱れを防ぐためなどが指摘されている（山本紀綱著『長

一般の日本人が中国人と生活を共にした場であった。唐人屋敷が開設したのは、元禄 2 年（1689）なので、延宝 2 年（1674）生まれの冠山は 15 歳くらいであったとすれば、それ以前に中国人から直接中国語を学ぶ機会があったと考えられる[7]。また、『太平記演義』守山祐弘序に次のように記されている。

　　吾師玉成先生同郷長崎人也。少交華客。且從先師祖上野先生而習學華語[8]。

上野先生とは上野玄貞であり、唐通事であった[9]。岡島冠山は、清人王庶常だけでなく、唐通事について中国語を学んでいた[10]。
　では、岡島冠山自身に、唐通事の経験はあったのだろうか。唐通事の中心は大通事や小通事であり、中国人を祖とする通事家が代々その中心を担っていたが、内通事は中国人の家系ではなくとも就くことのできる通訳であった。内通事は、寛文 6 年（1666）に幕府から公認された際、その数 168

崎唐人屋敷』謙光社、1983 年）。また、松浦章著『江戸時代唐船による日中文化交流』（思文閣出版、2007 年）「第二章　元禄元年長崎来航中国船について」では、唐人屋敷設置の最大の理由について、「多量の人口増加に対応する新政策であった」との新しい指摘がなされている。

[7] 『譯家必備』に、「大凡通事到了十五六歳新補了學通事頭一遭進館的規矩到了公堂看見在館各舩主財副」とあり、15、6 歳頃に現場での仕事と勉強を開始したようであるが、そのために必要な唐話は前もって習得していることが求められていた。

[8] 関西大学図書館長澤文庫所蔵のテキストに依る。

[9] 大田南畝『瓊浦又綴』（文化元年）「國思靖は出雲國造の裔なり。唐通事にて俗稱を上野玄貞といへり。詩をよくせり。今は其家絶たり。」

[10] 時代は下るが、大田南畝が「唐通事彭城仁左衛門潁川仁十郎来唐話の事など承候。東都にて得候譯家必備、荘嶽唐話見せ候処、是通詞之初学に読候書のよし。段々訳文いたし候」（『大田南畝全集』第 19 巻所収、長崎赴任中の南畝が江戸にいる息子に送った手紙）と述べているように、唐通事のテキストを江戸で手に入れることも可能であった。唐通事の家系に生まれ育った者ではなくても、唐話を学ぶことができたということがわかる。

人に上ったが、公認される以前は私的な通訳として個人の中国人に付いていた[11]。

　中国人の家系ではない岡島冠山が通事であったとすれば、内通事だったということになる。内通事の記録は乏しく、岡島冠山に結び付く記録は『唐通事会所日録』の元禄13年（1700）の3月7日及び8日の記録に「内通事岡島長左衛門」とあり、名前が同じだというだけの根拠である[12]。とはいえ、岡島冠山が若い頃を過ごした長崎は中国人との接触が容易であり、『唐話纂要』の序文にあるように長崎に住む者の多くがこぞって唐話を学んだという環境を考慮すれば、『唐通事家系論攷』に名が載るような通事家出身ではなかったため、唐通事としての足跡を辿ることは困難だが、私的な通訳である内通事の経験があった可能性は十分にあると言え、中国人の中国語や唐通事の唐話がどのような言葉なのかを知る機会を日常的に持っていたと言えるだろう。

　岡島冠山は長崎を離れ、唐話を学ぶ人を対象とした書物を江戸と京都で出版した。唐話を学ぶ人とは、岡島冠山が訳社の講師を務めたことから、儒学者を念頭に日本人知識人を想定していたと考えて良いだろう。これらの書物は、『唐話纂要』（享保元（1716）5巻5冊、享保3年以降6巻6冊）『唐音雅俗語類』（享保11、5巻5冊）『唐譯便覽』（享保11、5巻5冊）『唐

---

[11] 宮田安著『唐通事家系論考』（長崎文献社、1979年）によると、「劉一水を祖とする彭城氏本家」の二代目劉宣義は、林道栄と並ぶ唐通事の双璧であり、大通事まで昇った人だが、明暦元年（1655年）に唐僧隠元の内通事に選ばれたという例、「劉焜臺を祖とする彭城氏本家」の二代目彭城久兵衛は、寛文3年（1663年）8月9日　即非禅師が宇治黄檗山万福寺へ登るとき内通事として同行したという例、「樊玉環を祖とする高尾氏家系」の「高尾本家」二代目高尾兵左衛門は、寛文5年（1665年）9月朱舜水が水戸光圀の招請で長崎から水戸に上るとき内通事として付添ったという例などが挙げられている。

[12] 「岡島援之は、長崎にては長左衛門といひし者なり。華音には希なる生れなり。服元喬がいふには、和中の華客なり、といひしも尤なり。学才は余りなしとかや」柳里恭（柳澤淇園 1704－1758）『独寝』。（1957年、水木直箭校訂、近世庶民文化研究所から出版されたものを参照した。）

語（話）便用』（享保20、6巻6冊）の順に出版された[13]。

2．2．『譯家必備』と『唐話纂要』『唐語（話）便用』との相違点

　長崎における唐話の知識があったと考えられるものの、岡島冠山が出版に関わり、唐話と題して出版された書物の唐話は、唐通事の唐話テキストの唐話とは語彙の面から見て非常に違っている。本論では、特に『唐話纂要』と『唐語（話）便用』を取り上げ、唐通事の唐話テキスト『譯家必備』（『唐話辞書類集』第20集所収のものを使用する）と比較し、違いを指摘したい。

　両者の構成は以下のとおりである。『譯家必備』は見出しとして挙げられている語を、『唐話纂要』と『唐語（話）便用』は巻毎に挙げられている見出しと項目を挙げる。

『譯家必備』

「初進館」「唐舩進港」「牽送漂到難舩」「護送日本難人」「本舩起貨」「貨庫」「清庫」「王取」「挿番」「出印花布疋」「起米洗艙油桅起石鈔包篷」「領伙食」「講價」「出貨　交貨　秤貨」「拜聖」「拜媽祖」「看花」「媽祖會　關帝會」「王道禮」「誦經」「上墳　身故」「秤椅楠」「修舩　燂洗　修杉板　放舩　看舵　看修理」「打索路」「八朔繳禮」「下頭番　竪桅　補蓬　下搭客眼桅」「裝銅」「看包頭　講包頭　秤包頭　裝包頭　秤添退包頭雜包」「巡舩　河下送水菜柴火」「對賬」「開舩　搬庫　領牌」「口外守風」

　上に示したように、『譯家必備』は唐通事が貿易を行う手順に従って展開しており、貿易業務に伴う出来事も記されている。書写年代は明記されていないが、記載されている人名や出来事などから見て、最初に書写され

---

[13] 『唐語（話）便用』は外題は『唐語便用』とあるが、内題は「唐話便用」となっている。本論では『唐語（話）便用』または『便用』と表記し、また、『唐話纂要』は『纂要』とも表記する。

た年代は、1754、5年であると推定できる[14]。

『唐話纂要』
　第一冊　　巻一　　二字話　三字話
　第二冊　　巻二　　四字話
　第三冊　　巻三　　五字話六字話　常言
　第四冊　　長短話
　第五冊　　巻五　　「親族」「舩具」
　第六冊　　巻六　　和漢奇談「孫八救人得福」「徳容行善有報」[15]

『唐語（話）便用』
　第一冊　　巻一　　二字話并四字等話
　第二冊　　巻二　　三字并五字等話
　第三冊　　巻三　　六字與七字相連之話
　第四冊　　巻四　　「初相見説話」「平日相會説話」など5場面
　第五冊　　巻五　　「諸般賀人説話」「諸般諌勧人説話」など3場面
　第六冊　　巻六　　「與僧家相會説話」　長短話　器用

　『唐話纂要』『唐語（話）便用』ともに、少ない文字の語句から学びはじめ、文字数の制限を受けないレベルを目指すという構造である。『唐話纂要』巻四の長短話及び『唐語（話）便用』巻四から巻六は、一問一答の会話形式となっている。

　唐通事の唐話は、唐通事が学ぶ言葉であり、長崎滞在中の中国人との会話に用いられる言葉であったということは、唐通事テキストの内容にも現われている。いっぽう、岡島冠山が長崎出身であり、唐話の基礎を唐通事に付いて学んだという痕跡は、『唐話纂要』や『唐語（話）便用』に長崎貿易に関連づけて考えることのできる語句に刻まれており、三字話、四字

---

[14] 奥村佳代子「近世日本における異文化知識の受容——唐通事テキスト『譯家必備』にみられる異文化情報の吸収と交流」、松浦章編『東アジアにおける情報の発信と受容』、雄松堂出版、2010年55〜71頁。

[15] 初版の享保元年のみ5巻5冊。享保3年版から第6巻6冊「和漢奇談」が付されるようになる。

話という短い語句であれば、まったく同じ語句を唐通事テキストの中に探し出すことが可能である。ただし、2人の人物による会話形式となると、同一のものを探し出すことは、おそらく不可能である。つまり、『唐話纂要』にも『唐語（話）便用』にも、依拠したテキストの存在を明確に示す記述は見当たらないのである。

しかし、岡島冠山が長崎で唐通事に学び、中国人と唐話で会話していた、あるいは内通事だったという経歴は、岡島冠山が唐通事仕込みの唐話を習得していたと考えるに十分な根拠である。したがって、岡島冠山が著した、序文に「採唐話」（『唐話纂要』）、「有唐語便用凡六巻蓋中華所談日用言語具在」（『唐語（話）便用』）と明記されている『唐話纂要』と『唐語（話）便用』と、唐通事の唐話テキストとの比較から、学習者あるいは読者の違いが見えてくると言えるだろう。

手法としては、ある事柄について述べる時、どのような内容を具体的に記述したかを比較することが、両者を対照する際に有効な試みであると考えられる。両者を同じ条件のもとで比較するため、会話として記載されていることが明確な語句を取り上げる。『譯家必備』と同じ事柄が、『唐話纂要』と『唐語（話）便用』ではどのように語られているか、三者を比較していく。なお、句読点は筆者による。

①初対面でのやりとり
①1.『譯家必備』における「初対面」

　　大凡通事到了十五六歳，新補了學通事，頭一遭進館的規矩，到了公堂，看見在館各舩主財副坐在公堂上分南北而坐，廳上值日老爹同幾箇學通事內通事分箇品級端端正正坐在那裡，看見新補通事施禮過了，方纔值日老爹對唐人們説道，這位是林老爹的阿郎，此番新補了學通事，今日頭一回進來見見衆位，那時唐人一齊來作揖説道，原來林老爹的令公子，恭喜恭喜，貴庚多少，不敢，屬鼠屬牛屬虎屬兔屬龍屬蛇屬馬屬羊屬猴

屬雞屬狗屬豬，今年交十七歲，尊姓呢，賤姓林，台號呢，賤號某，尊
　　翁好麼，托福托福，

　上に引用した唐話は、『譯家必備』の冒頭である。『譯家必備』は唐通事が学ぶことを想定したテキストであるため、唐通事の眼を通して記述されている。『唐話纂要』には、「貴庚」「尊姓」「貴庚幾何」などが収録されているが、初対面の対話は次のとおりである。
①－2．『唐話纂要』における「初対面」

　　先生大名如雷轟耳。正想渴之際，何幸今日天假良緣，而初接高風，意
　　出望外了。從今以後願承雅教。請勿有棄。
　　足下名聞四方諸生所共欽仰。今我僥倖為識荊，大慰平生想渴。今後必
　　當遞相切磋，但我襪線之材，恐不足為對耳。

　『唐話纂要』の初対面の場面は、『譯家必備』のように唐通事と唐人に限定されてはいない。『唐話纂要』の読者層である漢学者をはじめとする知識人同士の初対面である。『唐語（話）便用』も同様である。
①－3．『唐語（話）便用』における「初対面」

　　久聞大名，常自欽仰。今日天假良緣，得拜尊顏，不勝欣躍之至。
　　答。多承錯愛，感謝不盡，但小弟下流之輩，不識禮數，未必能無衝撞。
　　請恕請恕

　もう1組挙げる。

　　先生才名如雷轟耳。欣慕日久，何幸在此拜識。若蒙不鄙弃願領清誨。
　　請勿推故。
　　答。老夫才識褊淺，何足掛齒。聞道仁兄能文善詩，本地獨步。老夫正

欲求訪。安謂今日相逢，近再約會傾心談論。

　『唐語（話）便用』には、上に引用したもののほか4組の対話が載せられており、いずれも引用したものと同様に、日本人知識人同士の初対面であり、唐通事テキストにおける初対面でのやりとりとは異なっている。『唐話纂要』と『唐語（話）便用』では、「先生大名如雷轟耳」「足下名聞四方諸生所共欽仰」「久聞大名常自欽仰」「先生才名如雷轟耳」など、初対面の相手に敬意を表する丁寧な常套句がまず用いられ、全体を通して簡潔な文言体であるといえるだろう。

②近況
②－1．『譯家必備』における「ご機嫌伺い」

　令尊今日為什麼不進來。今日家父本該帶小弟進館，因為早間王府裡有字兒叫，諒必此刻還在王府裡辦什麼公事。令叔老爹好幾天不進來，諒來也是貴忙。家叔一向病在家裡。有什麼貴恙。前日老王家起身那一天，冒夜到郊外去送行，感冒了風寒。于今好是好，還不曾出門。晚生不曉得令叔老爹尊體違和，不曾寫信拜復，得罪得罪。老爹出去了，相煩替晚生上覆。

　この場面は、初めて唐館を訪れた通事が、滞在中の中国人から唐通事である父親や叔父のことを尋ねられ、それについて答えている。内容のポイントは、「多忙」と「病気」のために、出かけることができないという設定である。このポイントを踏まえると、『唐話纂要』と『唐語（話）便用』では次に挙げる会話が、同一の事柄を扱っていると言えるだろう。
②－3．『唐話纂要』における「ご機嫌伺い―多忙」

　你令尊久不來我家，不知有什麼事故麼。你替我多多致意他。

家父毎日有事而竟不出門，因此失候。先生若有經我那首，則順便到寒舍見家父也好。

②－４．『唐語（話）便用』における「ご機嫌伺い―多忙」

這幾日少會，未知尊體康健。小弟也俗務多，不能常來問候，得罪得罪。
答。豈敢好說。小弟前日特拜尊府，因值兄長他出，與老管家說聲回來。今日稍得閑暇日，偶然到個裏恰好與兄長會聚且喜。興居平安，大慰積悃。

また、病気で伏せっていたことを伝える設定では、次のような問答である。

②－５．『唐話纂要』における「ご機嫌伺い―病気」

前日從街上走過，不意撞着你的阿兄。遂邀他到一個去處去喫了半日酒，講了一會話。因聞說你曾患了時病而臥了幾日，至今未嘗全愈。故此今日特來問你，未知還是怎麼樣。
多謝老爹下顧。晚生雖有小疾亦不足為憂，況且昨今是更覺耐煩些。想必兩三日內便好了。那時節當躬行拜謝。

②－６．『唐語（話）便用』における「ご機嫌伺い―病気」

多謝下顧。近日我因有賤恙在家將息，昨今略覺好些。所以久失拜候，休恠休恠。
答。久不聞消息，心下不安，特來問候。那知果有貴恙。這兩日天氣更冷，雖然略好也不可見風，只顧用藥。請自保重。

ここで取り上げた会話は、既知の人物に対する言葉である。『唐話纂要』

と『唐語（話）便用』の会話は、①に挙げた初対面での会話ほど決まりきった常套句が用いられているわけではなく、個別の状況が具体的に述べられているという点は『譯家必備』と同様であるが、最近会っていないことを『譯家必備』では「好幾天不進來」、『便用』では「這幾日少會」と、『便用』はより簡潔な言葉が用いられている傾向にあるといえるだろう。

また、病を指す語として、『譯家必備』では「病」「貴恙」などの語が用いられているが、『纂要』では「時病」「小疾」『便用』では「賤恙」「貴恙」、病で臥せっていることは『譯家必備』では「一向病在家裡」、『纂要』では「曾患了時病而臥了幾日」、『便用』では「近日我因有賤恙在家將息」、病がまだ全快していないことを『譯家必備』では「于今好是好，還不曾出門」、『纂要』で「至今未嘗全愈」、『便用』で「昨今略覺好些」と表現しているように、両者は語彙が異なっているだけでなく、冠山資料の語彙はより豊富であり、複数の言い方が用いられている。

③現代人に対する意見

唐通事テキストには、年長者が若者に説いて聞かせるかたちで、唐通事として身につけておくべき技能や弁え、姿勢などが語られる場面がある[16]。
③－1.『譯家必備』における「現代人に対する意見—若者の本分を説く」

> 原來老爹還是讀書。值日老爹回答說道。虧得這一位了不得，用工夫讀書。據我看來，目今後生家乖巧得狠。到了十四五歲就不學好起來讀書學話這兩樣事。不但不留心，丟掉了竟不想，一味裡不長俊。只為玩耍要過日子。不肯尊敬長上，後生家禮貌一點也沒有。這一位不比目今的後生家。會做詩，又會講話，做文章的道理也略略明白，更兼會寫字。他寫的端楷皆是字體端正得狠，時常有人求他的字。又是做人極忠厚又聰明，算得一箇才子。我們在外頭照他一樣的做人是罕得見。這箇最好

---

[16] 木津祐子 2000 では、それぞれのエピソードごとに「今時の若い者をめぐる問答」「ある漳州通事」のようにタイトルが付されている。

了。目今青年的時候，明日大大見功。既然這樣，晚生們也信服了。林老爹有了這樣好令郎，正是快活。明日做了大老爹的時節，看顧看顧。豈敢説，那裡話。小弟不敢當了。

　この場面は、初めて唐館を訪れた林家の若い通事に対して、長崎滞在中の中国人が「まだ勉強中ですね」と声を掛けたのに対し、年長者である当番の唐通事が答え、若い者は書物を読んで勉強することと唐話を学ぶこととを早々とやめてしまううえ年長者を敬う気持ちも欠けていると、最近の風潮を嘆いた後で、それにひきかえ林家の子息は、詩、唐話、文章、書どれをとっても良く出来た人物であると称賛している。内容のポイントは、「本分」「批判」「称賛」「勉学」である。このポイントを踏まえると、『唐話纂要』では、次に挙げる問答が同一の事柄を扱っていると言えるだろう。
③－2.『唐話纂要』における「現代人に対する意見―勉学」（1）

　　我聽説你近來學業大進，而詩也做得好，文也做得妙。你尚青年，怎恁地大奇。異日必有法跡。欽羨欽羨。
　　豈敢好説。我雖為學，爭奈生性愚鹵，至今未有所曉。中心只是不快。安如長兄所言。真個慚愧了。

③－3.『唐話纂要』における「現代人に対する意見―勉学」（2）

　　方今天下學問大作，庶幾聖人之道行矣。日後興頭預先可知焉。
　　我也曉得。如今人或大或小皆要讀書，因在街上多曾看來揣書在懷裡走來走去的。這都是先生屋裡去請教的哩。還有一種那豪富人家子弟們，也掙得衣飯受用。眼見得与旧日大差懸絶，而況日後興頭自然不比説了。

③－4.『唐話纂要』における「現代人に対する意見―武士の本分を説く―賞賛と批判」（3）

如今天下武夫皆能勤謹。若伏事主公有餘力，則不管怎的便在空地裡跳出來，或走馬射弓，或刺鎗使棒，直恁演習武藝，而打熬氣力，比前年大不相同了。
説得是。而今的武夫真是武家人。前年的武夫便是兒女輩。豈可一例相論。近來有多少武夫弓馬熟閑兵法精通者，更兼打拳使脚等事亦都點撥其端正。而能半拳打死人，一手摸活人。其實非同小可了。但前年的武夫偏愛吹弾歌舞等没要緊的事体，而竟忘了自家本等的正事。今後這般之徒必當抱頭鼠竄的躱避了。我落得滿腔快活起來哩。

③－5.『唐話纂要』における「現代人に対する意見─若者の本分を説く─賞賛と批判」（4）

而今的後生家果然個個老成，決不似我們後生時節為人。我曾看見目下這些後生，年紀纔十七八，便能問答官府，像個中老的人一般。不是我們十七八歲時，正做頑皮，而竟不怕爹娘打罵，或者与人撲交，或者与人相惱，十分撒潑，因此直恁的做世廢料。東也不是，西也不是，而無地了。如今的後生既如此老成，前程必有大福，可羨可羨。
先生緣何這般説。小弟的論頭與先生相反。我看目今的後生家，大半為人狡滑，所以能問答官府，而老人家一般。先生後生時節，天下人比如今還是安樂，故人人無事，各各放心。那二十來歲的人尚自與小孩兒做一般頑皮，真個放蕩不過。雖則如此，倒得秉性扑實，更不似方今後生直這般巧言令色，而問答於官府。若把今之後生認為老成，而謂前程有大福，則天下人誰不老成，誰無大福。先生原來有見識的，怎見不到這個田地哉。

③－6.『唐語（話）便用』「現代人に対する意見─役人の本分を説く─批判」

> 多謝先生枉駕。小人久失拜候，欠情不少。只是同僚道裏病人多，教我們不病的五六個人，或者代他當日，或者換他直宿。這幾日弄得我每晝夜慌忙，雖鐵石身軀也有些難熬。豈不是大悔氣。先生可憐小人則個。答。胡説。我曉得當日直宿，或者喫酒，或者下棋，自在遊樂，恰如玩耍去一般。你們有這個職事，錢粮也不少，許多家口安坐飽食。雖整日直宿，有何話説，況且你身上有病，教同僚代你，同僚有病疾，你也該代他。這是一定之理，悔什麼氣，却教我可憐你。怎的你不是見那命不好的，或者精通武藝，或者善為文章，各自負其才，而不能為時用，未始片刻安妥。此等之人真是可憐。你們才力也只是平常，因是命好，補着這個職事，得了這個錢粮。依我看起來，便是天大的造化。你自斟酌，切不可驕矜忘本。人可瞞天不可欺。小心小心。

③に挙げたように、現代人にとっての大事や現代人に対する批判を述べるとき、唐通事テキストでは唐通事という仕事と生活に深く関わりのある具体的な事柄を挙げているのに対し、岡島冠山のテキストでは日本人知識人の生活と仕事に関わりのある具体的な事柄が挙げられている。つまり、『譯家必備』では何かにつけ触れられる唐話に関する点が、『唐話纂要』と『唐語（話）便用』には一切ないという点に、両者の違いは顕著である。

また、唐通事が唐通事を目指すべき子弟に説いた教えには、必ずといっていいほど金銭的な内容が含まれている。次に一例を挙げよう。

> 常言道、有錢可以通神、無錢隔壁聾。這兩句話正真説得體貼了。手裏有了銅錢、無論大事小事、都做得像意自由自在、沒有什麼罣礙。死也活得來、活得也死得來。儞把銀子放光的時節、憑儞有權有威力的大官府、得使也是自家的奴才一樣他走。銀子的神通是廣大得緊[17]。

---

[17] 木津2000より。引用箇所を含むエピソードは、「銭が有れば神通力」というタイトルが付されている。

このように、唐通事のテキストにはお金の価値に重きを置いた記述が見られる。唐通事の子弟教育においては、唐通事として立身出世することと金銭的な豊かさとを直結させて、唐通事の本分である唐話の学習がいかに大切であるかを、子弟達に説くことが常であった。『便用』の「諸般貸借説話」には金銭の貸し借りをテーマとした会話が収録されてはいるが、金儲けを重視した内容ではない。岡島冠山の唐話資料全般を通じて、お金が大事だということを意味する語句は見当たらない。唐通事の唐話では語られていたが、岡島冠山の唐話では語られなくなった内容である。

同一の事柄やテーマが、唐通事テキストと岡島冠山のテキストでは、それぞれどのように語られているかを、3つの場面を取り上げ羅列し対照した。

唐通事の唐話テキストは、唐通事の立場から事柄を捉えているのに対し、岡島冠山の唐話テキストには、唐通事の観点であると限定できる記述は一切なく、日本人知識人の立場から事柄を捉えている。それぞれのテキストの使用者の違いが、内容に反映されているといえるだろう。

また、語彙の種類が統一されており口語資料としての性質をよく反映していると考えられる『譯家必備』に比べ、『纂要』と『便用』は唐通事が日常的によく使用していた語彙とは異なる語彙が用いられ、より文言の使用が多く、語彙が豊富であるという点を確認することができた。使用する語彙の違いは、『譯家必備』の文体と『纂要』『便用』の文体との違いでもある。以下より、語彙や文体が異なることを示すために、本来の意味である唐通事の唐話は唐話、岡島冠山と関係する唐話は「唐話」と表記する。

三、岡島冠山の「唐話」と荻生徂徠の「華音」「華話」「華語」

長崎の唐話を熟知していたと考えられる岡島冠山が「唐話」と題した書物の「唐話」は、なぜこのように唐通事の唐話と異なっているのであろう

か。

　岡島冠山が初めての「唐話」書である『唐話纂要』を出版した享保元年は、訳社の講師として荻生徂徠らに「唐話」を講じ、蘐園の学者達との繋がりが強い時期であったと考えられる。訳社は、正徳元年（1711）に結成され享保9年（1724）頃まで続いた「唐話」の勉強会である。荻生徂徠の周りには長崎出身で唐話に長けた人物が何人かいたようだが、岡島冠山もその一人であった。荻生徂徠の書き残したものの中に、岡島冠山の姿を垣間見ることができる。

　　不佞嘗與諸善華語者。石鼎菴。鞍蘇山。及所偕岡生相識[18]。
　　不佞茂卿之於香國禪師。曩者從友人田省吾所。稍稍獲覩其所論著叙記偈頌。及它雜事。心已慕説之也。嗣乃偕崎人岡玉成。一趣品川精舎。實始接其未采[19]。

　徂徠の門人による岡島冠山評には厳しい見方もあるが、唐話に関しては荻生徂徠の信頼を得ていたのだろう、岡島冠山は訳社の「訳士」として「唐話」の教授に当たった。

　　譯家學。果有當於道邪。古昔王者有事於四夷。四夷以世王於中國。迺有以寄象狄鞮譯。供其識鴻臚之館。輶軒之前者。非士大夫所事事也。果凶當於道邪。東音之流傳於今。豈盡盦山氏之遺哉。而士大夫所誦讀以淑已傳人者。壹是皆中國之籍。籍亦無非中國人之言者。是同人所爲務洗其鳩。以求如彼楚人之子處身於莊嶽間者也。茲與井伯明。及舍弟叔達。結社爲會。延崎人岡生爲譯師。會生補國子博士弟子員。就舍其宅中[20]。

---

[18] 『徂徠集』卷之二十九「與香國禪師」。
[19] 『徂徠集』卷之九「香國禪師六十叙」。
[20] 『徂徠集』卷之十八「譯社約」。

ここで述べられているように、中華の書物を正しく読み解き訳すためには、音読を学ばなくてはならないという考えから、荻生徂徠らは訳社を結成し岡島冠山から定期的に教えを受けた。荻生徂徠が「唐話」を学んだ動機を、もう少し見てみよう。

> 予嘗爲蒙生定學問之法。先爲崎陽之學。教以俗語誦以華音。譯以此方俚語。絶不作和訓廻環之讀。始以零細者二字三字爲句後使讀成書者。崎陽之學既成乃始得爲中華人而後稍稍讀經子史集四部書勢如破竹。是最上乘也[21]。

ここで述べているように、荻生徂徠は学問の方法としてまず崎陽の学を習得した。その目的は、「俗語」を知り「華音」で発音し、日本の「俚語」で訳すことによって、「和訓廻環之讀」すなわち和語でもって訓読し書き下し文を作ることを絶対に避けるためであった。また、次のようにも述べている。

> 此方讀字有音有和訓。和訓又與和歌語俚語不同。而以音讀之大覺高遠艱深。遠於人情。以和訓讀之。洒覺其平易。近於人情。更換以俚語愈益平易。所而其殊如此者皆聲響同一字使。不啻此焉。如華人於其語亦皆義由音響而殊也。此方學者誤會聖賢之言皆多此累。予近學華音識彼方俗語而後所見愈轉平易。由此推之仁齋所誤亦未免此耳[22]。

ここでも述べられているように、中国の古代より伝わる書物の数々を正しく読み解くための手段として「華音」を学び「俗語」の知識を身につけることに着目し、その点が欠けているために、伊藤仁斎には誤りが多く見られるのだ、と指摘している。荻生徂徠には、中国の書物を理解するには、

---

[21] 『譯文筌蹄』「題言十則」。
[22] 『蘐園随筆』巻之二（関西大学図書館長澤文庫所蔵のテキストを参照）。

中国の言葉で読み解くことが不可欠であるという信念があったのだろう。

このように、荻生徂徠は崎陽の学を習得するために、訳社を結成し長崎出身であり唐話を能くした岡島冠山の教授を受けたが、唐通事の唐話に関しては、次のように述べている。

> 蓋余自斅華音。則稍稍聞崎陽有國先生者。其聲藉甚也。乃意獨以是特譯士師耳。夫崎陽夷夏之交海舶之所來集萬貨環奇之湊。而我五法之民廢居射利者萃者焉。爲甲于海内。祇其物産異土。言語異宜。譯士爲政邪。譯士之富又爲甲于崎陽。夫利之所嚮。聲譽從之。夷焉彈舌是習。沸脣是效。何有乎道藝。華焉明審啌噇。唧喉齒腭齒腭亦何有乎道藝。苟足以立乎壟立乎龍斷龍斷之上。辯知乎曩方互市嘔啞之音。是謂之業之成。師以此而爲師。弟子以此而爲弟子。若國先生者亦唯以此而豪舉乎一郷也。是何足尚哉。已又從其門人岡玉成游。則稍稍得聞其爲人也。嶔崎岑崟。落落穆穆。視利若汚。聞名若驚。自其重卝。足不躡官府者。五十年一日也[23]。

ここで荻生徂徠は、「國思靖」すなわち上野玄貞の高潔な人格を高く評価しているが、同時に徂徠の唐通事に対して抱いている思いや価値観が述べられている。名声とは富のあるところに生じるものであり、富を得るためであれば唐通事は「夷のごとき弾舌これ習い、沸唇これ効う」すなわち「外国人のように舌を弾き唇を震わせ」、「華のごとく啌噇を明審し、唧喉齒腭」すなわち「中国人のように口の動きをはっきりとさせ」るが、そんなことが道藝と言えるであろうかと述べている。富や名声を恣にせんがため習得された唐通事の唐話を、荻生徂徠はけっして認めてはおらず、習得すべき言葉と見なしてはいなかった。荻生徂徠が「華音」「華語」あるいは「華話」と称し、熱心に学んだ言語と、唐通事の本領とする唐話とは同じものではなかった。古代の書物の読解のために「華音」を学んだ荻生徂

---

23 『徂徠集』巻之八「國思靖遺稿序」（正徳四年冬十月）。

徠と、貿易を成功させるために中国人と互角に渡り合うために唐話を学んだ唐通事とでは、習得すべき対象が明らかに異なっていたのである。

ただし、儒学者の中には、荻生徂徠と同時代を生き、親しい間柄でもあった雨森芳洲のように、唐通事の唐話を学習の対象とした人物もいた。雨森芳洲は、対馬藩の儒学者として、韓国人との比較を通じて中国の書物を読む上での日本人の欠点や学ぶべき点に言及したが、やはり訓読に頼るのではなく、音読が大切であるという考えを持っていた。

> 書莫善於音讀。否則字義之精粗詞路之逆順何由乎得知。譬如一助語字。我国人則目記耳。韓人則兼之以口誦音讀。故也較之於我国人大差。
> 凡欲学音讀者。必先熟通唐話。能知唐話之體如何。国語之體如何。此為要緊。直言之与反言其體之差也不啻黒白[24]。

このように雨森芳洲は音読を学ぶ者はまずは唐話を学ばねばならないという考えを述べ、唐話に関しては次のように述べている。

> 余用心唐話五十餘年。自朝至夕。不必廢歇。一如搏沙。難可把握。七十歳以上畧覺有些意思。也是氊上之毛了。二三子用工亦當如此。
> 通詞家或曰。唐音難習。教之當以七八歳為始。殊不知。七八歳則晩矣。非從襁褓中。則莫之能也[25]。

50年余り学んでもなお習得できていないと述べたうえで、唐話学習の困難さを説き、発音を習得するには襁褓を外さないうちから学び始めないことにはいけないという唐通事の言葉を引いている。

また、口頭語と書面語の違いに対する認識を、次の言葉から知ることが

---

[24] いずれの引用も『芳洲先生文集』「音讀要訣抄」(関西大学東西学術研究所資料叢刊11-2『芳洲文集 雨森芳洲全書二』所収、1980年)。句点は筆者による。
[25] いずれの引用も『橘牕茶話』(同注24)。句点は筆者による。

できる。

> 或曰。學唐話須讀小説可乎。曰可也。然筆頭者文字口頭者説話。依平家物語以成話人肯聽乎。
> 我東人欲學唐話。除小説無下手處。然小説還是筆頭話。不如傳奇直截平話。
> 傳奇即嘴上話。學唐話者朝夕誦習可也。若要做文字當由小説此亦不可廢也。若大文字不在此例[26]。

このように、雨森芳洲は口頭語を学ぶには、書面語の文字を追うのではなく、小説を読むべきであるということ、口頭の言葉で語られる伝奇が恰好の教材であり、朝晩朗誦すべきであるということを述べており、習得には時間と労力を費やさなければならないと考えていたと分かる。また、唐通事の唐話学習を参考にしていた様子をうかがうことができる。

雨森芳洲は荻生徂徠同様に音読の必要性を説いているが、実践の仕方と唐通事の唐話に対する意識とが、徂徠とは異なっていたと言えるだろう。二人の違いは、対馬藩儒として朝鮮外交に携わることとなった雨森芳洲が、朝鮮の人びとと直接取り交わす文書を作成することや、朝鮮通信使との意思の疎通や応酬という具体的な使命を帯びていたこととも関係しているのだろう。現に長崎で実用の語として用いられていた唐話という語ではなく、「俗語」「華音」などの語を用い書物を相手とした荻生徂徠と、人間を相手とした雨森芳洲との違いであると言えるのではないだろうか。

---

[26] いずれの引用も『橘牕茶話』(同注24)。句点は筆者による。

四、結び

　『唐話纂要』をはじめとする岡島冠山の唐話テキストは、訳社のために作られたテキストであるとされる[27]。『唐話纂要』が出版された年は、訳社が結成されてから5年目であり、活発に活動していた時期であると考えられる。訳社が終焉を迎えるまで、『唐話纂要』がテキストとして用いられていた可能性は十分にあるといえるだろう。

　ただし、『譯家必備』における唐通事の唐話との比較から得られた相違点に明らかなように、『唐話纂要』は岡島冠山によって長崎の唐話の知識だけをもとに編集されたものではない。『唐話纂要』の完成には、荻生徂徠の言語観の介入の有無を考慮に入れる必要もあるのではないだろうか。

　すでに確認したように、岡島冠山のテキストと唐通事の唐話テキストには話題として取り上げられている内容の面にも、用いられている言語の面にも相違が見られた。唐通事の唐話とは明らかに異なっているにもかかわらず、『唐話纂要』『唐語（話）便用』などのように「唐話」と題されたのは、土台となっている言語が唐話であることを物語っているのであろう。しかし、本来の唐話そのものではなく、日本の知識人向けの「唐話」、さらに言えば、荻生徂徠ら古文辞派向けの「唐話」に作り変えられているのではないだろうか。一般に唐通事の唐話テキストには訓点や日本語訳は付されない[28]。岡島冠山のテキストには、訓点が施され、訳が与えられているが、訓読による書き下し文は与えられていない。このテキストの体裁じたいが、荻生徂徠の「和訓廻環之讀」を回避する姿勢に合致していると言えるが、言語そのものも荻生徂徠が目指した言語に沿って変化しているのではないだろうか。

　荻生徂徠が目指した古文辞は、次のように簡潔に述べられている。

---

[27] 石崎又造著『近世日本に於ける支那俗語文学史』。
[28] 貿易業務に関係するテキストや幕府に提出するための公文書の書き方を教示したテキストには、「和解」が付されているものもある。

學者既到能讀海舶來無和訓者田地。便當讀古書。古書是根本。譬如據上游。登泰山絶頂。眼力自高。胸襟自大。後世百万巻書籍。皆他兒孫都不費力。何則古書語皆簡短。後世文辭皆冗長。簡短者。當加多少言語助字。義始通。冗長者。芟去其多少言語助字。乃成古辭。此其大略[29]。

　少ない文字で多くを意味している古文には、適当に語を補い、冗長で無意味な文字も含まれている後世の文からは、適当に語を削ったものが、古文辞であるとする荻生徂徠の考えが、『唐話纂要』や『唐語(話)便用』に何らかの影響を与えたのではないだろうか。
　唐通事の唐話から岡島冠山の唐話への文体の変化を解明するには、荻生徂徠が理想とした言語との関連を明らかにする必要があると言えるだろう。

主要参考文献
今中寛司著『徂徠学の基礎的研究』、吉川弘文館、1966 年
今中寛司、奈良本辰也編『荻生徂徠全集』第一巻、河出書房新社、1973 年
戸川芳郎、神田信夫編輯『荻生徂徠全集』第二巻、みすず書房、1974 年
宮田安著『唐通事家系論攷』、長崎文献社、1979 年
平石直昭編『徂徠集』近世儒家文集集成第三巻、ぺりかん社、1985 年
竹内弘行、上野日出刀著『木下順庵・雨森芳洲』叢書・日本の思想家⑦、明徳出版社、1991 年
今中寛司著『徂徠学の史的研究』、思文閣出版、1992 年
永留久惠著『雨森芳洲』西日本人物誌 14、西日本新聞社、1999 年
林陸朗著『長崎唐通事　大通事林道栄とその周辺』、吉川弘文館、2000 年

---

[29] 『譯文筌蹄初編』巻首。

琉球における文体の変遷からみた『琉球譯』の言語

石崎博志

はじめに

　本稿は琉球の文字資料がどのような言語と文体で記されてきたのかを概観し、そのなかで漢文訓読がどのように行われていたかを明らかにするものである。そして、こうした琉球の文字資料の歴史からみて、1800年に李鼎元によって編纂された『琉球譯』に反映された言葉が、どのような性質を持つのかを考察するものである。

　まず、琉球の文字資料における書記文体の変遷について説明し、琉球の文字資料では和文（候文）が長く書記文体として使われていたことを論じる。併せて久米村人による漢文文書作成について、その一つの象徴として蔡温を例にとり、多くの漢文文書を残した久米村人も漢文と候文の二つの形式を使い分けていたことを述べる。そして、琉球では久米村人、琉球人を問わず四書などの素読では漢文訓読法を使っていたこと、漢文訓読時の発音には琉球語の発音を用いる「合音訓読」と大和風の「開音訓読」の二種類があることを論じる。

　そうした琉球における書記文体および漢文訓読の作法の広がりを背景に、漢琉発音字典『琉球譯』に表れた琉球語の音声と語彙について論じる。その結果、『琉球譯』に記される琉球語は、発音は琉球語の体系を示すが、語彙や語法については琉球語の語彙や語法よりも、和文や漢文訓読調の語を多く記述していることを論証する。

一、琉球における書記文体の変遷

ここでは、和文、琉文、漢文を以下のように定義する。
　和文：日本語の語彙・語法で記されるもの
　琉文：琉球語の語彙・語法で記されるもの
　漢文：漢語で記されるもの
　和文と琉文の中間段階の文体として、「琉球語交じり和文」[1]があるが、これは和文の語彙・語法に琉球語の語彙が交じるものをいう。
　琉球における文字資料の文体は時代を下るにつれて、概ね以下のように推移する。主に薩摩を除く対外文書は漢文、琉球王国内の公的文書は和文（候文）、芸能関係は琉文および琉球語交じり和文を用いる。
　15c：碑文に書かれた漢文
　16c,17c：候文（漢字＋仮名）、候文（漢字のみ）、琉球語交じり和文
　18c：漢文、官話文（久米村人＝華裔）、候文・琉球語交じり和文
　19c：漢文、官話文、候文、・琉球語交じり和文、漢文訓読文
　以下に時代を追ってその流れを説明する。巻末には書記文体と資料を時代順にならべた表を添付しておく。

【15世紀】
　15世紀に建てられた碑文の多くは僧侶によって漢語で記された。唯一、墓碑銘（おろく大やくもい墓石棺銘）は仮名文字で書かれている。

【16世紀】
　16世紀に入り、琉球王国内の公文書は主に和文（候文）で書かれた。特に役人・神女等の任命ないし給与授与などを布達した「辞令書」と呼ばれる公的文書も候文で書かれた。辞令書は時代と文体によって、「古琉球辞令書」「過渡期辞令書」「近世辞令書」の三タイプに分けられる。時代が下るにつれて漢字使用が増え、近世辞令書になると漢字のみが使われる。文

---

[1] 巻末の表では、和文の覧に入れる。

面は全て漢字だが、音読されるときは和文（候文）の文体で読まれる[2]。碑文は 1522 年の国王頌徳碑から片面に漢文、もう片面に候文という形式が一般的となる。碑文の書き手は僧侶である。一方、琉歌などの芸能にかかわる文書は、琉文で記された。『おもろさうし』や琉歌集がその代表である。

【17 世紀】

17 世紀においても、公的文書は和文（候文）、琉歌などは琉文で書かれる[3]。薩摩との外交文書は和文（候文）で書かれた。碑文は引き続き、漢文と候文が併用され、碑文の書き手は僧侶から華裔である久米村出身者に替わる。一方、琉球王国では、中国・朝鮮等との外交文書は漢文（文言）で書かれ、のちにそれらを集めて『歴代宝案』が編集された。これらは久米村の人々の手によって作成された。『歴代宝案』は外交文書文例集の意味合いも強く、後世になるほど精緻な文言文で記されることになる[4]。そして、士族の家系と各人の経歴記録である家譜は漢文で書かれる[5]。

【18 世紀】

18 世紀は「久米村の時代」とも言われる。この時代、久米村士人によって『中山世譜』や『球陽』といった多くの歴史書が文言文で書かれた。一方で国内向けの公文書はなおも和文（候文）で書かれ、久米村出身の蔡温などは漢文で文書を書く一方、候文の著作も多い。

久米村人・程順則（1663〜1734）は『六論衍義』を福州琉球館で板行（1708 年序刊）して琉球へ持ち帰ったが、それはのちに琉球の和文学者豊川正英

---

[2] 髙良 1987 参照。
[3] 琉歌のなかでも、表記は和文で実際には琉球語の音声で発音される例も多い。
[4] 琉球においては、清朝や李朝から漢文文書が届いたとき、まずその文書を久米村の通訳官（訓詁師）に下ろし、訓詁師は文書に訓点を付して王府に戻したと言われる。基本的には訓点を付した文書を読んで、王府の役人は内容を理解した。
[5] 1689（尚貞 21）年系図座が設置され、諸士にそれぞれの家譜を作らせ、一部は王府に、一部は国王の朱印を押して各家に保管させた。琉球の家譜は一種の公文書である。沖縄の漢文は久米村の士人が作文していたが、八重山などではそうした人材がいないため、候文と漢文が混交したような変体漢文となっているものもある。

により『六諭衍義大意』という形で1759年に和訳（候文）され、琉球で広く筆写で伝わる。この時はまだ漢文訓読文というのは用いられていない。

【19世紀】
　19世紀前半は基本的に18世紀と同様である。漢文訓読文体で書かれた書物は管見の限り見あたらない。
　その後、琉球藩設置、琉球処分、沖縄県の発足という歴史の流れのなかで久米村は解体。漢文文献は姿を消し、漢詩愛好家などによる作品が残るのみである。また、書記文体も公的文書は漢文訓読体となる。琉歌など芸能関連の文書はなおも琉球語交じり和文あるいは琉文で書かれる。

二、蔡温による文体の使い分け

　久米村出身者が活躍した18世紀、琉球では主に候文と文言文が使われていた。一般に久米村は外交案件に関する職能集団であったが、彼らも後述のように訓読法を学んでいた。ここでは蔡温を例にとり、多くの漢文文書を残した久米村人も漢文と候文の二つの文体を読者層によって使い分けていたことを述べる。
　蔡温は近世琉球王国の政治家・学者であり、久米村出身の華裔。蔡温は唐名。琉球名は具志頭親方文若。彼が生きた時期は久米村の華裔も相当に土着化が進んでいたと思われる。1725（乾隆三）年、父蔡鐸の手になる正史『中山世譜』に大幅な改訂を加えるなど、修史事業にも功績があった。1728年、久米村出身者としては異例の三司官に抜擢され、首里に屋敷を与えられている。彼が残した文書は、以下のように漢文と候文に大別できる。因みに蔡温による漢文による著作は、今日的な尺度では論文程度の長さである。

【漢文】
『要務彙編』（1715）

『澹園全集』(『客問録』『一言録』『家言録』『図治要伝』『簔翁片言』(1745)):
政治思想・儒学思想の著作

『実学真秘』:政治・政策論の著作(佚文)

『醒夢要論』(1754):儒学思想の著作

『俗習要論』:儒学思想の著作

『山林真秘』『順流真秘』:風水による林業学・水運学の著作

『中山世譜』(1725):歴史書

『球陽』(1745):歴史書

『歴代宝案』(編集):歴史書

【候文】
『家内物語』(1731?):庶民に対し、生活の心構えを書いた著作。
『御教条』(1732):庶民の国法、生活規範、道義、習俗、冠婚葬祭などを規定した著作。
『農務張』(1734):農民に対し、耕地管理・年間作業など農事指導の著作。
『獨物語』(1750):エッセイ
『自叙伝』(1760?):自叙伝

　歴史書や儒教道徳を説いた著作は漢文、琉球の庶民向けの内容や私的な内容は和文で書かれた。特に和文で書かれる『御教条』は、広く平民にも読み聞かせの徹底を図り、筆算稽古所のテキストともなっていた。琉球の庶民にとって書記文体といえば候文、つまり和文であった。

三、琉球における漢文訓読

　ここでは、琉球において歴史的に漢文訓読がどのように行われていたのかを各種資料の記述をもとに整理し、実際に漢文訓読が行われたことを示す資料を紹介する。

3.1 琉球の漢籍

まずは琉球における漢籍について述べる。琉球への漢籍の伝播には二つの経路がある。

a, 京都や薩摩などからの渡来僧によるもの→首里王府や寺院に所蔵
b, 進貢使節や官生・勤学などの留学生によるもの[6]→久米村の明倫堂・聖廟に所蔵

現存する漢籍のほとんどは 17 世紀以降の近世琉球において集積されたものである。近世琉球は、中国と本土日本の狭間で両者と密接な関係を保ってきた。17 世紀初め、琉球は薩摩の支配体制に編入され、薩摩藩には琉球館が置かれ、さらに薩摩藩の監督の下、定期的に京都を経由して江戸に上り、幕府に謁見した。その一方、薩摩藩の容認をうけて清朝と冊封関係を結び、福建省福州に柔遠駅（琉球館）を置いて朝貢のために北京との間を往来した。琉球には、直接中国からもたらされた唐本、本土からもたらされた和刻本、琉球人の漢文体による著作などの漢籍・準漢籍が集積された。

近世琉球において漢籍を収集した家は主に士族層に属していた。沖縄島の首里、久米村、那覇・泊の三系統の士族、及び八重山、宮古、久米島などの各島の士族からなる。琉球列島の漢籍は、和文の近世文書などと一緒に家ごとに伝承されており、沖縄県内の図書館においても「家文書」を単位として収集・保管している[7]。

3.2 琉球の漢文訓読

では、ここから琉球において漢文訓読が行われていたことを示す証言を時代を追って紹介する。

---

[6] 琉球からは進貢使、接貢使、謝恩使、護送使などの使節を派遣。南京や北京の国子監に官生（国費留学生）を、福州には勤学（私費留学生）を派遣していた。
[7] 高津・榮野川 2005 参照。

【陳侃『使琉球録』1534（嘉靖十三）年】
　　陪臣子弟與凡民之俊秀者則令習讀中國書以儲他日長史通事之用。其餘但從倭僧學書番字而已[8]。

　　ここではどのように読書するかは書かれてはいないが、この時期すでに仮名が僧侶によって伝えられていたことを示唆している。薩摩・大隅・日向の三国の自然・寺社・物産について記した地誌「三国名勝図絵」（天保十四年 1843）巻五十の如竹翁伝には、16 世紀半ばの琉球の漢文の読書についての記述がある。

> 先是琉球經書を讀む。皆漢音を用て、和讀を知らず、翁授くるに文之點の四書を以てす。是より琉球始めて和讀を知り、今に至て國中十分の八は、文之點の四書を用ゆといふ。

　　この資料の成立が 16 世紀から 3 世紀も隔たっているため、内容の確度に不安が残るが、琉球に於いて文之点が用いられた事実から鑑みれば、琉球における訓読の始まりをこの時期に求めることも的外れではない。

【伊地知季安「漢学紀源」】
　　薩摩藩の記録奉行であった伊地知季安（1782～1867）の「漢学紀源」には、中山王尚育が泊如竹に師事したことが記されている。

> 廣永九年六十なり。明人秀才の中山に來るを聞き、海に浮かび琉球國に適く。乃ち秀才を師とし四書・詩・書を講究し、理學精熟す。<u>国王之に師事す。</u>是より先、夷俗未だ禮儀を知らず。如竹の至るに及びて教ふるに人倫を以てす。

　　高津 1994 にあるように、この時、中山王は訓点本の四書集註等で漢学を学んだことと思われ、文之点の琉球における地位を決定的にしたものと

---

[8] 「役人の子弟と庶民の優秀な者は中国の書を習わせ、その後に長史や通事の用事に備える。その外の者は倭僧について異民族の字（この場合仮名―筆者補）を学ぶだけである。」王函選編『国家図書館蔵琉球資料』（上）、北京図書館出版社、66～67 頁。

思われる。

【張學禮『中山紀略』】[9]

　1663（康熙二）年来琉の張學禮が著した『中山紀略』には以下のような記述がある。

　　官宦之家、倶有書室・客軒。庭花・竹木、四時羅列。架列「四書」・「唐書」・「通鑑」等集。板翻高濶、傍譯土言。

　この時期の琉球では、書籍の出版はなされていなかったため、ここで述べられる書籍は訓点付きの漢籍が日本から輸入されていたものか、中国、朝鮮、日本のいずれかの版に琉球人が訓点を付したものであろう。

【蔡温『獨物語』】

　蔡温（1682～1761）は1749（乾隆十四年）年に書かれた「獨物語」では以下のように琉球では久米村においても和文が広く用いられ、漢文文書作成能力が懸念されるほどの事態になっていることを述べる[10]。

---

[9] 「官宦の家には書斎や客間があり、庭には花や竹木が四季を通じて植えられている。書架には「四書」・「唐書」・「通鑑」等の集があり、翻刻して天地左右を広くとり、傍らに地元の言葉に訳してある。」『清代琉球紀録集輯』第1冊、臺灣銀行經濟研究室編輯 1971 臺灣文獻叢刊、第292種。

[10] 現代語訳「琉球は和文をもって諸用事を達するので、和文の法式は永代まで続くはずである。漢文は唐(清朝)との融通のためということである。そのため前代から久米村にその職務をおおせ付けられているのに、久米村も日常の用務は和文を用いているので漢文を書くことの上手な者は少なくなり、満足に書ける者はいよいよ出ていないようである。それでも平時の進貢や接貢の時の文書は、例年の勤めの事だから、旧案を見て作って済ませることも出来ようが、唐は大国だから、どのような難しいことが出てくるかも知れない。その時の表・奏・咨文が少なくともその文句が適当でないということがあると、大変な差し障りが出てきて、いくら後悔しても取り返しがきかない。」

御当国は、題目和文相学諸用事相達候に付て永代和文の法式は相続可申候、漢文の儀は唐通融迄の用事にて前代より久米村へ其職業被仰付置候得共、久米村も平時の用事は和文相用得候に付て漢文調得勝手の人数甚少く罷居、尤上夫に漢文相調候方は、弥以出兼申候、然共平時進貢抔の御状、例年の勤に候故、旧案見合作調可相済候得共、唐は大国にて其仕合次第、如何様成六カ敷儀歟致出来候半其時の表奏咨文少くとも其文句不宜儀有之候はゞ大粧成故障の儀に成立、万万後悔仕候共其詮無之積に候。

【戸部良熙『大島筆記』】

琉球の漂流民からの聞き書きをまとめた、戸部良熙『大島筆記』1762（乾隆二七）年には傍線箇所にあるように、久米村でも直読と訓読を教え、訓点本を使用していることが記録されている[11]。

「琉球ノ学校、小学四書六経ヲ業トス、近頃マデハ備旨ト云書ヲ用ヒ居タルカ、近年四書體註ワタリ、是ガ集註ノ昭考ニ簡明ナ末疏シヤトテ、今ハ是ヲ用ユ（中略）学校ノ名ハ明倫堂ト云、王子以下誰ニテモ就学アル事也。学校ニアラスシテ自宅ニテ講スル者モアリ、王子按司三司官ナトヘ出講スル事モアル也。国王ノ侍讀ハ各別也。久米村ノ学官ハ本唐ノ通リニ直讀ニ教ル也。夫ヲ講官ヨリ国讀ニ通スル様ニモ教ル也。點本ハ薩摩ノ僧文之ガ点ヲ用ユ。傍ヨリ琉球朱子学ナリヤト問ヘルニ、甚怪メタル様子ナリ。子細ハ本唐モ琉球モ学業ト云ヘハ、小学・四書集註章句・

---

[11] 「琉球の学校では、小学・四書・六経を教えている。近頃まで備旨という書を用いていたが、近年『四書体註』が渡り、これが集註の照考に簡明な宋疏では今はこれを用いる。（中略）学校の名は明倫堂という。王子以下誰でも就学する。学校でなくて、自宅で講ずる者もある。王子、按司、三司官など出講することもある。国王の侍講は別である。久米村の学官は本唐のとおり直読で教える。それを講官が国読へ通ずるようにも教える。点本は薩摩の僧文之の点を用いる。傍から琉球朱子学かと問うたら、はなはだ怪しむ様子である。本唐も琉球も、学業といえば小学、四書集註章句、五経集伝よりほかなく、何学というような名目はないからである、と。」

五経集傳ヨリ外ハナク、何学ト云様ナル名目ハナキ故也。」

【潘相『琉球入学見聞録』】
　1764（乾隆二九）年の潘相『琉球入学見聞録』にも、経書等の読書には訓点が付されたテキストを用いていることが書かれている[12]。

　　臣聞琉球文廟之両廡、皆蓄經書。例取久米村子弟之秀者、十五歳爲秀才、十二歳爲若秀才、於久米村大夫・通事中擇一人爲講解師、教於學。月吉、讀「聖諭衍義」。三・六・九日、紫金大夫詣講堂理中國往來貢典、察諸生勤惰。(中略)八歳入學者、於通事中擇一人爲訓詁師、教之天妃宮。首里設郷塾三、亦久米人爲之師。外村人皆讀其國書（即法司教條）、學國字、以寺爲塾、以僧爲師。近日那覇等村亦多立家塾、讀經書、書多購於内地。但例不令攜「二十二史」等書、故史書略少。國王先後刊有「四書」「五經」「小学」「近思録集解便蒙詳説」「古文眞寶」「千家詩」板蔵王府、陳情即得。臣所見者有「四書」「詩經」「書經」「近思録」「古文眞寶」白文、小註之旁、皆有鈎挑旁記、本係攜刻。

　ただ、琉球における漢籍は僧侶が薩摩などから将来したものも多かった

---

[12] 琉球の孔子廟の二つの部屋にはみな経書を収蔵している。慣例では久米村子弟の優秀な者は十五歳で秀才、十二歳で若秀才となり、久米村において大夫・通事のなかから一人を選んで解師とし、学問を教授する。正月には「聖諭衍義」、三・六・九日には紫金大夫が講堂に赴き書生の学習態度を観察する。(中略)八歳で入学したものに対しては、通事のなかから一人を選び訓詁師とし、天妃宮で教えさせる。首里には郷塾を設け、久米村人も教師となった。久米村以外の者はみな和書を読み、国字(仮名)を学び、寺を塾として僧侶が教師となった。最近は那覇等の村で私塾が多く建てられ、経書を読み、書籍も多くは内地で購入する。しかし、慣例では「二十二史」などの書籍は持って来させず、よって史書は些か少ない。国王は「四書」「五經」「小学」「近思録集解便蒙詳説」「古文眞寶」「千家詩」を刊行して版木を王府に蔵し、所望した者は得られた。私がみたものは「四書」「詩經」「書經」「近思録」「古文眞寶」の白文に、小さく傍らに注があり、それらはみな鈎のような傍注があるものを所有し、もともと携帯してきた刻本である。

ため、単に訓点があったというだけでは訓読が行われたことにはならない。しかし、『琉球入學見聞録』においては、『大學』を例にとり実際の訓読法も紹介している。このことは、この時代にも久米村の人々においても訓読が行われていたことを裏付ける。当然、久米村以外の士人も同様に訓読を行っていたであろう。

【三国名勝図絵（1843）】

先ほど引用した「三国名勝図絵」（天保十四年 1843）巻五十如竹翁伝の割注には、沖縄でとりわけ文之点が用いられていたこと、久米村は中国音と訓読法を学び、それ以外の首里などの地域では訓点本で訓読していることが述べられている。

天保十三年壬寅、中山王尚育、賀慶使を江都に遣す、大坂に於て琉球人、文之點の四書を買ひ帰ること、數十百部に至る、當時文之點の板行四書小き故、買ひ盡せしかば、新に板に搨らしめて買ひしなり、是琉球は、文之點を尊ぶ故なりとぞ。翁の文之點を琉球に弘めし證を見るべし。其和音漢音讀法の如き、久米村の學校は、唐音和讀兼習ふといへども、其外首里都及び國中は、和讀の訓點本をもちゆといふ。

さらに、王府の人材養成機関である国学には、講談課程と官話詩文課程があるが、双方の試験でも經書や史書に訓点を付す試験が課せられていた。講談課程は、四書体註、五經のなかから詩經、書經、易經、禮記、春秋、二十一史のなかから訓点をさせる。講談課程の学生は、将来行政官、外交官、事務官、經學の師匠となるものが中心である。そして、官話詩文課程でも、官話テキストの朗読以外に、四書体註に訓点を付ける試験が課せられていた。因みに官話詩文課程の学生は、外交官、文書の作成や翻訳、教員等の希望者である。

【真境名安興（1875〜1933）】

首里出身の沖縄研究者真境名安興は、明倫堂や国学だけでなく、平等学校やより広い庶民を対象にした村学校においても漢文の素読が行われていたことを記している。

「寛政十年に国学や平等学校の設立以来、初等教育の必要は感じたけれども全般にわたって画一的には普及せなかったやうであるが、天保六年（世紀一八三五）に至って政庁は令を下して各村の経済を以てこれが設立を命じたのである。（中略）村学校は首里に十四校、那覇に六校、泊に一校あって、その生徒は首里は七、八歳から十四、十五歳まで、那覇は首里の平等学校程度のものまで併置されたやうであったから、その年齢も長けて居ったようである。併しいづれも初年級の教科書は三字経や二十四孝の素読であった。三字経は本土の諸藩でも村塾童蒙の教科書とされたことは沖縄も同様であった。（中略）二十四孝は本は元の郭居業の作で、普通子供らには大舜の名で通って居った。之は大舜より以下漢文帝や曾子・閔損・仲田（ママ）など二十四人の孝行もの、事蹟を書いたものである。之から進むと小学の明の陳選の註した小学集註十巻や大学・中庸・論語・孟子など四書の素読を授けられたもので、之も又孰れの村塾でも課せられた徳川時代に於ける各藩の教科書であったことは、皆能く知悉する所であらう。

3.3　漢文訓読時の発音

漢文訓読の教授は明治以降もしばらくは継続したようで、明治生まれの伊波普猷や比嘉春潮の幼少期の回想にもそれが表れている。以下では琉球人による回想から漢文訓読の様子を紹介する。ここでは、漢文訓読の際にどのような発音がされているのかが述べられている。まず、沖縄県西原出身の歴史家比嘉春潮（1883～1977）は次のように記している[13]。

---

[13] 比嘉 1971a、541 頁。

明治十二年 (1879) の廃藩置県以前の沖縄における漢文訓読と直読（音読）の実際について述べよう。
　（一）当時のすべての学校（首里・那覇・泊の村学校、平等学校、国学と、久米村の読書学校、明倫堂、宮古・八重山の南北学校）では、漢文はすべて訓読で教えた。
　（二）しかし、最初の『三字経』と『二十四孝』は合音訓読（沖縄語の発音による訓読）で、『小学』から『四書』『五経』は開音訓読（日本語の発音による訓読）で、久米村だけは『四書』『五経』までもすべて合音訓読であった。
　（三）久米村の読書学校、明倫堂、首里の国学、両先島の南北学校では、将来、漢文の直読、官話の入門として「二字話」「三字話」「四字話」「五字話」を教えた、もちろん直読で。すなわち原則として将来和文を用いる職務につく大和および国内向きの人は、最初は合音訓読、それから開音訓読を学び、唐向きの職務につくべき人々（久米村人と両先島の通事および官生志願の人々）は、ずっと合音訓読を学ぶ。

　（三）の記述が意味するところは、久米村の読書学校、明倫堂、首里の国学、両先島の南北学校ではまず沖縄語の発音による訓読を学び、その後、中国語の発音による音読を学んだということであろう。進路の違いはあるものの、基本的に訓読を行っていたことが分かる。ここでは漢籍を如何なる発音で音読するかについて、三つの方法が示される。

　合音訓読：沖縄語の発音による訓読（琉球人の初学者及び久米村人の読み方）
　開音訓読：日本語の発音による訓読（琉球人の非初学者）
　直読：中国語の発音による音読（久米村人、通事・官生志願者）

　また、音読の方法を『論語』の一節を例に紹介している。合音訓読は三母音、r音の脱落、カ行イ段音の口蓋化がみられる琉球風、開音訓読は五母

音の大和風の読み下しとなる。

有朋自遠方來不亦樂乎
　　（合音訓読）　ト<u>ゥ</u>ムアリ、<u>ヱ</u>ンポーユイチタル、マタタ<u>ヌ</u>シカラズヤ
　　（開音訓読）　トモアリ、　エンポーヨリキタル、マタタノシカラズヤ

【伊波普猷】
伊波普猷（1876～1947）は旧時代の漢学について次のように述べている[14]。

　「旧学校所（チェムバレン先生の語彙にも、さうみえてゐる）は、とうに閉鎖されたので、私は已むを得ず漢学塾みたやうな所に送られたが、最初に教はつた教科書は大舜（『二十四孝』）であった。（中略）　大舜をあげるとすぐ、『小学』の素読に移ったが、その訓読は漢文直訳体の一斉点でもなく、又極端な和文体の道春点でもなく、両者の中間をいつた後藤点であった。<u>中には之を琉球語の音韻法則によって、オ列エ列をウ列イ列にしたり、ウ列イ列を口蓋化したりして読む人もあったが、それには島開合といつて、冷笑してゐた。</u>兎に角この訛のない訓読が、後日和文を学ぶ素地になったことは言ふ迄もない。当時の人は十七八歳位になって、四書の素読が一通り済むと、「講談通しゆん」と称して、『小学』の講釈を聴いたものだが、同時に候文をも習ひ、独り手に『三国志』などを読んで、漸次和文に親しむのであった。<u>序でに、明の洪永間に帰化した閩人の後裔なる久米村人は、不相変明倫堂でその子弟を教育して、四書五経を支那音で読ませばかりでなく、官話まで教へてゐたことを附記して置く。</u>」

比嘉春潮は幼い頃の教育について以下のように回想している。

---

[14] 『伊波普猷全集』第八巻、571頁。

「七歳で小学校に上がったのが明治二十二年（1889）。十二歳の兄も一緒に尋常一年に入った。(中略) 入学前にわれわれは家庭で父から古い時代の教育を受けていた。いくつのころからか、兄と一緒にまず漢文の道徳経「三字経」をやり、続いて「小学」をやり、巻の二の初めまでやったところで学校へあがった。読み一本やりで暗唱できるまで朗読するのである。三字経までは琉球読みで「サンジチョウ」と読み、「小学」に入ると大和風に開口読みとし、「立教第一＝りっきょうだいいち」と読んだ。これは琉球読みだと「リッチョウデエイチ」である。昔の大和口上などはみなこういう開口よみであったから、私の父はもちろん日本読み漢文も和文も読めたが、普通語のはなし言葉はできなかった。格式ばって「それはいかなることか」という調子ならよくわかった。(中略) 両親はことばづかいにも特にきびしく、われわれが西原なまりを使うとひどく叱られ、アクセントについてもやかましく直され、干渉された。」

また、伊波普猷も若かりし日を振り返り次のように言う[15]。

「私自身が初めて琉球語を教はつた十八歳（明治二十六年-1893 年）の時の話に移らう。中学の三年生になつたばかりの私は、或日友達二三名と門の所で話合つてゐると、門向ひの安良城といふ老人が出て来て、君たちが話してゐる沖縄口は聞くに堪へないから、正しい沖縄口を教へてやらう、とすゝめたので、その翌日からこの人について琉球語を学ぶことになつた。この人は正しい沖縄口を話すといつて、有名だつたが、教授の方法は、『小学』を先づ琉球語に訳してから、講釈して聞かせるのであつた。一二の例を挙げると、「孔子曰」をクーシヌミシエーニと訳し、「小夏曰」をシカヌイーブンニと訳した。後者はベッテルハイムの『琉球訳聖書』に、「イエス答へて曰く」をエスクテーテイブンニと訳したのと同じことでベッテルハイムが聖書を琉球語に翻訳する前に、四書の講

---

[15] 『伊波普猷全集』第八巻、572 頁。

釈を聴いた、という事実があるが、その用語中には、例の講談の口調がかなり見出されるやうだ。其他四書の琉球訓では、「則」を'wemmisa nagara といつたが、恐縮ながらを意味する「おやぐめさながら」の転訛したもので、「すなわち」に適当な訳語がなかつた為に、無理に転用したものらしく、口語では勿論使用されなかつた。適訳がどうしても見つからない場合には、和訓をそのまゝ借用したが、その中には追々口語中に取り入れられたものもある。この人の話によると、旧藩時代の学校所では、十七八歳になつて「講談を通す」頃から、自然のまゝに放任されてゐた母国語をかうして矯正したが、もうその後は集会の席上などで、間違つた物の言ひ方をすると、長老達や学生（教生又は研究生の義）達から、遠慮なく矯正されたので、廿歳前後からは、大方正格な言葉を操ることが出来たといふことだ。」

　このように、琉球では盛んに漢文の訓読が行われていたこと、そして訓読にも琉球語の発音によるものと日本語によるそれとがあったことが、了解されたと思われる。
　こうした漢文を訓読するという行為においては、本土と軌を一にすることも多いが、管見の限り琉球人による漢文訓読文によって書かれた文書は、近代以前の琉球王国時代の資料からは見あたらない。ただ、ベッテルハイム（Bernard J. Bettelheim 伯徳令）の "English-Loochooan Dictionary" には、しばしば漢文訓読文による訳文が見られる。しかし、これはベッテルハイムが上掲辞書を編纂した際に、ロバート・モリソンの字書 "A Dictionary of the Chinese Language"（1815 Macao）に使われる漢語の例文を参照し、琉球語の語釈を作成したことが指摘されているため[16]、これは一つの例外と見なしてもよかろう。つまり近世琉球においては、本土で盛んに文体として用いられていた漢文訓読文体は用いられず、それらは明治期になり一挙に琉球に流入したものと考えられる。

---

[16] 高橋 2008。なおベッテルハイムの官話使用については木津 2002 を参照。

四、『琉球譯』の音声と語彙・語法

　これまで、琉球における書記文体の変遷と琉球で漢文訓読法が初等教育でも行われ、さらに実際に運用されていたことを論じた。こうした言語状況を踏まえ、ここからは 1800 年に李鼎元によって編纂された琉球語発音字典である『琉球譯』[17]に表れた琉球語の特徴について論じる。これまでの研究では『琉球譯』で使用される漢字音や琉球語の音声に関するものが多く、語彙の特徴について論じたものは石崎 2001 で簡単に述べられたにすぎない。では、まず体裁について説明する。

4.1　『琉球譯』の体裁

　『琉球譯』は二つの部分に大別できる。前半は「譯音」と主に音読みを示す箇所、後半は訓読みを示す箇所である。「譯音」は以下のようなスタイルである。

　　　皇黄岡邉煌‥‥‥‥校傲告誥逅合、俱讀若哥

　これは、音読みが近似する漢字を列挙し、それに「俱讀若～（みな～の如く読む）」という割り注を挿入し、漢語の読音で当該漢字音を示している。
　「譯訓第二」以降は、基本的に「形状貌曰喀答及」のごとく複数の漢字に対して琉球方言による訓読みが漢字で示されている。基本的に被注字部分は一字一字が意味的に独立しており、「形状貌曰喀答及」とあれば、「形、

---

[17] 『琉球譯』には二種の版本の存在が確認されている。一種は上述の北京図書館所蔵の翁樹崑鈔本(北京本)。もう一種は、台湾・中央研究院・溥斯年図書館所蔵の朱絲欄鈔本(台湾本)である。北京本、台湾本ともに概ね異同はないが、北京本の誤字、脱字、遺漏と思われるものが台湾本では正しく記されており、版本としては台湾本の方がより整備されている。丁鋒 1998 は、台湾本を北京本の祖本或いは作者の手から出た原本、または原本の抄本と予想している。

状、貌は、カタチという」と訓ずる。「形」、「状」、「貌」は被注字、「喀答及」は「形」、「状」、「貌」の各被注字の発音を示している。この例では、「形」、「状」、「貌」が意味的に近似しているが、以下の例のように被注字相互の意味の違いは考慮されていない例もある。

　　躋登鋪陳述舒展曰奴不禄

　この例では、「のぼる（躋、登）」「のべる（陳、述）」「のびる（舒、展）」の意味をもつ漢字が「奴不禄」という一つの寄語でまとめて注音されている。

4.2　『琉球譯』の語彙

　丁鋒 2008、石崎 2001 にあるように、寄語の音声は琉球語の音声体系を反映しているが、『琉球譯』の寄語に表れる語彙は一部を除いて琉球語を反映しているとは言い難い。『琉球譯』に反映する語彙自体は『おもろさうし』をはじめとする言語資料や現代琉球方言に見られる琉球語とは異なり、一見するとヤマトコトバの反映にも見える。

　例えば、琉球方言の動詞の終止形は、「読む」はユムン、「来る」はチューンという形をとり、丁寧体も、それぞれユマビーン、チャービーンとなる。形容詞においても、「赤い」はアカサン、「短い」はインチャサンとなり、概ね〜サンという語形となる。

　しかし、『琉球譯』に示される動詞の終止形は、寄語"中"を用いて又音として「〜チュン」という語尾を表現しているものもあるが、その多くは本土方言と同じ形式をとっている。

琉球における文体の変遷からみた『琉球譯』の言語　165

琉球譯提示語	琉球譯寄語	琉球方言
寒	熬木石（サムシ）	フィーサン
來	及答禄（キタル）	チューン
看覽察瞻闚相聕	米禄（ミル）	ンージュン
欣歡惱喜	由禄古不（ユルクブ）	フクユン
短	陰夾煞亦日米日喀石（インカサまたミジカシ）	インチャサン
紅	古力乃亦日匣加中（クリナイまたアカチュン）	アカサン

　では、何故『琉球譯』と銘打った書物に琉球語語彙の反映があまり見られないのか。琉球における文体の変遷を考えると、ヤマトコトバが反映する理由は、候文などの文体が反映しているか、あるいは漢文訓読の読み方が記されているか、どちらか、あるいは両方である可能性が高い。そこで『琉球譯』の語彙をみてみると、候文特有の表現を記している例は殆どみられない。一方、漢文訓読特有の表現はよくみられる。

『琉球譯』の表記	寄語の発音	
云日日以瓦古	イワク	いわく
忝日喀答日及那石	カタジキナシ	かたじけなし
敢日愛的	アイティ	あえて
即日息那瓦直	シナワチ	すなわち
須日席比喀喇古	シビカラク	すべからく
然日石喀禄	シカル	しかる
將方日麻煞	マサ	まさ（に）
而日石哥石的	シカシティ	しかして

　上記の寄語はいずれも漢文訓読の訓み方に従って注音されている。この

ような読み方は比嘉春潮の言うところの合音訓読(伊波の「島開合」)ということになろう。比嘉は合音訓読は初学者段階のみで、その後開音訓読に切り替える旨の発言をしているが、久米村は合音訓読をしていたという。この言語状況からみると実際に『琉球譯』の編者に琉球語の情報提供をした者は、久米村の人間であろうと推察される。つまり、琉球王朝時代に久米村で行われていた漢文訓読の作法が『琉球譯』に盛り込まれたものと思われる。そのため、語彙としては漢文訓読用のことばが選ばれ、音声としては琉球語音が反映した結果となったと考えられる。そして、その他の語彙に関してもそれぞれの提示語の読み方として、琉球語の口語表現が選ばれず、琉球における漢文訓読の読み方が選ばれていると考えれば、『琉球譯』に琉球語が反映していない理由も首肯できる。

まとめ

　琉球王朝時代における書記文体の多くは和文と漢文である。琉球においても漢文訓読はあらゆる層で行われていたが、琉球人と久米村では訓読時の発音が異なっており、少なくとも19世紀においては、琉球人よりも久米村華裔の方がむしろ琉球方言の音韻規則に則った発音で訓読をしていた。それは『琉球譯』という資料によって裏付けられる。
　日本の本土では近世において漢文訓読文が一つの文体として独立していくが、琉球ではこうした現象は見られず、琉球において漢文訓読文が書記文体として認知、使用されるのは明治以降になってからである。また、琉球語の語彙・文法を反映した琉球語文も、琉歌や芸能などその使用範囲は極めて限定されたものであり、表記と発音は大きな乖離が見られたものと思われる。それは文体としては和文だが、読み仮名で琉球語の発音を示すに止まっている現在の状況と同様であったと思われる。
　これまで、『琉球館訳語』、各種「琉球使録」掲載の「夷語」、『琉球譯』といった琉球語を示した漢字資料に関する研究は、琉球においてどのよう

な文体で文書が作成されていたのかといった基本的な事柄への把握を欠いたまま行われてきたと思われる。そのため、上記の資料に多くの本土日本語が混入していることに対し、明確な説明はなされていなかったように思われる。今回は『琉球譯』について基本的な分析を行ったが、今後は上記の資料についてもこうした文体を考慮して再考がなされるべきであると思われる。

　また、琉球の方言が次第に本土化するプロセスにおいて、とりわけ近代における言語政策が取り上げられることが多いが、こうした琉球における和文の流通や漢文訓読を通した漢文訓読的表現の定着が、底流にあったのではないかと思われる。この点に関しては、今後の課題としたい。

資料：琉球の書記文体と資料

	和文（候文を含む）	琉球語文	漢文（文言）	官話文
1427			安国山樹華木之記（安陽澹菴倪寅記）	
1471	琉球国金丸世主書状			
1485			鐘銘	
1494	おろく大やくもい墓石棺銘			
1497			官松嶺記	
1497			円覚禅寺記（荒神堂之北之碑文）	
1498			国王頌徳碑（荒神堂之北之碑文）	
1498			円覚寺石橋欄干之銘	
1501	玉陵の碑文			
1519	園比屋武お嶽の額			
1522	国王頌徳碑		国王頌徳碑	
1522	真珠湊碑文			
1523	田名文書辞令書第一号			
1527	崇元寺下馬碑（裏）		崇元寺下馬碑（表）	
1531		『おもろさうし』巻一		
1536	田名文書辞令書第二号			
1537	田名文書辞令書第三号			
1539			タカラクチ一翁寧公墓之碑文	
1541	田名文書辞令書第四号			

1543	国王頌徳碑（かたのはなの碑）表		国王頌徳碑（かたのはなの碑）裏	
1545	田名文書辞令書第五号			
	添継御門の南のひもん		碑北之碑文	
1551	田名文書辞令書第六号			
1560	田名文書辞令書第七号			
1562	田名文書辞令書第八号			
1563	田名文書辞令書第九号			
1593	田名文書辞令書第十号			
1597	浦添城の前の碑（表）		浦添城の前の碑（裏）	
1606	田名文書辞令書第十一号			
1613		『おもろさうし』巻二		
1620	ようどれのひもん（表）		ようどれのひもん（裏）	
1627	田名文書辞令書第十二号			
1643		おもろさうし巻三		
1650	羽地朝秀『中山世鑑』			
1671	田名文書辞令書第十七号			
1697			『歴代寶案』第一集	
1698	田名文書第十八号			
1699	識名盛命『思出草』			

1697～1706		『君南風之由来記』	
1701			蔡鐸『中山世譜』
1703		『久米仲里旧記』	
1706～13		『女官御双紙』	
1709	田名文書第十九号		
1711			比謝橋碑文
1711		『混効験集』	
1713	田名文書第二十一号		
1713	『琉球国由来記』	『琉球国由来記』	
1720～99				『官話問答便語』
1725			蔡温『中山世譜』
1729			『歴代寶案』第二集
1732	田名文書第二十四号		
1743			鄭秉哲『中山世譜』附巻
1745			鄭秉哲・蔡宏謨・梁煌・毛如苞『球陽』(1745)
1745			『遺老説伝』
1749	五世毛維基「言上写」		
1749			山北今帰仁城監守来歴碑記
1749	田名文書第二十五号		
1750	三府龍脉碑記		三府龍脉碑記
1750	蔡温『獨物語』		

年				
1753				『白姓官話』
1759	豊川親方英正『六諭衍義』を和解する。			
1761				『廣應官話』
1767			豊見親火神碑文	
1772	田名文書第二十八号			
1779	田名文書第二十九号			
1795		『琉歌百控』上編「乾柔節流」		
1798		『琉歌百控』中編「独節流」		
1802		琉歌集－琉球百控乾柔節流－		
1805	田名文書第三十号			
1830			尚豊王御代之碑	
1831	田名文書第三十号			
1832	儀衛正日記			
1840	聞得大君加那志様御新下日記　大里間切			
1850	田名文書第三十二号			
1852	南風原文書第一号			
1857	南風原文書第一号			
1867			『歴代寶案』第三集	

参考文献

石崎博志 2001：「『琉球譯』の基礎音系」『沖縄文化』92 号、沖縄文化研究所、2001 年 9 月、1～24 頁

高津孝・榮野川敦編 2005：「増補琉球関係漢籍目録」近世琉球における漢籍の収集・流通・出版についての総合的研究、2005.3

高津孝 1994：「石垣市立八重山博物館所蔵の漢籍について」『鹿大史学』41、1～15 頁、鹿児島大学文理学部教養史学科

高橋俊三 2008：「ベッテルハイムの『英琉辞書』とモリソンの『華英字典』との比較」『南島文化』第 30 号、2008 年 3 月 31 日、67～85 頁

高良倉吉 1987：『琉球王国の構造』吉川弘文館、1987 年

丁鋒 2008：『日漢琉漢對音與明清官話音研究』中華書局、2008 年 8 月

比嘉春潮 1971a：『比嘉春潮全集　第三巻　文化・民俗』沖縄タイムス社、1971 年

比嘉春潮 1971b：『比嘉春潮全集　第四巻　評伝・自伝』沖縄タイムス社、1971 年

沖縄県教育庁文化課『八重山諸島を中心とした古文書調査報告書』沖縄県教育委員会、1981 年

東恩納千鶴子 1973：『琉球における仮名文字の研究』球陽堂書房、1973 年

木津祐子 2002：「<研究プロジェクト総合報告>ベッテルハイムと中国語：琉球における官話使用の一端を探る」、同志社女子大学『総合文化研究所紀要』19、2002 年 3 月 31 日、23～32 頁

魯迅兄弟初期の創作・翻訳と現代中国語の書記言語

王　風

　実際に新文学創作の起源であるにせよ、そのように思われているにせよ、魯迅の『狂人日記』の誕生は突然であった。これはこの作品がこれまでの歴史を寓言にすることによって活性化された巨大な現実批判の力であるだけではなく、この作品に使われた書記言語も前例のないものであった。その時期の新文学の創作・翻訳は、例えば胡適にせよ、劉半農にせよ文学革命前から白話を実践し、その個人創作史にこれまでの足跡を辿ることができる。しかし、魯迅兄弟の文学創作の歴史を振り返って見ると、それまでの十五年間は、文言が彼らの作品の中では絶対的な地位を占めていることが分かる。魯迅が白話を使うと決めたのは瞬間的な転換のようで、周作人でさえも、1914年までは、小説は文言で書かなければならないと主張していた。

　　　第通俗小説缺限至多，未能盡其能事。往昔之作存之，足備研究。若在方來，當別辟道塗，以雅正為歸，易俗語而為文言，勿復執著社會，使藝術之境蕭然獨立。斯則其文雖離社會，而其有益於人間甚多[1]。

　「易俗語而為文言（俗語を易えて、文言を為す）」とは文学革命前の魯

---

[1] 『小説與社會』、1914年2月20日、『紹興県教育会月刊』第5号。陳子善・張鉄栄編『周作人集外文』上集、海南国際新聞出版中心1995年9月版より引用。

迅兄弟の書記言語選択の縮図と見て良いだろう。彼らが文学に足を踏み入れた頃、固持していたのは「蕭然独立」ではなく、ちょうどその反対であった。1903年、翻訳を始めたばかりの魯迅は白話を書記言語にしようと努力していた。その年、『浙江潮』に発表した『スパルタの魂』と『哀塵』は確かに文言を使っていたが、しかしより大量に、より持続的に使用したのは白話のほうであった。或いは結果的に見れば、彼は白話で「科学小説」の『月界旅行』と『地底旅行』を翻訳しようと試みたのである。

このようなテクストを翻訳の対象として選択したのは、梁啓超の影響を受けたからである。周作人の回想によると、「魯迅が広範囲に新しい書籍や新聞に接触したのは、1902年2月日本に着いた後のことだった……『新小説』に掲載されたユゴーの写真が魯迅の注意を引いた。日本語に訳された中篇小説『懐旧』を探して読んだり、またアメリカで出版された8冊もの英訳のユゴー選集を買ってくれたりした。魯迅に影響を与えたもう1人の作家はジュール・ヴェルヌだった。彼の作品である『十五少年漂流記』と『海底旅行』は雑誌の中では最も人気があり、当時魯迅が『月界旅行』を翻訳しようと決心した理由はまさにそれだった」[2]。当時の資料から、魯迅兄弟が梁啓超の文学活動に関心を寄せていたことも証明できる。その年の魯迅の日記は残っていないが、周作人の癸卯（1903年）三月六日の日記には「日本からの書簡二十号を受け取った、韵君が言付けてくれた。手紙には謝西園君が来月中旬に帰国するので、『清議報』と『新小説』を頼んでそちらに届けるとある。うれしい限り」とある。さらに十二日の日記に魯迅の「五日の手紙」にある謝君に依頼した書籍目録として、『清議報』8冊、『新民叢報』2冊、『新小説』第3号が書いてあった[3]。言うまでもなくいずれも魯迅が読み終えたものである。これは一例にすぎないが、実は彼らはこれ以前から梁啓超の作品をずっと読んでいたのである。

1902年、梁啓超は『新小説』の創刊号に「論小説與群治之関係」を発表

---

[2] 「魯迅與清末文壇」、『魯迅的青年時代』、中国青年出版社1957年3月版。ユゴーの写真は『新小説』第2号（光緒二十八年（1902）十一月十五日）に掲載されている。
[3] 『周作人日記』上、大象出版社、1996年12月版。

し、「新一国之小説」を「新一国之民」の前提とし、そのために小説は「道徳」、「宗教」、「政治」、「風俗」、「学芸」、「人心」、「人格」を新たにする責任を負わされたのである[4]。魯迅の初期文学主張における重要なコンセプトはここから生まれ、『月界旅行・辨言』では次のように述べている。

> 蓋臚陳科學。常人厭之。閲不終篇。輒欲睡去。強人所難。勢必然矣。惟假小説之能力。被優孟之衣冠。則雖析理譚玄。亦能浸淫腦筋。不生厭倦。……故掇取學理。去莊而諧。使讀者觸目會心。不勞思索。則必能於不知不覺間。獲一斑之智識。破遺傳之迷信。改良思想。補助文明。勢力之偉。有如此者。我國説部。若言情談故刺時志怪者。架棟汗牛。而獨於科學小説。乃如麟角。智識荒隘。此實一端。故苟欲彌今日譯界之缺點。導中國人群以進行。必自科學小説始[5]。

「故苟欲……必自科学小説始」云々は、文の形式から口調まで梁啓超の「故今日欲改良群治，必自小説界革命始，欲新民，必自新小説始」によく似ている[6]。もちろん、魯迅の個人的要素から言えば、「我因為向学科学，所以喜歓科学小説（私は科学を志しているので、科学小説が好きだ）」[7]ということであった。1906年故郷に帰って結婚するまで、現在分かっているところでは、魯迅は『説鈤』、『中国地質略論』、『物理新詮』、『中国鉱産志』などを編纂したが、いずれも「科学」に属するものである。『月界旅行』、『地底旅行』、『北極探険記』などの「科学小説」を翻訳すること自体が、「科学」の延長線上にあったのだ。

『月界旅行』、『地底旅行』は白話を用いて翻訳しようとしたが、どちらも文言が交じっている。そうなってしまった理由は、科学論文は学術性を

---

[4] 光緒二十八年（1902）十月十五日。
[5] 『月界旅行』、光緒二十九年（1903）十月十五日、中国教育普及社版。
[6] 『論小説與群治之関係』。
[7] 『魯迅全集』第十二巻「書信」340515①致楊霽雲、人民文学出版社1981年版。

有するため、自ずと正規の書記言語、つまり文言を使用することになる。しかし科学小説の目的は文学そのものではなく、国民に知識を与えることにあるので、翻訳の方略としてできるだけ多くの読者の読書能力に合わせて、「不生厭倦（飽きて嫌にならず）」、「不労思索（あれこれ考えない）」ようにすることで、読者を新しい文学表現に慣れさせるのではない。だから「原書……凡二十八章。例若雑記……今截長補短。得十四回（原書は……およそ二十八章である。例えば雑記は……長短を補い、十四回とし）」、「其措詞無味。不適于我国人者。刪易少許（言葉使いの面白みがなく、我が国の人には合わないものは、少しばかり削除した）」[8]というわけである。これは林紓の『黒奴吁天録（アンクル・トムの小屋）・例言』の「是書言教門孔多，悉経魏君節去原文稍煩瑣者（この本は教会関係について述べている部分が非常に多く、ことごとく魏君によって原文の煩瑣なところを削除してもらった）」と同様、「取便観者（読者に便宜を与える）」ことを目的としたのである。

しかし、林紓が想定したのは魯迅のような読者なので、彼のやり方は「就其原文，易以華語（原文に従い、華語に改める）」[9]であった。この「華語」というのは魯迅たちが熟知している文言の一種である。梁啓超と魯迅の翻訳は小説の形で読者を引きつけ、読者に文学以外の影響を自然に受けさせることにあるので、文体の選択に関して言えば「俗語」以外には選択肢がなかったのである。

ここでいう「俗語」は白話と考えてもよく、その実中国の歴史は千年以上にわたってこの形式の作品を提供し続けてきた。梁啓超は『十五少年漂流記・訳後語』において「本書はもともと『水滸伝』、『紅楼夢』のような文体を模して、俗話だけを使うつもりであった」とし[10]、この種の翻訳がどのような文体と形式を採用すべきかを明言した。つまり文体としては白話を使い、小説の形式としては章回小説の様々な特徴を揃えておくことで

---

[8] 『月界旅行・辨言』。
[9] 陳平原、夏暁虹編『二十世紀中国小説理論資料』第一巻より引用。
[10] 『十五小豪傑』第四回「訳後語」、『新民叢報』1902年第6号。

あった。魯迅の『北極探検記』は逸書になってしまったが、『月界旅行』、『地底旅行』を見ると、各回の題目はみな対句を使っている。『月界旅行』の各回の冒頭は「却説（さて）」から始まり、最後は「正是」に続く数行の韻文があり、さらに「且聴下回分解（詳しくは次回の説き明かしを聞かれたし）」の類が全て揃っている。『地底旅行』では、最後の決まり文句は無くなったが、他のものは依然として残っている[11]。

　形式は章回小説のスタイルを取ったので、文体は白話を選択することになる。梁啓超は当初このように計画したが、「実際に翻訳してみると、非常に難しい。文言を交ぜると倍の成果が上がった。最初の数回分は一時間で千字ほどしか訳せなかったが、文言を交ぜると二千五百字前後訳せた。訳す時間を節約したいので、文言俗語を併用するしかなかった」[12]。梁啓超のように幼少から文言の訓練を受けた文人にとっては、白話は却って難しく、白話による創作は専門的な才能が必要であり、胡適が言うように「言いたいことを言い、言う通りに書く」[13]というほど簡単なことではなかった。魯迅も「最初は読者が分かりやすいように俗語で翻訳するつもりだったが、俗語だけを使うと煩雑すぎるので、文言を交ぜて、紙幅を節約した」[14]が、魯迅の理由は梁啓超のそれとやや異なり、やむを得ぬ選択ではなく自ら進んで選んだようであるが、実のところ魯迅にしても、白話は文言に比べてずっと苦労したことであろう。

　後に魯迅は次のように回想している。「その時はほかに『北極探検記』という本を翻訳していたが、地の文は文言を用い、会話は白話を使う」[15]という文白併用の文体であった。実は、それ以前の『月界旅行』、『地底旅行』はすでに白話をベースに文言を交ぜたものであったが、その文言の多くが

---

[11] 『地底旅行』、光緒三十二年（1906）三月二十九日、南京啓新書局版。
[12] 『十五小豪傑』第四回「訳後語」。
[13] 『建設的文学革命論』、『新青年』1918年4月第四巻第四号。
[14] 『月界旅行・辨言』。
[15] 『魯迅全集』第十二巻「書信」340515①致楊霽雲。

会話に現れたので[16]、『北極探検記』ではその逆のことをするという新しい試みであったが、残念ながら『北極探検記』は現在では見ることができない。こういったテクストについて言えば、翻訳が踏襲しているのは、小説の伝統で、梁啓超と魯迅も最初は白話を使おうと努力したが、それまでに豊富な読書経験があったとはいうものの、この類のものは書いたことがなく、いきなり書いても上手くいかないのは当然であった。

　総じて見れば『月界旅行』、『地底旅行』は、文言の部分が絶えず増え続け、収拾がつかなくなったということである。『月界旅行』の前半部は章回小説の味わいをまだ残している。例えば、

　　　卻說社員接了書信以後。光陰迅速。不覺初五。好容易捱到八點鐘。天色也黑了。連忙整理衣冠。跑到紐翁思開爾街第廿一號槍炮會社。一進大門。便見滿地是人。黑潮似的四處洶湧。

その後の例えば、「眾人看得分明：是戴著黑緣裳冠，穿著黑呢禮服，身材魁偉，相貌莊嚴」[17]云々も基本的に話本の特徴である。しかし、後半部になると地の文では時々意識せずに文言を使っている。

　　　眾視其人。則軀乾短小。鬈如羚羊。即美國所謂"歌佉聱"也。目灼灼直視壇上。眾人挨擠。都置之不問。……社長及同盟社員。都注目亞電。見其挺孤身以敵萬眾。協助鴻業。略無畏葸之概。嘆賞不迭[18]。

ほとんど林紓訳の世界である。但し全体的に見れば地の文の大半は文白

---

[16] 卜立德がこの2冊を調査し得た結論として、「訳文の中で地の文は白話を用い、会話は文言を用いる」というのは、全てがこのようではないが、会話の文語的要素は地の文より遙かに多いと指摘している。卜立德『凡爾納、科幻小説及其他』、王宏志編『翻訳與創作――中国近代翻訳小説論』、北京大学出版社2000年。

[17] 『月界旅行』第二回。

[18] 『月界旅行』第九回、「畏蔥」は「畏葸」の誤植か。

併用で、会話の部分に至っては前半、後半が全く違う有様である。

> 大佐白倫彼理道。這些事。總是為歐羅巴洲近時國體上的爭論罷了。麥思敦道。不錯不錯。我所希望。大約終有用處。而且又有益於歐羅巴洲。畢爾斯排大聲道。你們做甚亂夢。研究炮術。卻想歐洲人用麼。大佐白倫彼理道。我想給歐洲人用，比不用卻好些。……[19]

> 社長問道。君想月界中必有此種野蠻居住的麼。亞電道。余亦推測而已。至其實情。古無知者。然昔賢有言曰。"專心於足者不蹶"。余亦用此者為金杖。以豫防不測耳。社長道。然據余所見。則月界中當無此種惡物。讀古書可知。亞電大驚道。所謂古書者、何書耶。社長笑道。無非小說之類耳。……[20]

さらに第二回の社長の長いスピーチは専ら口語を使っているのに対して、第八回の亜電の長い演説は古典的韻律に溢れ、好対照をなしている。しかし『地底旅行』では、魯迅はもう文言と白話の違いを全く気にせず、思うがままにやっている。

魯迅は後に自分の初期作品について語った時はっきりと、「訳と言うよりも、実は改作だ」[21]と言い、また「ただ、若い頃は知ったかぶりをし、直訳しようとしなかった。今考えると本当に悔やんでも悔やみきれない」[22]とも言っている。「直訳」するかどうかについては、「知ったかぶりした」ことだけを理由にすることはできない。『地底旅行』では「之江索士訳演」と署名したが、「演」は敷衍のことであり、追加したり、削除したり、原作の形式を無視し、文体を勝手に変えることは織り込み済みである。当時魯迅は林紓訳の小説を好み、民国元年前までずっと読んでいた。西洋文学

---

[19] 『月界旅行』第一回。
[20] 『月界旅行』第十三回。
[21] 『魯迅全集』第十二巻「書信」340506致楊霽雲、また340717②致楊霽雲。
[22] 『魯迅全集』第十二巻「書信」340515①致楊霽雲。

に対する知識は、周作人によれば、この時期の魯迅は「鑑賞しただけで、探求はしておらず、しかも文学に対してはまだ古い観念から抜け出していなかった」[23]と言う。しかし魯迅はユゴーを特別視し、アメリカで出版された英訳の『ユゴー選集』8冊を買い、周作人に送るという気前の良いことをやったのは[24]、「おそらく『新小説』にユゴーの写真が掲載され、ユゴーを非常に崇拝していた」[25]からである。ユゴーの重要性については疑いをさしはさむ余地はないが、これは本人の選択からではなく、他者の判断を受け入れた結果である。魯迅のその後の文学経験から推測すると、彼の本当の趣味ではないことが分かる。魯迅が翻訳した『哀塵』[26]の訳文と「訳者曰」を見ると、その紹介は厳かで慎重であり、「科学小説」に対する態度と全く違うことが分かる。熊融がかつて「フランス語の原書と照合した」結果、「魯迅訳は日本語訳の重訳であるが、日本語訳の誤訳の1箇所を除くと、殆ど逐字逐語の直訳」[27]であり、このテクストが使っていたのは文言であった。周作人が後に「当時の小説の影響はと言うと、梁啓超の『新小説』は創刊したばかりで、その科学小説も好きだったが、もっと心服していたのは林琴南が古文で翻訳した作品であった」[28]と述懐している。このことを言っているわけではないが、文言と白話という2種類の文体に対する当時の魯迅兄弟の態度を説明している。

　『月界旅行』、『地底旅行』を翻訳するに至るには、もちろん「向学科学（科学を志している）」という背景があるが、題材の選択においては梁啓超訳の『十五少年漂流記』と盧藉東訳の『海底旅行』の影響を受けたと判

---

[23] 『関于魯迅之二』、『瓜豆集』岳麓書社1989年10月版。
[24] 周作人もこの時ユゴーの崇拝者となり、「好容易設法湊了十六塊銭買到一部八冊的美国版的囂俄選集（ようやくかき集めた16元でアメリカ版の8冊のユゴー選集を手に入れた）」から、周作人が出したお金で本を買ったようである。『学校生活的一叶』、『雨天的書』、岳麓書社1987年版。
[25] 『魯迅的故家』「補遺三」、人民文学出版社1957年。
[26] 『浙江潮』、1903年5期。
[27] 熊融『関于〈哀塵〉、〈造人術〉的説明』、『文学評論』1963年3期。
[28] 『周作人回憶録』七七「翻訳小説（上）」、湖南人民出版社1982年版。

断してよいだろう。『月界旅行・辯言』に、

> 然人類者。有希望進步之生物也。故其一部分。略得光明。猶不知饜。發大希望。思斥吸力。勝空氣。泠然神行。無有障礙。若培倫氏。實以其尚武之精神。寫此希望之進化者也。

とあるが、完全に厳復の考え方と梁啓超の文章の雰囲気である。その後の例えば、「星に植民し、月へ旅行する」、「地球の大同（理想社会）が期待できるが、宇宙大戦がまた起き」、これによって「黄色人種は復興することができる」[29]といった軍国主義の思想や幻想は、他でもなく『スパルタの魂』を物語に敷衍したのにほかならず、「過去の出来事をひろい、青年を誤った方向に導き」[30]、文学とはこれといった関連性がない。この創作とも翻訳とも言い難い『スパルタの魂』でさえ、梁啓超の『スパルタ小志』から題材を得たのである[31]。

魯迅は周作人にユゴー選集を送り、また「当時蘇子谷が上海の新聞に『レ・ミゼラブル』を翻訳連載し、梁啓超も『新小説』でよくユゴーの話をし」[32]、その直接の結果として周作人が『孤児記』を創作し、「ユゴーの『レ・ミゼラブル』に着想を得て、「孤児」という言葉に思いを託し」[33]た。

『周作人日記』1903年四月二日付で、「小説『経国美談』を少し読んだ。本は良いが、政治のことを扱うもので、我が国の小説と違い、興味が湧かない。『新小説』の『東欧女豪傑』、『海底旅行』のほうが良い」とある[34]。

この時の周作人はまだ文学に注意が向いておらず、読書の趣味も兄と似

---

[29] 『月界旅行・辨言』。
[30] 『斯巴達之魂』附語、『浙江潮』1903年5期。
[31] 『斯巴達小志』、『新民叢報』第十三号。牛仰山『近代文学與魯迅』五（一）を参照。漓江出版社1991年5月版。
[32] 『学校生活的一葉』。
[33] 『孤児記』「緒言」、小説林社丙午年（1906）六月版。
[34] 『周作人日記』上。

ており、「旅行」類のものも含まれている。しかし、「説部（小説）」に対してすでに自分の見解を持っており、つまり判断の基準は「読者を引きつけられる」かどうかであって、「政治を語る」のではなかった。その後、創作・翻訳に着手した時、他の目的もあったが、テクストの選択に関しては自分なりの判断があった。最初に翻訳した『侠女奴』は、『アラビアン・ナイト』の有名なアリババの物語に由来し、後に彼はこれを「私の一冊目の新書」と呼び、「外国文学に対する興味を引き起こしてくれ」、「読んでとても面白く」、「是非ともその中のいくつかの面白い話を翻訳しようと思った」のである[35]。まずは面白いということである。『孤児記』に至っては、「小説之関係于社会者最大。是記之作。有益于人心與否。所不敢知。而无有損害。則断可以自信（小説は社会に大いに関係している。この作品は人々にとって有益かどうかは分からないが、害にはならないと信じている）」[36]と言明した。「科学小説」を翻訳する魯迅の動機に比べれば少なくとも「獲一斑之智識。破遺伝之迷信。改良思想。補助文明。（一斑の知識を得て、遺伝の迷信を破り、思想を改良し、文明を補助する）」[37]といったことはあまり気にかけなかった。書記言語の選択において、周作人は白話を使ってみようと考えたことがなかった理由もここにある。

魯迅が最初から「科学小説」に関心があったのと同じく、周作人は「政治小説」に良い印象を持っていなかったが、「探偵小説」には興味を感じていた。辛丑（1901年）12月13日付の日記に、「午前、……兄貴が来て、本を4冊持ってきてくれた。……午後、兄貴が帰り、『包探案（シャーロック・ホームズシリーズ）』、『長生術』2冊を読んだ。……夜『椿姫』を読了」[38]とある。この日の読書は、林紓訳のH. R. ハガードとアレクサンドル・デュマ・フィスのほかに、コナン・ドイルの『包探案』もある。その経験は当時の流行と二人が受けた影響を代表していたが、確かに魯迅はそ

---

[35] 『周作人回憶録』四一「老師（一）」、五一「我的新書（一）」。
[36] 『孤児記』「凡例」。
[37] 『月界旅行・辨言』。
[38] 『周作人日記』上。

の後、「我々はかつて梁啓超が主宰した『時務報』で『シャーロック・ホームズシリーズ』の変幻を読み、また『新小説』でジュール・ヴェルヌ作の科学小説と称する『海底旅行』などの新奇を読んだ。その後、林琴南がイギリスのH. R. ハガードの小説を盛んに訳し、我々はまたロンドンのお嬢さんのたおやかさとアフリカの野蛮を読んだ」[39]と言っている。しかし、周作人がコナン・ドイルの『荒磯』を翻訳したのは、『シャーロック・ホームズシリーズ』だからではなく、「小品中之一。叙惨淡悲之涼景。而有纏綿斐惻之感（短い作品の一つで、もの悲しいなかにも、心に染み入るものがある）」[40]というのがその理由であった。

エドガー・アラン・ポーの"The Gold-bug（黄金虫）"は乙巳（1905年）正月に訳し終え、5月に出版された。最初は『山羊図』という題名をつけたが、すぐに丁初我氏が『玉虫縁』と改めた。この小説は、「まだ探偵小説がない時代の探偵小説」で、周作人は「その影響を受けた」が、彼の関心は「它的中心在于暗碼的解釈，而其趣味乃全在英文的組織上（暗号の解読にあり、興味そのものは英文の表現にあり）」、「写得頗為巧妙（非常に巧妙に書かれている）」というのであった[41]。「惨怪哀感（哀れで悲しい）」、「推測事理，頗極神妙（推理の展開が頗る巧みである）」などは、すでに世の中を治めるなどという意識はなく、文学と言葉に対する趣味に過ぎない。「日本の山縣五十雄訳の題名が『宝ほり』」[42]であったため、「私がこの本を翻訳する目的が金儲け主義を提唱しているとの誤解なきように」[43]とわざわざ断っていた。

このような翻訳の目的から、できるだけ原作の面目を伝えることは必然

---

[39] 「祝中俄文字之交」、『魯迅全集』第四巻『南腔北調集』。
[40] 「荒磯」は、『女子世界』1905年2、3期において「恋愛奇談」に分類されている。2期の訳文に付されている「咐言」を見ると、「惨淡悲之涼景」は「惨淡悲涼之景」の誤植か。
[41] 『周作人回憶録』五二「我的新書（二）」。
[42] 『玉虫縁・例言』、文盛堂書局丙午（1906）四月再版。
[43] 『玉虫縁・附識』。

的な選択となった。そのため周作人の翻訳態度も独特のものであった。原書と照合すれば翻訳者が少なくとも主観的に原書に忠実であろうとしたことが分かる。例えば「例言」の中でわざわざ「書中形容黒人愚蠢。竭尽其致。其用語多誤……及加以逐訳。則不復能分矣。(文中で黒人は愚かと形容すること極まりない。その用語に誤りが多く……加筆訂正し、誤りを減らした)」と指摘した。当時の翻訳の方法としては、このような場合、省略や書き換えをするのが一般的であるが、周作人はわざわざ割り注を加えて説明した。場合によってはくどいと感じるものもある。例えば "As the evening wore away" は「夜漸闌」と訳せば十分であるが、彼は「この夜の字は英語では Evening と Night では違いがあり、Evening は日没から就寝までの時間帯を指すが、Night は就寝後から夜明けまでの時間帯を指す。このような微妙な違いは中国語にはない」とわざわざ注を付けて説明している。

晩年の周作人は初期の翻訳作品について説明することが多かったが、自分の創作に言及したことはなく、『孤児記』然り、非常に短い作品『好花枝』然りであった。『好花枝』は『女子世界』に掲載され、この作品のために、雑誌は「短編小説」という欄目を設けた[44]。

この短編は独特な雰囲気を呈していた。まず改行が頻繁にされ、そして文章に疑問符と感嘆符が非常に多いことである。例えば:

少頃少項[45]。月黒。風忽大。淅淅雨下。斜雨急打窗紙。如爬沙蟹。
阿珠。大氣悶。思庭前花開正爛熳。妬花風雨惡!。無情!。無情!。
恐被收拾去愁!。野外?。花落!。明日不能踏青去?!。
雨益大。

段落と句読点は書記形式の範疇に属すが、そもそも中国の古典テクスト

---

[44] 『女子世界』1905 年 1 期。
[45] 「少項」は「少頃」の誤植か。

には存在しない。詩文にせよ、小説にせよ「編」の単位では区切らず、「文」の単位には句読点を施さない。一編の文章は最初から最後まで漢字が並んでいるだけで、形式と言えるようなものはない。これはもちろんある種の表現の可能性を制限することになり、或いはもっと正確に言えば、それによって作られた表現様式が一種のスタイルとなる。例えば、「話本」によく見られる「却説」、「一路無話／一夜無話」、「花開両頭／話分両頭，各表一枝」などの表現は、実は段落分けの役割を果たしている。文章全編を改行しないので、このような語彙的手段で段落を分けるしかなく、現代人はこれらの形式的要素の存在が中国語の文章表現にどのような影響を与えているのか、なかなか認識できないだろう。

「句読」はよく古代の句読点と考えられがちであるが、実はその性質は同じではない。「句読」は南宋に現れて以来ずっと初学者の読み物、或いは科挙の受験書物に広く使用されていた。しかし、このような「句読」はすでにできあがっている文章を対象としており、つまり文章が作成された時点では「句読」は存在せず、ある特定の目的、例えば印刷する時や個人が読書する時などに用いられるものである。すなわち、文章を作成する段階では「句読」は施さず、「句読」は創作に関与しないので、性質上は現在の文章符号とは全く異なる。

近代以降、新聞雑誌の出現に伴い、それまでの書籍の文章と相異なる「新聞」の文章が現れた。媒体の違いにより、新聞雑誌に掲載された文章の一部は最初から段落分けをし、「句読」も広く使用された。しかし、段落分けはただ文章の構造を示すだけで、表現効果を追求してはいなかった。「句読」は作者の行為であろうと、編集者の行為であろうと、みな読者に読みやすさを提供するためであった。十九世紀末から二十世紀初頭にかけて、一部の文章符号が中国語の文章に使用されるようになり、例えば、括弧は旧式の割注に取って代わった。引用符も一部の文章に使われたが、それは対話のマーカーではなく、固有名詞に施された。さらに疑問符と感嘆符は、情緒を表現するのに効果的な働きがあった。

しかし、これには文を区切るためのコンマと句点が含まれておらず、当

時の多くの文章は実は「句読」と新式の文章符号を混用している状態であった。注意すべきはこれらの新式の文章符号は行中に付けられ、文字と同じスペースを占めていることである。一方、「句読」は文字側に置かれ、行内のスペースを占めず、区切るだけの役割だった。たとえそこに新式の文章符号があっても、その横には「句読」が施されていた。このような重層構造は当時の一般認識、つまり文章内での「句読」の働きは読み方の単位を区分し、新式の文章符号は表現に関与するということを表している。従って新式の文章符号は準文字の機能を持ち、「句読」とは別系統であった。

『好花枝』の例文もこのスタイルで、疑問符と感嘆符が行中に置かれ、文字と同じ地位を占めている。そしてこのような文章符号が加えられていても、やはり「句読」がされている。『好花枝』では、叙述の部分は「句読」だけが、心理描写の部分は感嘆符と疑問符が使われている。

この文章では、句読点がなければ、多くの文は区切ることができない。「野外花落」という文は区切ること自体まず考えられない。たとえ「句読」をつけたとしても、「野外？花落！」のような心の中の問答は表現できない。また、次のような段落もある。

奇！。下雨？。夢！。阿珠。今者真夢？！。何處有風雨。

疑問符と感嘆符を取り除くと、意味が分からない。

奇。下雨。夢。阿珠。今者真夢。何處有風雨。

古典文章のように句読点がなければ、

奇下雨夢阿珠今者真夢何處有風雨

となり、切り方は一通りだけでなく、意味も大いに違ってくる。有名な例

文である「下雨天留客天天留客不留」のように、十通り以上の切り方があり、それぞれまったく違う意味となる。例えば同じ「句読」でも、特別なものがある。

　　　室中。孤燈炯炯。照壁。焰青白。如螢。

　この段落には「句読」しか施されていないが、注意すべきは句読点は創作の段階ですでにつけられたものであり、後から施されたものではないことである。作者以外の人が、たとえ「室中孤灯。炯炯照壁」と区切ることがあっても、例文のように区切ることはないのである。この文章の句読点は部分的にせよ、すでに文章符号の機能を備えているのである。
　頻繁に改行し、疑問符と感嘆符を大量に使うことに関して、清末で一番有名なのは陳冷血である。それは「冷血スタイル」の重要な特徴といってもよい。ただ、周作人は最初それにあまり好感を持っていなかったようである。癸卯（1903年）三月十一日の日記に、「午前中は暇があり、『浙江潮』の小説を読んだ。良くない」[46]とある。それは『浙江潮』の第一号で、小説欄に喋血生の『少年軍』と『専制虎』が掲載されている。もっとも、「冷血スタイル」が形成され、知られるようになったのは、1904年『時報』と『新新小説』に大量に作品を発表してからのことであるが、そのスタイルには確かに新鮮さを感じさせるものがあった。周作人が「上海の『時報』で冷血の文章を読んで、面白いと思った。冷血訳の『仙女縁』を買ったという記憶がある」[47]と述べていることから、いくらか「冷血スタイル」の影響を受けたことは想像されよう。しかし、両者の文章形式を見比べると、大きいに異なっていることが分かる。例えば冷血の文に、

　　　惡！、汝亦人耶！。汝以人當牛羊耶！、即牛羊、且不忍出此。

---

[46] 『周作人日記』上。
[47] 「魯迅與清末文壇」、『魯迅的青年時代』。

噫！彼何人。其惡人歟？。何以其設施。為益世計？。其善人歟？。
　　　何以全無心肝。殘忍若是？。[48]

とあり、感嘆符が使われている文の中に「耶」があり、疑問符が使われて
いる文の中に「歟」、「何以」が用いられている。つまり、句読点がなくて
も、一読すれば文の種類を判断することができるのである。感嘆符がつけ
られている「惡」、「噫」などに至っては最初から感嘆詞だったのである。
冷血の文章では疑問符や感嘆符はただ既存の文型に語気を強めるだけで
あって、それがないと文が成り立たないという話ではない。しかし周作人
の「奇！下雨？梦！阿珠。」という文の場合、感情を表すのに語彙という
ツールがなく、代わりに句読点がその役割を果たし、文には欠かせない新
しい形式的要素となっているのである。

　『好花枝』のように頻繁に改行することも、同じく「冷血スタイル」の
特徴である。胡適は後に陳冷血に代表される『時報』の「短評」について、
「これは当時では確かに文体の革新とも言える。短い語句、冷静かつ鋭い
口調、文ごとに改行し、一目瞭然にして、読者は句読点をつけたり、色々
思案したりしなくて済む」[49]と述べている。これは確かに新聞の閲覧法、
すなわち速やかに目を通すという読み方にはもってこいの形式であった。
冷血の「論」の展開方法は主に並列式と畳みかけ式である。例えば、

　　　俠客談無小說價值！
　　　俠客談之命意。無小說價值。何則、甚淺近。
　　　俠客談之立局。無小說價值。何則、甚率直。無趣味。
　　　俠客談之轉折。無小說價值。俠客談之文字。無小說價值。何則、

---

[48] 『俠客談・刀余生傳』（第二）、『新新小說』第一年第一号、光緒三十年八月初一日。
[49] 胡適『十七年的回顧』、1921年10月10日『時報』「時報新屋落成紀念増刊」第九
　　張。

甚生硬。無韻。不文不俗。故俠客談全無小說價值。[50]

がそうである。氏の小説、特に短編或いは短編シリーズ——彼がよく手がけた俠客、探偵、虛無黨（ニヒリズム）の類にしても、改行できるところはすべて改行していた。例えば、

> 路斃漸轉側。
> 少年聞諸人語。不耐。睨視曰。君等獨非人類歟。其聲淒遠。
> 路斃開眼回首視少年。曰、子獨非我中國人歟。其聲悲。
> 少年見路斃能言。乃起。脫外衣披路斃身上。呼乘輿來。載路斃。
> 告所在。
> 少年乃解馬系。乘怒馬、。去、。[51]

などがそうである。後に周作人は自分の『俠女奴』、『玉虫縁』に言及した時、「あの時はまだ林琴南の真似をするまでに至らず……当時の流行は『新民叢報』のような筆致だから、多少その影響を受けた。その上に少し冷血の雰囲気が加えられた」[52]と述べている。しかし、同じ時期の『好花枝』は、見た目は「冷血の雰囲気」が「少し」どころではなかった。例えば、

> 咦！。阿珠忽瞥見蘺角虞美人花兩朵。涼颸扇。微動好花枝！。不落？。否！。阿珠前見枝已空。——落花返枝！。
> 落花返枝？。
> 蝴蝶！。
> 蝴蝶飛去！。

とあり、文章符号の使用と改行の形式は陳冷血のスタイルに似ている。当

---

[50] 『俠客談・叙言』、『新新小説』第一年第一号。
[51] 『俠客談・路斃』、『新新小説』第一年第二号、光緒三十年（1904）十月二十日。
[52] 『丁初我』、『知堂集外文・〈亦報〉随筆』。

時、「厳幾道の『天演論』、林琴南の『椿姫』、梁任公の『十五少年漂流記』」の「三派」以外[53]、冷血の虚無党（ニホリズム）、俠客、探偵ものなども彼の文学表現の一つの源である。そして、厳、林、梁の影響が大体言語表現にあるのに対し、冷血の影響は文章全体の形式にまで及んでおり、一連の表現の変化を引き起こしている。もちろん、『好花枝』に限って言えば、陳冷血の文章と異なるところがある。陳冷血の場合、文章符号を取り除いても、無論強烈な叙述効果はなくなるが、テクスト自身の成立を妨げることにはならない。一方、周作人の場合は全く意味をなさなくなる恐れがある。例えば、前例の「不落？否！」では、疑問符と感嘆符は必要不可欠なものである。末尾の文章符号と改行がなければ、「落花返枝落花返枝蝴蝶蝴蝶飛去」となってしまい、わけが分からなくなる。その書写形式はテクストと一体化し、切り離せないものとなっているのである。

しかし、後に周作人は回想で陳冷血に度々触れるが、もはや厳、林、梁と同列に並べることはしない。「まだ林琴南の真似をするまでに至らず」とは、実は優劣の判断が暗に含まれていたのである。周作人は自分の読書史を振り返って、まず庚子（1900）以降梁啓超の作品を読み、「楽しさは絶大」であった。これは彼の日記から証拠を見つけることができる。その後、「厳幾道と林琴南両先生の訳本」と出会うが、心から敬服し、「厳先生の翻訳法に感服するが、いずれも学術の書であって、自分の能力が及ばなかった。林先生の史記漢書のような筆致で訳出した小説を読み、とても自分の好みに合ったので、彼の影響は特に大きい」[54]と書いている。つまり、梁、陳より厳、林の方が優れていると考えていた。梁啓超の影響が一番早いが、陳冷血に至っては「冷血風少々」しかない。当時、周作人は欧文が

---

[53] 『我学国文的経験』、『談虎集』、岳麓書社 1989 年 1 月版。
[54] 『我的負債』。周作人は日記で梁啓超の作品を読み感想を記している。例えば壬寅年（1902）七月三日に「看至半夜不忍就枕」とあり、初六日に「閲之美不勝收」とある。この年、周作人日記は西暦 7 月 25 日から梁啓超の書斎名を借り、「氷室日記」と記すようになる。さらに 8 月 5 日に「紀日改良」とし、旧暦の「七月三日」に改めた。『周作人日記』（上）。

読め、その後日本語も読めるようになった。改行等の文章形式は西洋、日本の文章ではありきたりのことであり、冷血スタイルは中国語の文章としては「面白い」が、それ以上のことはなく、特に敬服する必要はないのだろう。

　魯迅に至っては、周作人は晩年『哀塵』に言及した際、「文体はまさに当時の魯迅のものであった。その時は新民スタイル（梁啓超）と冷血スタイル（陳冷血）が流行っていたので、そのようになったのである」[55]と述べている。ここで触れた冷血の影響も、主に頻繁な改行と短い、奇抜なセンテンスから来たものである。「陳冷血は時報に小説を掲載し、淡々としていて、短くて唐突な筆致をよく用いる」のである。『哀塵』の中に「如……'要之囂俄母入署'。'囂俄応入署'。又……'兹……（另行）而囂俄遂署名。（另行）女子惟再三日：云云'均是。」[56]の形式が登場している。もちろん、1903年魯迅が『哀塵』を翻訳した時、「冷血スタイル」はまだ流行っていなかったが、周作人の回想によれば、「またユゴーの探偵もののような短編小説、尤皮などと言うものは、とてもおもしろかった」[57]という。この作品は実際「遊皮」と題して、西余谷という著者名で、冷血が訳した『偵探譚』第一冊に収録されており[58]、『哀塵』の発表時期とさほど離れていなかった。また、『浙江潮』においても冷血が、魯迅より先に作品を発表しているのである。

　1905年『女子世界』に魯迅訳の『造人術』が掲載されるが、同じく「短

---

[55] 熊融『関于〈哀塵〉、〈造人術〉的説明』に引用されている作者への周作人の返事である。書簡の影印は、陳夢熊『知堂老人談〈哀塵〉〈造人術〉的三封信』、『魯迅研究月刊』1986年12期を参照。書簡の日付は1961年4月22日。なお、文中の「冰血」は「冷血」で、周氏の誤りか。

[56] 陳夢熊『知堂老人談〈哀塵〉〈造人術〉的三封信』に引用されている周作人1961年5月16日付の返事。「另行」は改行のことである。なお、熊融『関于〈哀塵〉、〈造人術〉的説明』、牛仰山『近代文学与魯迅』五（二）も参照されたい。

[57] 『関于魯迅之二』、『瓜豆集』。

[58] 時中書局1903年12月出版。

編小説」に分類された⁵⁹。こちらも「冷血」ムードたっぷりのものであった。人造生命の誕生に伴って、主人公は「視之！」、「視之！視之！」、「否否——重視之！重視之！」、「視之！視之！視之！」と連呼し、最後に、

　　　於是伊尼他氏大歓喜。雀躍。繞室疾走。噫吁唏。世界之秘。非爰發耶。人間之怪。非爰釋耶。假世果有第一造物主。則吾非其亞耶。生命！。吾能創作。世界！。吾能創作。天上天下。造化之主。捨我其誰。吾人之人之人也。吾王之王之王也。人生而為造物主。快哉。

とある。『好花枝』と同様、この文章も殆ど「ストーリー」がなく、心理描写に重きを置く作品である。『新新小説』は創刊号に翻訳の予告を出したが、第2号には「この前に予告した造人術という小説は、短くて面白みが無く、読者の期待に応えかねぬゆえ、これに変更する」という冷血の「訳者附言」が掲載されている⁶⁰。「短い」ことは確かに一因ではあろうが、「面白くない」と言うことこそ、冷血と魯迅兄弟との相違点であった。

　改行と文章符号のような書式の問題は、今日の読者にとって注意すら払われないものとなっているが、清末中国語の書記言語の変革過程におけるその役割は、どんなに高く評価してもし過ぎることはない。このような変化は、文言と白話のいずれのシステムにも発生したが、全体的にみれば、文言の変化のほうがより激しく、近代文言ともいうべきものとなっていたのである。もちろん、その変化は口語とは関係がなく、全く書記分野の問題であるため、「文法」の変化と考えても差し支えないであろう。すなわち、「詞法」と「句法」の面において、文章符号の導入により新しい「文法」が生まれたと考えてよいのである。しかし、本当の意味でのより大きな変化というのは、文章全体——ひとまず「章法」と呼ぶが——における

---

⁵⁹ 『女子世界』1905 年 4、5 期合刊。
⁶⁰ 『新新小説』第一年第二号「巴黎之秘密」文末を参照。また張麗華「読者群体與『時報』中"新体短篇小説"的興起」、『南京師範大学文学院学報』2008 年第 2 期も参照されたい。

新しい様式の出現であり、それは段落と文章符号といった書記形式の導入によってもたらされたものであった。魯迅兄弟の文章も、このような書写革命という大きな環境の下で生まれたものである。

翻訳：馮誼光；校閲：沈国威、紅粉芳恵、陳贇

朝鮮時代末期における中国語会話書
——その文法的特徴をめぐって[*]

竹越　孝

一、はじめに

　いわゆる『旧本老乞大』の発見や、汪維輝編『朝鮮時代漢語教科書叢刊』の出版に伴って、かつて朝鮮半島で編纂された中国語会話書の類は、中国語史研究においてますます重要な位置を占めるようになってきたと言える。しかし、これまでの研究は『老乞大』・『朴通事』を対象とするものに大きく偏っている感が否めず、朝鮮王朝の末期、19世紀後半の成立と考えられる中国語会話書については、『華音啓蒙』や『你呢貴姓』、『學清』などが時折研究者の関心を集めるだけで、その他の資料に関してはほとんど手つかずといってよい状態である。

　筆者は遠藤他（2008）、同（2009）の編纂に関わって、いくつかのテキストを実見調査する機会を得たので、本稿では現時点で知りうる朝鮮時代末期の中国語会話書類10種について全般的な紹介を行うとともに、これらの諸本が反映する言語の様相、とりわけその文法的特徴をめぐって初歩的な検討を試みたいと思う。

---

[*] 成稿及び修稿の過程で遠藤光暁、汪維輝、朴在淵、曲暁雲、更科慎一の各氏から多くのご協力とご教示を賜った。ここに記して謝意を表す。

二、現存テキストの紹介

２．１．『華音啓蒙』と『華音啓蒙諺解』

　『華音啓蒙』は司訳院の訳官李應憲（1838-?）が『老乞大』・『朴通事』等に代わる中国語教科書を制作する目的で編纂したものという[1]。活字本1冊、巻首には癸未（1883年）の尹泰駿の序があり、本文は上下二巻で全26丁、巻末に「千字文」、「百家姓」、「天干地支」、「二十八宿」、「算數」（計7丁）及び「華音正俗變異」（2丁）が附載されている。本文は問答体の会話で、漢字のみが記され句読点等はない。

　『華音啓蒙諺解』は『華音啓蒙』に対する諺解本で、この二書はほぼ同時期に作られたと考えられる[2]。活字本とそれを覆刻した木版本が現存する。1冊、上下二巻、上巻は35丁、下巻は40丁。本書は会話本文のみからなり附録はない。漢字一字ごとにハングルによる漢字音注があり、一句ごとに「○」の記号が挿入され、その下にハングルによる朝鮮語訳が記される。影印・校注には李在弘・金瑛（2002）、汪維輝（2005）等がある。

　いま、『華音啓蒙諺解』によって本文冒頭の1葉にあたる部分を紹介すると以下の通りである[3]：

　　請問這位貴姓○不敢在下姓李○從那裏來呢○打朝鮮國來咧○走咧多
　　少日子麼○走有十來天的工夫咧○這怎麼説呢○你們離這裏有二千多里
　　地否咧○幾天的工夫何能到得麼○如今我們是坐輪船來往的○所以不像
　　從前起旱來的時候兒○這就是咧○怪不得你們來的快○你貴姓是誰呢○
　　好説賤姓張啊○你老是在民在旗○我是在民的…（1a2-1b10）

---

[1] 巻首の尹泰俊序にいう："舊有『老乞大』,『朴通事』,『譯語類解』等書, 而華語之各省或異, 古今亦殊, 使驟看者轉相訛誤, 恐不無鼠璞之混、燭盤之謬矣。今李知樞應憲, 取常行實用之語, 略加編輯, 名之曰『華音啓蒙』。"
[2] 本書の韓国学中央研究院蔵書閣所蔵本には「光緒九年癸未印出」との刊記がある。
[3] ハングルによる漢字音注及び朝鮮語訳の部分は省略に従う。以下同。

2．2．『你呢貴姓』

　『你呢貴姓』は韓国学中央研究院（旧韓国精神文化研究院）蔵書閣蔵、所蔵番号は3-595。写本、1冊35丁、30.0×20.6cm。表紙に「你呢貴姓　全」の題簽、表紙裏に「大正八年己未十一月日修繕」との墨書がある（大正8年は1919年）。表紙の書名は、会話部分冒頭の"你呢貴姓啊"から採られたものと思われる。影印・校注等に福田（1995b，1997）、朴在淵・周發祥（2002）、汪維輝（2005）等がある。

　本文は問答体の会話（8a-20b）及び常用語彙・表現（21a-35a）からなり、巻首に「千字文」、「百家姓」、「天干地支」、「二十八宿」、「算數」（1a-7b）が附載されている。会話の部分は毎半葉4行、各行は右からハングル注音、漢字、朝鮮語訳で構成され、一句ごとに一定の間隔がある。冒頭の1葉にあたる部分は次の通りである：

　　　你呢貴姓啊　我不敢賤姓王啊　你呢貴處是那裡呢　卑處在遼東城裡住啊　你在這裡作生意有多少年的工夫嗎　有个二十多年的工夫咧　遼東是在這多遠哪　有个三百多里的地啊　你呢從家裡幾時起身來着　這个月初頭打家裡起身昨个纔到來啊　你呢貴庚啊　我纔四十五歲咧　屬甚麼　屬馬啊　家裡父母都在嗎　母親是早去世　只有父親在家啊…（8a1-8b3）

2．3．『學清』

　『學清』は朴在淵氏蔵[4]、写本、1冊15丁。表紙に墨筆で「學清」、また「乙未四月初二日筆」とあり、「乙未」は1895年と推定されている。影印・校注に朴在淵・周發祥（2002）、汪維輝（2005）等がある。

　本書は会話部分のみからなる。毎半葉7行、上欄と下欄に分かれ、右にハングル注音、左に漢字、下に朝鮮語訳が記される。冒頭の半葉にあたる部分は次の通り：

---

[4] もともとは文友書林金榮福氏の旧蔵本であるという。

你呢貴姓呵
　　我不敢賤姓王呵
　　咱們是貴處那裡呢
　　鄙處在遼東城裡住呵
　　有个三百多里地
　　你們父母都在嗎
　　父親是早棄世…（1a1-7）

　『學清』が実質的に『你呢貴姓』の一バリエーションであり、また『你呢貴姓』よりも内容が簡略なものであることはつとに知られている[5]。

２．４．『騎着一匹』

　『騎着一匹』は韓国学中央研究院蔵書閣蔵、所蔵番号は 7C-56。写本 1 冊 49 丁、26.0×22.5cm。表紙に墨筆で「騎着一匹 上下」、また「丙戌七月十七日」とあることから、筆写年は 1826 年または 1886 年と推定される[6]。表紙の書名は、冒頭の"騎着一匹飛快大馬"から採られたものと思われる。影印・校注に朴在淵・金雅瑛（2008）、論考に汪維輝等（2009）がある。
　内容は問答体の会話で、毎半葉 8 行、一句ごとにハングルで朝鮮語の助詞の類（いわゆる「吐」）が挿入されているほか、所々にハングル注音も見られる。冒頭の半葉にあたる部分は以下の通り[7]：

　　騎着一匹飛快大馬　一上道立刻就到門上去　先找盛德號　在那裡惱

---

[5] 朴・周（2002）では朝鮮語の正書法に対する検討から、『學清』の方が『你呢貴姓』よりも成立時期が早いと推定している。
[6] 朴・金（2008）では、本書に"這个馬是底根乾隆三十五年上，我們當家的［鹹］廠買来的，連這一輛笨起来，二十五遍上過京，如今成老咧。"（24a7-24b1）との記述があり、乾隆 35 年が 1770 年にあたることから、「丙戌」を 1826 年と推定している。
[7] なお、ハングルによる吐の部分は省略に従う。以下同。

半天的口乙⁸　王大哥　這幾年搋挪的生意得意嗎　托啊哥的福　雖然不能大發財　橫竪是句照顧乙就是咧　□了罷了　就像你們爺〃們明公才能的作着生意　又是講甚嗎呢　阿哥一到卑處那嗎誇奬我們咧　我們又是那裡當得起呢　今日咱們哥兒既是都在一處講道閑話…（1a1-8）

本書の内容は、後に述べる順天大学校蔵の『中華正音』、及び濯足文庫蔵の『中華正音』と共通する部分がある。

２．５．蔵書閣蔵『中華正音』

韓国学中央研究院藏書閣に収められる『中華正音』の所蔵番号は 3-601。写本、1 冊 30 丁、28.3×17.9cm。表紙に墨筆で「中華正音」とあり、巻首の内題は「中華正音卷之一」に作る。成立・書写年代は未詳[9]。有界、半郭 19.4×13.4m、毎半葉 10 行、行 20 字。版心に書名「正音」と丁数。影印・校注に朴在淵・金雅瑛（2009）がある。

本書は漢字のみで句読点や吐はない。最初にやや口語的な序があり、その後で問答体の会話が始まる。序の部分は次の通り[10]：

　既讀孔聖之書，必達周公之理，自古以來果然不錯啊。通行天下，孔聖之道，誰不敢曉得的嗎？從這以後，有明公才能的人，有學得明白的，有不學的通明，咳有不學明白不大多啊。…中國的人，字同音不同，天下老鴉同黒，東山氣槩，北海風流啊。颯暢江湖的，不論甚嗎地方，一處不到，一處迷啊。普天下否咧，到那兒光一光，交得朋友，言語有信，人無信，事不成。（1a2-1b7）

---

[8] 原文では前の字の下に"乙"に似た記号が付されており、本稿ではこれを小字の"乙"で表す。以下同。
[9] 朴・金（2009）では、本書に "乾隆三十五年上登州府作亂的時候兒，領三萬多兵，到那個地方打爭。"（21a10-21b1）という記述があり、乾隆 35 年が 1770 年にあたることから、本書の成立が 1771 年以降、その書写年代は 19 世紀中葉と推定している。
[10] ここでは朴・金（2009）により句読点を施して示す。

会話の冒頭部分は以下のようになっている：

> 咱們初會啊，未領交問。大人貴姓啊？好説，賤姓馬啊。貴處在那兒？卑處在天津住啊。大人是幾品官啊？不過是四品官啊。我打聽你們怎嗎箇作官哪？你咳不知道文武是不得一樣啊？文官是考文章，得了秀才，再考纔得翰林進士。武官是拉弓得的，弓是百發百中，能強武藝，飛馬收寶刀，心通妙計。…（1b7-2a3）

２．６．順天大学校蔵『中華正音』

韓国の順天大学校図書館にも『中華正音』の名を持つ書物が収められている。所蔵番号は272029。写本、1冊34丁。表紙に墨筆で「中華正音上」とあり、巻首の内題も「中華正音上」に作る。最終丁に「歳在青猴卯月念八日終膳」と記されていることから、筆写年は1824年または1884年と推定される[11]。影印や校注は公表されていない[12]。

内容は問答体の会話で、毎半葉9行、第24丁表までの各葉には句末に吐が挿入されている。冒頭の半葉にあたる内容は以下の通り：

> 騎着一匹飛快大馬　一上道立刻就到門上去　先找盛德號　在那裡惱半天的口　王大哥這幾年攅挪的生意得意嗎　托阿哥的福　雖然不能大發財　橫竪是勾照顧就是咧　罷了〃〃　就像你們爺〃們明公才能的作着生意　又是講甚嗎呢　阿哥一到卑處那嗎誇奬我們咧　我們又是那裡當得起呢　今日咱們哥兒既是都在一處講道閑話　這个時候比不如先時宴惱　咱們裡外的生意家　差不多點成一般不値咧　橫竪是有本事的人該徃下趕着作　像我們儕人們何作得着呢　若論先時正是發財的時候隨心作事…（1a2-9）

---

[11] 「青猴」は干支表の「甲申」にあたる。
[12] 朴・金（2009）には本書の第一丁表と最終丁の影印が掲載されている。

以上を見てわかるように、本書の内容は蔵書閣所蔵の『中華正音』とは関わりがなく、『騎着一匹』と共通している。分量は『騎着一匹』よりも多く、『騎着一匹』全体の長さは本書の五分の四程度に相当する[13]。

2．7．小倉文庫蔵『華音撮要』

『華音撮要』は東京大学文学部小倉文庫[14]蔵、所蔵番号は L174580。写本、1 冊 67 丁、23.3×23.2cm。表題紙及び扉に「華音撮要」と墨書されるほか、表紙や巻首には「不無宗誌」とも記される。「光緒三年丁丑菊月十六日　仁洞」（24b）、「光緒三年丁丑菊月　日終書　仁洞」（52b）等の墨書により、筆写年は 1877 年と推定される。影印・校注ともないが、本書に関する論考に更科（2005）がある。

更科氏によれば、本書は三つの部分から構成されるという：第一部分（1a-24b）は問答体の会話で、漢字とハングル注音からなり、一句毎に吐が挿入される；第二部分（25a-52b）も会話だが、注音や吐はない；第三部分（53a-66b）は短い会話、慣用句、単語などが集められ、漢字・ハングル注音・朝鮮語訳からなる[15]。

第一部分は毎半葉 9 行、各行とも右にハングル注音、左に漢字を配し、一句ごとに吐が挿入される。冒頭の半葉分にあたる内容は以下の通り：

　　王大哥你打家裡趕幾時起身幾時来到啊　這个月初頭打家裡起身昨児
　个纔到来啊　来的時候児坐車来的嗎　騎馬来的嗎　天道好冷騎不得牲
　口坐車来咧　你在誰家店存嗎　我在何家店裡住啊　上塘我托的東西拿
　来咧嗎　三種裡頭両種拿来　但一種没有帯来咧…（1a2-9）

---

[13] 『騎着一匹』全書の内容は、順天本『中華正音』の 1a1-28a2 に相当する。
[14] 小倉文庫は故小倉進平博士（1882-1944）の旧蔵書。解題付きの目録に福井（2002；2007）がある。
[15] なお、更科（2005）では主に第一部分のハングル注音の体系が分析され、第一部分と第三部分で注音の体系が異なることが示唆されている。

第二部分も毎半葉 9 行、漢字のみでハングル注音・朝鮮語訳ともなく、一句ごとに一定の間隔を空ける。冒頭の半葉分にあたる内容は以下の通り：

王大哥我的回来咧　噯喲黃老大你的辛苦一塘咧　幾時出城的鷄叫纔到来嗎　噯喲難得言語　你呢給我倒一硫熱水来嗑　等我冒一点$_z$精神听我這些人受罪的苦節罷　你的怎嗎咧　我在城裡趕張燈的時候$_z$出城的　各人打着用不了三更天的工夫就可以到来　趕過河徍這嗎来…（25a1-9）

第三部分では「伏兵荅問」、「開市問荅」、「勅使問荅」、「日用行語」、「日用雜語」といった項目が立てられ、一句ごとに右に漢字、左にハングル注音、下または左に朝鮮語訳を配する。毎半葉の行数は不同。「伏兵荅問」の冒頭半葉分にあたる部分は以下の通り：

你們作甚嗎来啊
我們卡路當着来了
你們多站个起身啊
我們前个起身啊
我們對牌罷
給我們的東西快拿来罷…（53a1-6）

なお、『華音撮要』の第一・第二部分における中国語の内容は、次に述べる阿川文庫蔵『中華正音』と共通する部分がある。

2．8．阿川文庫蔵『中華正音』

東京大学総合図書館阿川文庫にも『中華正音』の名を持つ書物が収められている[16]。所蔵番号は D40-444。写本、1 冊 38 丁、32.5×23.0cm。表紙に

---

[16] 阿川文庫は阿川重郎氏（1870～?）の旧蔵書。

墨筆で「中華正音」、裏表紙の見返しに「癸未五月日　冊全　李写」とあり、更科（2005）は筆写年を1883年と推定している。翻字に竹越（2009）、校注に朴在淵・竹越孝（2010）がある。

内容は問答体の会話で、前半（1a-25a）と後半（26a-38b）に分かれる[17]。毎半葉6行、各行は右から朝鮮語訳、ハングル注音、漢字の順で構成され、一句ごとに一定の間隔を空ける。前半部の冒頭半葉にあたる部分は次の通り：

　　王大哥你打家裡赶幾時起身幾時来到啊　這个月初頭乙打家裡起身昨乙个纔到来啊　来的時候乙坐車来的麼騎馬来的麼　天道好冷騎不得牲口　坐車来咧　你在誰家店存麼　我在河家店裡住啊　上輛我托的東西拿来咧麼　三種裡頭兩種拿来　但一種沒有帯来咧　這怎麼説呢　那个東西原是我們大老爺使用的　這輛若不拿去咧　回去管保有大難子…（1a1-6）

後半部の冒頭半葉にあたる部分は次の通り。体裁は前半と変わらない：

　　王大哥我的回来咧　噯呀黄老大你的辛苦一輛咧　幾時出城的鶏叫纔到来咧　噯呀難得言語　你呢給我倒一硫熱水来喝　等我冒一点精神聴我這些个受罪的苦節罷　你的怎麼咧　我在城裡赶張燈的時候出城的各人打着用不了三更天的工夫就可以到来　赶過河徍這麼来…（26a1-6）

本書の内容は蔵書閣及び順天大学校所蔵の『中華正音』とは関わりがなく、『華音撮要』における第一・第二部分と共通している。更科（2005）により、本書の内容は『華音撮要』の三分の二程度に相当することが指摘されている[18]。

---

[17] 特に巻を分けているわけではないが、25aは2行しかなく、25bは空葉である。
[18] 『華音撮要』第一部分全体と第二部分の途中まで（1a1-36b）に相当する。

２．９．濯足文庫蔵『中華正音』

駒沢大学図書館濯足文庫にも『中華正音』の名を持つ書物が収められている[19]。所蔵番号は239。写本、1冊44丁、23.0×23.0cm。表紙に墨筆で「中華正音」とある[20]。成立・書写年代に関わる材料は、現在のところ見当たらない。

内容は問答体の会話で、毎半葉6行、右にハングル注音、左に漢字、下または次行に朝鮮語訳を配する。書写した人物とは異なる人物が修正の筆を加えたと思われる箇所が散見する。冒頭の一葉にあたる部分は以下の通り：

　　騎着一匹飛快大馬
　　一上道立刻就到門上去
　　先找盛德號
　　在那裡惱半天的口
　　王大哥這幾年講挪的生意得意嗎
　　托啊哥的福
　　雖然不能大發財
　　横竪是够照顧就是咧
　　罷了罷了
　　就像你們爺〃們明公才能的作着生意…（1a1-1b6）

本書もまた『中華正音』の名を持ちながら実質的には『騎着一匹』の一バリエーションと言えるが、ハングル注音と朝鮮語訳を有する点が異なる。分量としては『騎着一匹』の三分の一、順天本『中華正音』の四分の一程度に相当する[21]。

---

[19] 濯足文庫は故金澤庄三郎博士（1872〜1967）の旧蔵書。
[20] なお本書は改装されており、改装された表紙の方には『中華正音』との題簽が付けられている。
[21] 即ち、『騎着一匹』の1a1-15b2、順天本『中華正音』の1a1-8b6に相当する。

2．10．『關話略抄』

『關話略抄』は東京大学文学部小倉文庫蔵、所蔵番号はL174575。写本、1冊14丁、29.4×20.3cm。仮綴されたもので表紙はない。巻首の内題に「関話　略抄」とある。有界、半郭24.9×17.0cm。成立・書写年代に関わる材料は、今のところ見当たらない[22]。

内容は問答体の会話で、毎半葉11行、上欄と下欄に分かれ、右にハングル注音、左に漢字、下に朝鮮語訳を配する。冒頭の半葉にあたる部分は次の通り：

  同着進貢大人
  一到中國邊門的時候
  風大雪深天道好冷
  一天不到到湯山砧睡
  一夜涯凍涯餓説不得
  早起身到柵子門上
  先找何家店裡存
  収拾行李一後
  找店裡的請飯点心的時候
  擡頭一看…（1a2-11）

三、現存テキストの分類

以上に見てきたテキスト10種をその会話部分の内容によってグループ分けし、またそれぞれの体裁に関する情報を加えた一覧表を以下に示す。

---

[22] ただ、本書には「我們先老人是，乾隆道光年頭長作首堂官的金鰲山。」（3b9-10）という一文があり、その成立が道光年間（1821〜1850）以後であったことは疑いない。

表1　現存テキスト一覧[23]

系統	書名	年代	注音	訳	吐	備考
華音啓蒙	『華音啓蒙』	1883 印	無	無	無	千字文等あり
	『華音啓蒙諺解』	1883 印	有	有	無	
你呢貴姓	『你呢貴姓』	1919 修繕	有	有	無	千字文等あり
	『學清』	1895 写	有	有	無	
騎着一匹	『騎着一匹』	1826/1886 写	無	無	有	
	順天本『中華正音』	1824/1884 写	無	無	有	
	濯足本『中華正音』	未詳	有	有	無	
華音撮要	『華音撮要』I, II	1877 写	I 有 II 無	無	I 有 II 無	
	阿川本『中華正音』	1883 写	有	有	無	
――	蔵書閣本『中華正音』	未詳	無	無	無	序あり
――	『華音撮要』III	1877 写	有	有	無	複数項目あり
――	『關話略抄』	未詳	有	有	無	

　内容的には3つの系統に分かれる4つのテキストが、いずれも『中華正音』の書名を持つ[24]のは不思議であるが、これは「中華正音」が当時固有の書名としてではなく、中国語会話書の通称として流通していたことを物語るものであろう。

---

[23] 表では『華音撮要』の第一・第二・第三部分をI, II, IIIで表す。
[24] ただし、順天本と蔵書閣本は内題であり、阿川本と濯足本は表紙の墨書である。

四、語気助詞の使用状況

　文法現象の検討に入る前に、この資料群の全般的な言語特徴を概観しておきたい。

　清代から民国期にかけての中国語文献の性質を論じる際に、重要な指標となるものの一つが、語気助詞の使用とその表記の状況である。太田（1950）は12種の清代文献[25]を対象として44種の語気助詞[26]の使用状況を調査しており、現在にあってもその参照価値は高い。現存テキスト中で使用される語気助詞15種の有無は以下の通りである。

表2　語気助詞の使用状況

音系	助詞	『華音啓蒙』	『你呢貴姓』	『學清』	『騎着一匹』	順天『正音』	濯足『正音』	『撮要』I II	阿川『正音』	蔵書『正音』	『撮要』III	『關話略抄』
b	罷	○	○	○	○	○	○	○	○	○	○	○
m	麼	○							○			
	嗎											
n	那			○								
	哪	○	○	○	○	○	○	○	○	○	○	○
	呢											○
l	了		○				○			○	○	○

---

[25] 太田氏が対象とした12種の文献とその成立年代は以下の通り：『滿漢成語對待』（1702）、『清文啓蒙』（1730）、程乙本『紅樓夢』（1792）、『初學指南』（1794）、『重刊老乞大』（1795）、『清文指要』（1809重刻）、『正音撮要』（1810）、『三合語録』（1829）、『正音咀華』（1836）、『兒女英雄傳』（1878）、『語言自邇集』（1867）、『華音啓蒙』（1883）。

[26] 太田氏が調査した44種の語気助詞は以下の通り：罷、啵、麼、嘛、噠、嗎、那、哪、呢、嘘、了、咧、勒、咯、囉、喇、拉、啦、哩、的、嗻、家、價、阿、啊、呵、嘎、呀、哟、呦、也、哇、喂、罷咱、罷則、把咱、不咱、不則、罷了、罷哩、罷咧、罷囉、否咧、來着。

		1	2	3	4	5	6	7	8	9	10
母音	咧	○	○	○	○	○	○	○	○	○	○
	啊	○	○		○	○	○	○	○	○	
	呵				○						○
	呀		○	○	○	○	○		○	○	
複音節	罷了		○	○	○	○	○	○	○	○	
	罷咧	○			○						
	否咧	○	○	○	○	○	○	○	○		○
	來着	○	○		○		○	○			

　この時期の朝鮮資料を最も特徴づける語彙は"咧"を用いた助詞であろう。とりわけ"否咧"は、太田（1950）の表では『華音啓蒙』でのみ使用が確認されるもので[27]、上表でもほとんどの文献で用いられているが、『華音撮要』第三部分のみはこれを用いておらず、語彙・文法面で他の文献と同列に論じられないことがわかる。

五、特徴的な文法

　『華音啓蒙』を始めとする朝鮮時代末期の中国語会話書の中に、中国語としての文法規則を遵守しない、いわば破格な用法が観察されることは、これまで太田（1951）、日下（1980）、福田（1995a）、更科（2005）等により断片的に指摘されてきたが、これは上で見た資料群に共通する特徴であ

---

[27] なお、"咧"は『清文啓蒙』、『紅樓夢』、『兒女英雄傳』、『語言自邇集』で使用される。同論によると、『兒女英雄傳』では事物の列挙以外の場合で用いられた"咧"が85例あるが、農婦・俠客・門番・夜回り等、使用するのは比較的下層の人物に限られるという。

る。以下では、代表的な三つの現象を取り上げてそれらが生起する原因を探ってみたい。

5．1．"嗎"（麼）の用法

　周知のように、語気助詞の"嗎"（"麼"）は平叙文の末尾につけて諾否疑問文を構成するもので、疑問詞疑問文、反復疑問文、選択疑問文の末尾に用いることはできない。しかし、朝鮮時代末期の中国語会話書では、疑問詞疑問文の末尾に"嗎"（"麼"）[28]を用いる例が広く存在し、また反復疑問文の末尾に用いた例も見られる[29]：

(1)　走咧<u>多少</u>日子<u>麼</u>？（『華音啓蒙諺解』上 1a5-6）
(2)　你們貴國王爺<u>多大</u>寶齡<u>麼</u>？（同上 2b7-8）
(3)　你在這裡作生意有<u>多少</u>年的工夫<u>嗎</u>？（『你呢貴姓』8a2-3）
(4)　趕下次<u>誰</u>肯惹你<u>嗎</u>？（同 19b2）
(5)　你呢按車跡走的嗎？　到<u>那裏</u>岔（岔）道的<u>嗎</u>？（『騎着一匹』32b2-3）
(6)　你在<u>誰</u>家店存<u>嗎</u>？（『華音撮要』1a6-7）
(7)　你這个發財的生意<u>怎嗎</u>沒有銀子<u>嗎</u>？（同 13b8-9）
(8)　孔聖之道，<u>誰</u>不敢曉得的<u>嗎</u>？（藏書閣本『中華正音』1a3）
(9)　請你呢到我家来敬你一頓酒，<u>如意不如意嗎</u>？（同 6b4-5）
(10)　這箇牲口拉不動，<u>怎嗎</u>没有筋<u>嗎</u>？（同 18b3）
(11)　金老爺先大人是<u>那位嗎</u>？（『關話略抄』3b8）
(12)　費錢的<u>誰</u>肯好買<u>嗎</u>？（同 7a5）

　上の例では、文末の"嗎"（"麼"）が"多少"、"多大"、"誰"、"那裏"（＝

---

[28] 表2で見たように、本稿で扱う資料のうち"麼"の表記を用いるのは『華音啓蒙』と阿川本『中華正音』のみである。
[29] 以下の用例においては、原文で一定の間隔が空くか、吐が挿入されるか、あるいは改行された場合に句読点を付すこととする（藏書閣本『中華正音』を除く）。なお、同じ系統に属するテキストであっても、間隔や改行の位置が異なる場合がある。

"哪裏")、"怎嗎"（＝"怎麼"）、"那位"（＝"哪位"）などと共起しており、文脈から見てこれらの疑問詞が不定や任意を表すものではあり得ない。また、（9）の"如意不如意"は明らかに反復疑問である。こうした例は、通常の中国語では見ることができない。

5．2．"是"の用法

動詞"是"は、英語のbe動詞に相当する繋辞（copula）として、主語と目的語の名詞をイコールで結ぶというのが本来的な機能であり[30]、強調を表す場合や"是"の前に副詞がある場合を除いて[31]、一般に動詞性の述語とは共起しない。しかし、朝鮮時代末期の中国語会話書では"是"が動詞・形容詞フレーズと共起するケースが多く見られ、中には"是"の後に再度主述部が現れるものもある。こうした例では、"是"の後に停頓を持つことが多い：

（13）我那二兄弟是，去年纔中咧進士。（『華音啓蒙諺解』上 3a10-3b1)
（14）這北京城是，本來古燕地方。（同下 8a7-8)
（15）你這个行不出的話是，我看到底無益。（『你呢貴姓』18a2)
（16）你那个雜貨價錢是，咱們到底怎嗎个講主法哪？（同 20a3-4)
（17）咱們是大家都是像一市的生意家。（『騎着一匹』8a6)
（18）這个價錢是並不是各人胡寫的謊價。（同 9a3-4)
（19）這个是瞞不得你。（『華音撮要』2a2-3)
（20）王大哥你們庄戶們今年是怎麼不買我們的牛呢？（同 3a3-4)
（21）你那个恩曲（典）是我一輩子忘不了。（藏書閣本『中華正音』3b4-5)
（22）父親是早去世，只在老母親在堂。（同 11b5)
（23）我是跟着進貢大人，上北京作賣買去。（『關話略抄』3a2-3)

---

[30] 周知の通り、"是"は代名詞から文法化したものであるが、本稿で扱う資料の年代から見て、その予想される機能は現代語と大差ないものとして扱ってよいと思われる。
[31] ここで言う「強調」とは、一般に話者の認定・判断を表すとされる場合や、"是～的"構文の場合を指す。

以上の例における"是"は、文脈から見て特に強調を表すものではなく、副詞を伴ってもいない。また、(17)、(18) では一文の中に二つの"是"が用いられており、前者の"是"は明らかに余剰的である。その他、(14) は"是"と"本來"を転倒させて"這北京城本來是古燕地方"に作るのが正しく、こうした副詞と"是"の位置関係も現代語と異なる部分がある[32]。こうした例から考えられるのは、朝鮮時代末期の中国語会話書における"是"は繋詞ではなく、主題を表す後置詞の機能を持っているのではないかということである[33]。

５．３．副詞の用法

　副詞の"就"、"纔"、"也"などは状語（連用修飾語）となり、主語の後、動詞・形容詞の前で用いられるのが通例である。しかし、朝鮮時代末期の中国語会話書においては、これらが複文における前節の末尾に位置して、あたかも助詞のようなふるまいをする場合がある。そして、これらの副詞の後に停頓を持つ例が多く見られる：

　　(24) 萬一他不付這箇銀子<u>就</u>，我再到上海本舖裏能要得來。(『華音啓蒙諺解』上 35b2-4)
　　(25) 到那裏左看右看<u>也</u>，並沒有別的東西。(同下 27a9-27b1)
　　(26) 你要使喚<u>就</u>，咱們先講價錢罷。(『你呢貴姓』11a4)
　　(27) 你到別處裡瞧人家的<u>纔</u>，可知道比我的好歹咧。(同 11b4)
　　(28) 啊哥敢明个一走<u>就</u>，橫竪各人必明白着。(『騎着一匹』4b7-8)
　　(29) 原是赶到夏天下缸的時候<u>纔</u>，各處皮舖裏起頭裏往皮行家開盤子。(同 11b6-8)
　　(30) 你要拿去<u>就</u>，別說是十包，那怕一百包，也我的好放心哪。(『華

---

[32] 日下 (1980) は、『華音啓蒙』においては"是"と副詞"好像"、"也"、"都"、"算"、"不過"等の位置関係が現代語と異なる例が多く見られると指摘している。
[33] 全40条ほどの白話短文からなる司訳院の漢学書『象院題語』(1699) においても、同じような"是"の用法が認められる。拙稿 (2006) 参照。

音撮要』2b2-4)
 (31) 一頭裡貨都出面<u>纔</u>，我們可以回去咧。（同 1b7-8)
 (32) 他們養活的牲口<u>也</u>，咳是賣給別人哪？

           （阿川本『中华正音』2b6-3a1)
 (33) 按信收明好，寔在不拿<u>就</u>我也心裡下不去。

           （蔵書閣本『中華正音』8a8)
 (34) 老爺讓進去<u>就</u>，你就進去。（同 21a2-3)
 (35) 那嗎<u>就</u>我坐你的車罷。（『關話略抄』9b3)

　以上のうち、いくつかの例は停頓の位置が通常の中国語と異なるというものである。例えば(25)、(27)などでは句の切り方を変えて"到那裏左看右看，<u>也</u>並沒有…"、"你到別處裡瞧人家的，<u>纔</u>可知道…"としてやれば問題はない。しかし、(24)、(26)などについては、切り方を変えて"萬一他不付這箇銀子，<u>就</u>我再到…"、"你要使喚，<u>就</u>咱們先…"としてもなお不自然で、正確には"就"と主語の位置を変えて、"萬一他不付這箇銀子，我<u>就</u>再到…"、"你要使喚，咱們<u>就</u>先…"としなければ成立しない。こうした例から見えてくるのは、単に句の切り方が異なるというだけでなく、これらの副詞はすでに助詞としての機能を担っているということである[34]。

5．4．特異な用法が生じた背景

　現存する朝鮮時代末期の中国語会話書には、濃淡の差こそあれ、ほとんどの資料に上で述べたような文法的特徴が認められる[35]。こうした現象が

---

[34] 『老乞大諺解』(1670年)における"便"、"也"等の副詞においても、同様の用法が認められる。例えば、"這們<u>便</u>，我迎火伴去。"（上 61b7-8)、"這們<u>便</u>，我減了五錢着。"（下 20a10-20b1)、"這幾箇羊<u>也</u>，当走一遭。"（下 21a9-10) など。

[35] 総体的に見て、『華音啓蒙』、『你呢貴姓』、『華音撮要』の系統では破格な用法の出現する割合が高く、『騎着一匹』、蔵書閣本『中華正音』、『關話略抄』の系統は比較的通常の中国語に近いと言える。なお、『華音撮要』第三部分にこうした特徴は見られない。

生じる原因として考えられるのは、言うまでもなく朝鮮語の干渉であろう。即ち、朝鮮語では、①疑問詞と疑問の終助詞が共起することができ、②"은/는"（〜は）のような提題の助詞を用い、③主に後置成分によって前節と後節の文法的関係を表すために、こういった破格な用法が出現したのだと解釈できることになる。朝鮮語と似た文法構造を持つ日本語を日常使っている我々にとって、こうした点を理解するのは比較的たやすい。

　そこで問題となるのは、編者が朝鮮語母語話者であるが故にこうした「奇妙な」中国語が生じたのか、それとも、こうした「奇妙な」中国語を母語とする集団が一定の地域的・世代的広がりをもって存在していたのかということである。前者だとすればそれはピジン（pidgin）的な現象、後者だとすればそれはクレオール（creole）的な現象と言うことができよう。

　現段階でいずれの立場を採用するかを判断することは難しいが、一つ指摘できるのは、中国大陸の北方にはかつてクレオール化した中国語が存在したと思われることである。太田（1952）は、『老乞大』や『元典章』、『孝經直解』など元代の文献に見られる特異な中国語―SOV語順と後置成分を多用する口語的文体―をめぐって、北方中国にあっては長期の言語接触の結果、漢民族と北方諸民族の双方がアルタイ諸語の影響を強く受けた中国語を共通言語としていたと考え、それを「漢児言語」という言葉で表現した。太田氏のいう「漢児言語」とは一種のCreole-Chineseを意図したものに他ならず、朝鮮時代末期における中国語会話書の言語がクレオール的な現象を反映しているとすれば、こうした伝統の上に位置付けることが可能である。

　より大きな視点に立つならば、こうした中国語は「口頭言語における変体漢文」と捉えることもできよう。周知のように、漢字文化圏に属する朝鮮半島と日本では、古代から、漢語を固有語の語順で配置し、それに漢字で記した固有語の語尾や助詞の類を挿入するという形で作られる書面言語、「変体漢文」の伝統を有している。「吏読文」や「倭習漢文」と言われるものがそれで、両国における歴代の書信、公私文書、文学作品などでは、

正規漢文よりも変体漢文の方が広範に使用されたという[36]。上で見た中国語会話書の文法的特徴は、変体漢文にも同様に認められるものであり、この二つは全く同じ動機付けを持った現象と言える。こうした「変体」の伝統は、書面言語・口頭言語に関わらず、東アジアに普遍的に存在するものであった可能性がある[37]。

六、おわりに

　本稿で紹介した朝鮮時代末期の中国語会話書類は、そのほとんどがこれまで本格的な研究の対象となってこなかったものであり、今後それぞれの資料の内容と言語について、詳しい検討がなされなければならない。将来的には、この資料群が 19 世紀の中国語を反映する対訳資料として、満漢・蒙漢資料や日本・琉球資料、及び西洋資料に比肩しうる存在になることが期待される。

---

[36] 漢字文化圏における訓読と変体漢文の問題を包括的に扱った論考に、金文京（1988）がある。
[37] 木津（2007）では、琉球における官話学習書において閩南語が影響したと思われる要素が随所に見られることを指摘し、「官話」というものが環境・時間・場所により実態を自由に変化させうる存在であったことを主張している。こうした視点に立てば、本稿で見た朝鮮時代末期の中国語会話教科書の言語を、官話の地域変種と捉えることも可能であろう。

参考文献:

遠藤光曉・伊藤英人・竹越孝・更科慎一・曲曉雲編（2008）「韓漢語言史資料研究文獻目錄（稿）」遠藤光曉・嚴翼相編『韓漢語言研究』507-693. 서울：學古房.

遠藤光曉・伊藤英人・鄭丞惠・竹越孝・更科慎一・朴眞完・曲曉雲編（2009）『譯學書文獻目錄』서울：博文社.

汪維輝（2005）『朝鮮時代漢語教科書叢刊』（全4冊）北京：中華書局.

汪維輝・朴在淵・姚偉嘉（2009）「一種新發現的朝鮮時代漢語会話書―《騎着一匹》」『中國言語學的交流和疏通』（韓國中國言語學會 2009 年學術大會發表集）.

太田辰夫（1950）「清代の北京語について」『中国語学』34；（1995）『中国語文論集：語学篇・元雑劇篇』（汲古選書 10）90-96. 東京：汲古書院.

太田辰夫（1951）「清代北京語語法研究の資料について」『神戸外大論叢』2/1：13-30.

太田辰夫（1952）「漢児言語について―白話発達史における試論―」『竹田博士還暦記念中国文化研究会論文集』2/4 特輯；（1954）『神戸外大論叢』5/2：1-29；（1988）『中国語史通考』253-282. 東京：白帝社.

木津祐子（2007）「清代琉球官話課本にみる言語と文献」内田慶市・沈国威編『19 世紀中国語の諸相―周縁資料（欧米・日本・琉球・朝鮮）からのアプローチ―』（関西大学アジア文化交流叢刊 1）151-174. 東京：雄松堂出版.

金文京（1988）「漢字文化圏の訓読現象」『和漢比較文学研究の諸問題』（和漢比較文学叢書 8）175-204. 東京：汲古書院.

日下恒夫（1980）「『朝鮮資料』の中国語」『関西大学東西学術研究所所報』32：1-2.

更科慎一（2005）「19 世紀末朝鮮の北方漢語資料『華音撮要』の研究―ハングル音注を中心に―」山口大学『アジアの歴史と文化』9：63-103.

竹越孝（2006）「『象院題語』の語彙と語法」『中国語研究』48：1-14.

竹越孝（2009）「阿川文庫蔵『中華正音』翻字」(1-8)『KOTONOHA』74：
　　31-40；75：3-13；76：4-12；77：5-13；78：20-26；79：4-11；80：24-31；
　　81：5-9.
福井玲（2002）「小倉文庫目録其一・新登録本」『朝鮮文化研究』9：124-182；
　　(2007)；「小倉文庫目録其二・旧登録本」『韓国朝鮮文化研究』10：
　　105-130.
福田和展（1995a）「《你呢貴姓》の言語に関する初歩的分析」『語学教育研
　　究論叢』12：189-207.
福田和展（1995b）「《你呢貴姓》翻字」『開篇』13：113-134.
福田和展（1997）「《你呢貴姓》の言語に関する初歩的分析その２―校注―」
　　『語学教育研究論叢』14：79-103.
李在弘・金瑛（2002）『華音啓蒙諺解』（近代漢語資料叢書 4）牙山：鮮文
　　大學校中韓翻譯文獻研究所.
朴在淵・周發祥（2002）『你呢貴姓・學淸』（近代漢語資料叢書 5）牙山：
　　鮮文大學校中韓翻譯文獻研究所.
朴在淵・金雅瑛（2008）『騎着一匹』（近代漢語資料叢書 15）牙山：鮮文大
　　學校中韓翻譯文獻研究所.
朴在淵・金雅瑛（2009）『中華正音』（近代漢語資料叢書）牙山：鮮文大學
　　校中韓翻譯文獻研究所.
朴在淵・竹越孝（2010）『(阿川文庫) 中華正音』（近代漢語資料叢書）牙
　　山：鮮文大學校中韓翻譯文獻研究所.

朝鮮中長編漢文小説の文体的特徴について

趙　冬梅

はじめに

　一般的に小説とは人物描写によって社会生活を反映する文学のジャンルと考えられている。いわゆる小説の三要素とは、人物、ストーリー、環境を指している。この三要素はいずれも内容の側面に関わっている。これら内容面にあるものを表出することは、小説の形式の側面に関係している。それは即ち小説の構成、あらすじ、言語表現等の諸方面の要素である。

　韓国では早くから、小説が現れたが、『金鰲新話』は現代の文体的意義においての小説の誕生を示している[1]。この後、小説の創作は非常に盛んとなり、特に朝鮮王朝後期には朝鮮語小説と朝鮮小説史上一定の地位を占める数多くの中長編漢文小説とが産み出された。これらの作品の書き方はみな叙述を基調とし、人物を中心に据え、時間軸に沿ってストーリーが展開されていく。叙述が終始一貫しており、物語の筋は簡潔明瞭で、構成も整っており、小説という文学ジャンルの基本的な要求にかなったものである。本論文は『玉麒夢』[2]を中心に、『漢唐遺事』[3]、『謝氏南征記』[4]、『広寒楼

---

[1] 朝鮮王朝時代、文臣金時習（1435～1493）が漢文で創作した伝奇小説集。
[2] 『玉麒夢』は別名『永垂彰善記』ともいい、多くの異本がある。本論文で検討している林明徳本は、五十三回、約28万字である。作者李延綽（1678～1758）の字は敬裕、号は晦軒である。英祖三年（1727）進士及第、功曹、判書などの要職を歴任した。
[3] 『漢唐遺事』の作者朴泰錫は、生没不詳。序文によると小説は咸豊二年（1852）に

記』[5]、『九雲夢』[6]、『九雲記』[7]等の中長編作品と関連させながら、朝鮮漢文小説の文体的特徴について考察するものである。

一

　朝鮮漢文小説の大多数は上層階級の文人の手によってできたものであり、人物像の描き方、ストーリー展開のプロセス等、すべてにおいて作者の強い主観的傾向と強い正統的色彩が表れている。
　物語のストーリー設定上、多くの漢文小説、例えば『謝氏南征記』、『玉麒夢』、『玉楼夢』、『九雲夢』などは、みな一族を中心に展開しており、この点においては中国の多くの小説、例えば『醒世因縁伝』、『児女英雄伝』、『岐路灯』などと同様である。これは、両国が共に儒教文化を尊重しているからである。儒教文化は「家」を一つの基本的社会単位とし、君主が父であり、地方官吏は「父母官」と呼ばれた。このように「家」の秩序は大変重要であり、いわゆる「忠臣は孝行息子の家から出る」と言われるように、これらの思想は小説の中により具体的に表現されている。朝鮮漢文小説のストーリーはふつう次の二つの系統の中で展開されている。一つは一族の葛藤、或いは妻妾の争い（場合によっては複数の妻同士が引き起こした争い）を描いたもので、例えば『謝氏南征記』がある。または兄弟間の嫉みを描いたものでは、例えば『六美堂記』がある。その構成は一般的に「悪人が罠を仕掛け→賢婦（賢人）が貶められ→真実が明らかになり→苦

書かれた。
[4] 『謝氏南征記』の作者は金万重（1637～1692）である。原作は朝鮮語で書かれていたが、後に金春によって漢文に翻訳された。
[5] 『水山広寒楼記』ともいう。作者不詳、朝鮮後期に出版された。
[6] 『九雲夢』の作者も金万重である。原作は朝鮮語で書かれていたが、後に金春によって漢文に翻訳された。
[7] 『九雲記』は『九雲夢』を底本にし、その他の中国古典小説も多数取り入れてできた漢文小説である。

労が尽きて安楽な生活が始まる」というパターンである。もう一つの系統は、天の寵児が先祖の名を上げるという人生の大きな理想をいかにして実現するかを描いたものであり、一般的に「人間界に下り→生まれ、成功を成し遂げ（事業と美女を共に得て）→天に戻る」というパターンである。ある仙人界の者が僅かな過ちを咎められ、下界に貶められ、人間界で偉業を成し遂げ、一人の下、万万人の上という地位を獲得し、妻妾や子供たちに囲まれ、一族は繁栄し、満足の絶頂になった時、ついに自分の本来の姿を知るに至り、天に戻るというあらすじである。『九雲夢』、『玉楼夢』など「夢」を冠した小説の内容はだいたいこのようなものである。

具体的な細部の描写においても紋切り型的な内容が多い。例えば、他人の筆跡を真似て偽物の手紙を作り、良妻を陥れる（『謝氏南征記』、『玉麟夢』など）。また多くの才子佳人小説の常套手法、例えば「詩によって巡り合い、よしみを相通ずる」、「女性が男装し、男性が女装する」、「貴公子の略奪愛」、「小人が仲の良い親友同士をけしかける」（『九雲夢』、『玉楼夢』、『紅白花伝』、『九雲記』）などがある。

人物描写に際して、朝鮮漢文小説は作者の強い志向性を端的に表している。理想的な男性像、例えば『玉麟夢』の柳原、範璟文、『六美堂記』の簫仙皇太子、『九雲夢』の楊少遊、『玉楼夢』の楊昌曲らは、みな一族の名声を高め、国家を助けることを自らの務めとし、家にあっては孝行を尽くし、官にあっては忠誠を尽くす。このようなタイプの人物像を描き出す時、しばしば通常ではあり得ない状況を用いてその人物の素晴らしさを表し、あらゆる立派な出来事を一人の人物に並べたてるのである。例えば人質にさせられた范璟文や、匈奴に留め置かれた蘇武のように。また『三国演義』の英雄よりも立派に振る舞う『漢唐遺事』の人物などである。これらはいずれも作者の強い理想的志向性を表している。

男性像はこのようであるが、女性像も男性像と比べて遜色はない。素晴らしく称賛されている女性では、例えば『玉麟夢』の范璟文の妻柳氏、柳原の妻張氏、『謝氏南征記』の謝氏、『広寒楼記』の春香などがいる。みな死ぬまで貞操を守り、柔和で実直な孝行娘であり、従順な夫人である。作

者はこれらのイメージを描く時、人の情から着手するのではなく、礼法に着目し、人物の一挙手一投足に至るまで礼をもって自らを律し、決して守るべき一線を越えたりはしないのである。小さい女の子が男の子と一緒に勉強するが、七歳前に止められるのも、その義父を責めて次のように言う。

　　七歳不同席，謂之以一家兄弟間也，避他人之男子，何論年歳之早晩乎？（《玉麟夢》第三十回）

至る所どこでも礼法に拘泥するあまり、多くの描写が自然さを失ってしまうのである。例えば『玉麟夢』の柳夫人は、強盗が強奪するところに直面したが、作者は危険が差し迫った場面でも柳夫人が冷静沈着である様子を次のように書いている。

　　小姐散鬟，掩蔽兩頬，服色與青衣無異。賊漢但見六七女子相對而坐，難辨鳥之雌雄，乃厲聲咆喝曰："何人是范尚書夫人柳氏乎？若不直告，則汝等當盡死於此劍矣。柳小姐知其為非常賊漢，急抱雲鴻曰："夫人，夫人，此將奈何？"（第十三回）

このような方法できっぱりとその腹心の侍女を代わりに難儀に向かわせた。この侍女には不満がないばかりか、盗賊と長らく生活を共にし、夫婦の情愛も生まれた。しかしそれでも、法を犯してまで、妻を以て夫を告発し、主君のために無実を訴えた。大理院に投獄されてからは、奸悪の報復に遭い、生命の危機に瀕した時、柳夫人の弟、小説の中では、一番の人格者である柳原は、こうも言った。

　　謝家畜生，主意可知。老賊向吾家甘心之意懐已深矣，其計應不止於雲鴻，鴻之死生不足可惜，而未知姐姐之性命果何如也？（第二十五回）

このような無慈悲で薄情な言葉は作者からみると、非難すべきでないこ

とが明らかなのである。なぜなら「家臣は君主のために、しもべは主人のために」であり、正義のために退かず奮って前進すべきであり、意義ある死というべきなのである。作者の描く「一門忠孝」の柳家は、雲鴻に対して、「極悪非道」の呂氏とその母が「不忠の裏切り者」の下女の翠蟾に対する扱いにも及ばないのである。翠蟾が国家の重要な証人になった時、呂夫人は殺して口封じをしたのではなく、「奴主相扶痛哭」して、大金を与え、逃走させた。このように、礼法はすでに人を硬化させ、固定観念となっているのである。

人物像を描き出し、話の筋を進める過程において、朝鮮漢文小説の作者は叙述の方向性をコントロールしており、小説の中の最も大きな叙述空間を作り、自分の主観的意図を最大限に表現できるように、叙述する際、しばしば架空の講談師の立場を借りてストーリーの展開を描写するのである。たとえば『広寒楼記』は、計八章あり、作者は第二回、第三回、第四回、第六回、第七回、第八回の冒頭で、講談師の決まり文句「却説」(「何はさておき」)を用いて叙述を始めている。各章の中でも「却(且)説」(「何はさておき」)を用いて別の場面の描写を導入するのである。例えば第八回、月梅と李桃隣の出会いを書き終わって、話が転じて獄中の春香について描写する時の書き方は以下のようである。

　　且說春香正在獄中，見其母來，謂曰：……

『玉麟夢』もまた同様であり、小説はほとんどすべて文言文であるが、しかし、段落の初め、または中ほどにおいて、よく「却説」を用いて叙述を展開させる。この方法により小説の叙述者は最大限に自由になり、簡単に場面転換を完成することができ、話の筋を展開させていく過程をしっかりとコントロールすることができる。さらに作者は自分の声を表現することができるのである。「架空の講談師の背後には二つの叙事の伝統が融合している。一つには講談で話の筋が延長されることであり、二つには歴史家の歴史に対する評価、討議の姿勢の伝承である。前者は職業的に叙事の

過程に干渉し、後者は高所から道徳を批判するものである。この二種類の伝統は講談師にすべて順調に運ばせ、叙述に介入するさらなる自由を得させたのである」[8]。朝鮮漢文小説はストーリーを展開させていくプロセスにおいて、叙述者がしばしばストーリーの叙述の隙間に、人物に対する自分の見方や出来事に対する考え方を挿入し、読者をナビゲートするのである。例えば春嬌が翠蟾に操られ柳氏を陥れたり、また呂氏の口封じにより中毒で死亡したりするなど、ストーリーを叙述する時に、作者が機を失することなく、あれこれ意見を加えることができるのである。

> 嗟乎！當初春嬌之本心，豈有向柳氏必欲謀害之心？而但為人昏暗，不能擇人而交，甘聽禍福之誘，竟為背主之婢，終乃助桀，而自知其罪惡難容，以圖生之計，轉陷於他人術中。剖心吐肝，惟期百年不相負。豈料言笑九嶷是隔，判死生於酒杯之間乎？後世為人臣者，不顧義理，貪於小利，交結小人，欺罔君父，終至不保身命者，正以此鑒戒也！（第十二回）

呂氏の計略は人の知るところとなり、夫の愛を失う。作者はまず呂氏の苦悩を描き、その後、呂氏という器量の小さい人間の心理状態について評価を加えている。

> 呂氏銷魂於死生契闊，已為三年，始得少傅之生還，欣喜快樂，何可勝言？百事如意，萬念都解，百年恩寵，都歸於一身，自不勝意氣揚揚矣！千萬匪意丈夫之恩情落落，更無余望，十年經營，積費心力之事，終成畫中之餅，自取空閨中之薄命。小人之心，豈知自己之非乎？但恨丈夫之薄情，怨心日深。（《玉麟夢》第十八回）

このような書き方は、全面的に叙述者の意図を表現することにおいて非常に良い効果があり、伝統な「文以載道」という立場から見ても、小説の

---

[8] 王昕「論清代文人小説叙事的進化」、『求是学刊』第35巻第4期、2008年7月。

教育的機能をも強化した。この点から見ると、小説の内容とスタイルはまとまっており調和がとれている。しかし大部分の小説はストーリーを展開させる際に、あまりにも叙述する人自身の声を顕在化させれば、小説の淡泊化を招き、すべてが予想できてしまう。読者が求めるハッピー・エンドの結末による読書の快感を満足させ、小説の教育的役割を実現することができるが、しかしストーリーを大幅に単純化させ、人物の没個性化、小説の芸術的価値の低下は避けがたいものとなる。

二

　朝鮮の中長編漢文小説は内容においては中国の多くの通俗小説の思想的主旨と同様であるが、しかし叙述言語に大きな差がある。中国の通俗小説、特に長編小説は、大部分が白話で書かれているが、朝鮮漢文小説はそうではなく、中長編小説はほとんど全て文言を用いた作品である。これは朝鮮の文人が閲読を通して漢文を学習していたためであり、彼らの日常言語は朝鮮語であり、文法規則を文言文と比べるとその差が極めて大きい白話文は、彼らには自由に運用できず、読めるが書くことができないため、朝鮮漢文小説の言語表現面において独特な特色を形成したのである。

　文言と白話を比較してみると、文言は、語句は少ないが、意味は豊かであり、簡潔な文字で詳細且つ深い内容を表すことができる。しかし文言文でおびただしい数の長編小説を創作することは実際には容易ではなく、特に朝鮮時代の文人にとって、彼らがいかに漢文を熟知しているかに関わらず、結局異国の言語で表現するものであり、しかもこれはまた彼らが幼少から学んだ「代聖賢立言」の文体でもないため、小説の作者は漢文を使いこなす能力がさらに必要となったが、多くの朝鮮の文人はそれをうまくやってのけたのである。『玉楼の夢』、『玉麟夢』、『六美堂記』、『漢唐遺事』などの小説はすべて大作と称することができる。叙述される言語には、垢ぬけた表現も多くあり、『玉麟夢』には韻文散文を交互に使用した賦の文

体が多くあり、文詞を飾り、排比を並べ、文章は華美である。例えば第二十九回、王の遠遊、

　　今行先游天台，披赤城之霞，尋葛洪之跡；臨浙江之潮，吊子胥之魂。姑蘇麋鹿，問吳姬之興亡；剡谿風月，追子猷之興味。流觴於蘭亭之曲水，泛舟於鏡湖之清波，效王右軍，賀知章之千古風流。遲則為一年，速則為半年，當歸也。

第三十三回、薛檍が柳在郊の文章を論じて次のように評している。

　　若論其長處，則沈雄慣熟，杜工部之風骨；俊逸豪放，李青蓮之氣格。神彩之濃麗，王右丞當讓一頭；意趣之閒遠，韋蘇州亦避三捨。

口語と書面語は分離し、書面語はまた母語ではなく、書物に即して漢文を習得したという状況は朝鮮の文人が文章を書くとなればすぐ中国の書物から語句を引用し、典拠を頻繁に用いることにならざるを得ない。例えば『玉麟夢』の作者は科挙試験にトップで及第し（いわゆる「状元」）、漢籍を熟読していたので、漢文の素養が自然と自分の文章に表れている。例えば第二十四回、范生は柳の妻が災いに遭ったことで自分を責めて曰く、

　　林木之殃，祟於楚國之猿，則伯仁之死，不可以責他人。

また第二十九回、薛生が故郷に錦を飾る時、

　　州縣奔走，道路爭瞻，誰知懷紫綬於會會稽者，昔日負薪之人；乘赤車於臨邛者，當初滌器之客乎？

第三十四回、薛冰心が寧瞻を責めて言う。

相公又乘黃犢車, 欲作衛太子, 明斷有如雋不疑者, 則必遭收縛之辱。

慣用句を当てはめる現象も比較的よく見られる。例えば、

呂氏曰："……使彼無故而享富貴, 我則浪費心慮, 強作言笑, 要求他人之樂者, 可謂得虛名而招實禍也。……"（第二回）

翠蟾が第六回で春嬌を脅して言う。

而相公威動天下, 汝若不南走越北走胡, 則終難漏網。

　描写する表現の中で、慣用句も常用しており、人が喜んでいる様子を形容するのに「履歯（げきし）の折るるを覚えず」と言い、女性の美しいことを称賛するのには「北方美人」と譬え、二人の女の子が似たり寄ったりの時には「兄たりがたく、弟たりがたし」と言うなどである。これらは全て小説の作者が漢籍を熟読し中国的修辞法を身につけていることを表している。
　しかし、文言で小説を創作することによって一つの非常に明らかな問題がもたらされた。それはつまり人物の言葉を個性的にしにくいということである。朝鮮漢文小説の中のどの人物も、朝廷の役人であれ、箱入り娘であれ、下僕、下女であれ、僧、尼、道士であれ、強盗に至るまで、全て弁舌が優れ巧みであり、甚だしきに至っては難解な古典までも用いるのである。人物の言語の特徴という側面から見て、登場人物が代わり映えしないと言える。これは人物像を描き出すにあたり、一つの障害であると言わざるを得ない。例えば『玉麟夢』第二回、侍女の翠蟾が呂氏に言う。

丈夫之心, 本自好新, 玉盤之轉珠, 已無止定之處。婕妤避宮, 文君撫枕, 寂寞閨中, 孤眠獨坐, 甘心他人之吐氣揚眉乎?

また、呂氏を励まして曰く、

> 呂太后之一尺霜刃，既不斷戚夫人之手足，則寧取陳孺子之四萬兩黃金，用間楚國之君臣者，豈不快哉？

第六回、翠蟾が春嬌に主君に背くよう勧めて曰く、

> 君視臣如草芥，則臣視君如仇讎。柳夫人之視汝，豈徒如草芥而已！雖有識男子視君恩而盡忠，況如我賤類乎？古人云："我先負人，勿使人負我。"臨死圖生，豈有所拘？

第十九回、強盗魏格が雲鴻のせいで捕えられ、愕然とし嘆いて曰く、

> 吾半世橫行，人無其敵矣，反為兒女子所欺，死無足惜。

　人物が使う言葉から、我々はその性格、文化的教養、身分、地位などを見分けることができず、すべて代わり映えしないことを表している。
　それ以外に、中長編小説のこのような文体について、文言を運用するのは話の筋と人物の心理活動に対して入念に細部まで行き届いた描写を行うことは不利であり、これにより話の筋の過程を早めることを招き、進み方がきわめて速くなるのである。『玉楼夢』、『玉麟夢』、『九雲夢』、『漢唐遺事』などの作品では、いくつかの重大な事件の陳述がしばしばごく短い一段、甚だしきに至っては極めて少ない言葉で出来上がっている。これは小説の筋の割り振りにおいて揺れ動く様子を表現しにくく、佳境に入ることも難しい状況を引き起こすのである。

三

　先に述べたように、韓国古代の文人の大部分は閲読を通して漢文を学ん

でいたため、閲読する時、彼らはしばしばそれぞれの時代の異なる文体の漢文典籍を同時に受け入れることになり、中国語が母語ではないため、彼らが各種の漢文作品の文体の特徴を体得することの難易度が増し、彼らに語感の把握においても独特な特色をもたらし、書面での運用の中で、非常に独特な文体の特徴を表すこととなった。一組の小説の中で異なった文体が入り交じって用いられているのを見ることができ、それぞれの時代の文体の特徴をも見ることができる。先に言及した駢儷体の文章の『玉麟夢』の中で、時折様々な文言文体の中に白話文をも見ることができる。例えば、

雲鴻以一個賤身，片言能感萬乗，盡雪主母之冤枉……（第二十六回）

その他の口語の語句「小的」及び助詞の「的」などが、『玉麟夢』の中で容易に見つけられるのである。

『広寒冷楼記』『漢唐遺事』『九雲記』に至っては、この種類の書面語文体と白話文体が入り交じる現象は更に多くなり、時には中国語を母語とする読者から見ると、このような文体は色々なものが入り交じっていてたいへん読みにくく、受け入れ難いのである。例えば『九雲記』、

且説萬歲爺登殿，文武百官朝賀。舞蹈揚塵畢，皇爺特下一道詔旨，諭他閣臣、學臣道：朕以否德，獲承丕基，今已廿載。幸賴文武賢臣，同心弼予，庶致升平既往。爭奈近歲以來，士趨澆漓，官方碩缺。鑽窺隙竇，巧為躐取的媒；鼓煽朋儕，公肆擠排的術。詆老成廉退為無用，謂讒佞便捷為有才。愛惡橫生，恩仇交錯。逐使朝廷威福之柄，徒為權奸應酬之資。……（第八回）

この一段落の描写は、正式な書面語の文体の中に、突然「躐取的媒」、「排擠的術」といった口語的表現を挿入しており、明らかにどっちつかずで、様にならないことを表している。これはまさに小説の作者が深く突っ込んで口語体と書面語文体の違いを見分けることができないためであり、文体

が一致しない状態を招いている。このような現象は他にも多く見られる。例えば、

> 駙馬雖然連日兩公主，出世之姿，一時琴瑟、鐘鼓之樂，言念鄭氏，不幸夭折，飲恨九泉之下，華陰泰氏，不知落亂何地，中心戀結，只嘆人事變更，初心乖舛，當此歡樂的辰，陡起缺陷的悲，如是思量，雖不露聲，斯不勝掩抑。（第二十三回）

その他、例えば語気助詞の「則箇」、「也」の使用[9]、及び人物の動作を現わす動詞の語尾の「科」の出現等[10]、どれもみな小説文体の特徴という面において乱雑さが見てとれる。

文体が混在する情況は『広寒楼記』の中で特に顕著に表れている。『広寒楼記』は一部の人物の言語の個性化の処理が最も良い作品で、その中でも最も明らかな特徴は口語の表現と語句を大量に使っていることである。例えば、

> 金漢陪著笑臉曰："吾豈做出事來，正賀春娘和這個公子，結了個好姻緣也。"（第一回）
> 金漢曰："春娘，你是明慧的人，怎不曉事理麼？"（同上）

---

[9] 「則箇」、「也」は文の語尾の語気詞として、多く宋元および明朝前期の白話文の作品に多く見られ、明朝中後期と清朝の伝統的な演劇以外の白話文の作品ではほとんど見られない。『九雲記』と朝鮮漢文小説の『広寒楼記』で、「則箇」と「也」は依然として語気詞として用いられている。

[10] 「科」は元の雑劇の中で、芝居の役の動作を表しており、『九雲記』は動詞の語尾として用いている。例えば第二回、「仁挙瞧科，便向衆親戚道："前日潘強嘴在酒席上，説有可駭的話，如此這般。這是傳不得的，又信不得的。我如今要為衆親戚説啞巴，解解人的疑惑了。"」

月梅又沓沓的罵曰："你百不用千不當的人，這個貌樣怎地相訣也麼？我也，老於花房的人。親見許多名士，或有生的，或有死的。夏扇冬歷，隨時而至；春燕秋鴻，帶書而來。我有癢處，他皆搔了；我有急處，他皆救了。至今我也，衣的，食的，都從恩海情山出來，終未見一無信，半無義，全似這般樣子。"御使聽罷，暗道："這老婆的利嘴依舊了。"耐得一場困說，憮然而出。（第八回）

　ここでは文言と白話が互いに様々であるだけでなく、その上白話文の風格も独自の特徴があり、明清時代にすでに使われなくなった多くの語尾の助詞を使っている。これはつまり、『広寒楼記』の創作年代においてはすでに基本的に消えてしまった言語を使っているということである。しかし、韓国人は書面での学習を通じて中国語を身につけるため、また『広寒楼記』が『西廂記』の影響のもと表れたので、そのため表現においても元代の口語の影響を受けており、元の雑劇の中に相応の表現を見て取ることができる。

　　眼看著衾兒，枕兒，只索要昏昏沈沈的睡；誰管他衫兒，袖兒，濕透了重重疊疊的淚。兀的不悶殺人也麼哥！悶殺人也麼哥！（《西廂記》第四本第三折）
　　聽得一聲去也，松了金釧，遙望見十里長亭，減了玉肌，此恨誰知？（同上）
　　天地也，只合把清濁分辨，可怎生糊塗了盜跖，顏淵？……天地也，做得個怕硬欺軟，卻原來也這般順水推船。地也，你不分好歹何為地？天也，你錯勘賢愚枉為天！（《竇娥冤》第三折）

元明時代の小説の中にも似通った状況がある。

　　宋江冷笑道："我因不送得常例錢便該死時，結識梁山泊吳學究的，卻該怎地？"（《水滸傳》第三十八回）

那婦人那曽去切肉，只虛轉一遭，便出來拍手叫道："倒也，倒也。"（《水滸傳》第二十七回）
　燕青道："李大哥，你先走半里，我隨後來也。"（《水滸傳》第七十四回）

　このように異なった時代の文体の特徴が入り交じった表現の様相は朝鮮漢文小説の大きな特色である。

まとめ

　概言すると、朝鮮漢文小説は中国の古典小説から極めて大きい影響を受けたが、しかしストーリーの展開、人物の如実な描写、及び叙述言語と構成などの面においてすべて独自の特色がある。イデオロギー的に見れば、朝鮮漢文小説の大部分は儒家の道徳規範を厳しく守り、その範囲を越えず、小説の中の人物は一挙手一投足、全てが規範通りで、極めて「理想」的な人物である。一方、中国の小説は全てがそうであるとはいえず、「喩世」（「世を戒め、道理を説く」）、「醒世」（「世を覚醒させ、人々の迷いを覚す」、「警世」（「世に警告を発する」）と公言し、そのために力を尽くすのであるが、時にはいくつか頗る儒学の道に背くものもある。このような現象を生み出す原因は、或いは中国の小説の作者の大半が在野の文人であるため、作品の中で因習やしきたりから来る制約が比較的少ないことにあるのかもしれない。また中国では小説の読者は様々な人がいるが、多くは一般庶民であり、そのため内容は現代人のいわゆる「世俗に媚びる」要素があることは避けられない。朝鮮漢文小説の作者の多くは士大夫の文人であり、朝鮮の「両班制度」は彼らに極めて大きな特権を与え、彼らは制度に対して批判するという考え方が少なく、彼らが創作した作品も自分の階層の「書を知り、礼を識する」ことに属するものであり、大衆から遊離している上層の文人に属するものとして配慮がなされたのであった。そこで、彼らは作品の上でも自然と更に自分の階級をしっかり守るようにな

ったのである。まして朝鮮時代はなおさらであり、通俗小説に対する態度は中国と全く同様で、世の人々の心に害をもたらすもので、蔑視し、排斥する対象になっていた。これも、小説の作者が創作にあたってさらに慎重にせざるを得ないという結果を招き、自分の名声に傷がつくことを免れようとして、朝鮮漢文小説を更に思想的規範化の方向に発展させることとなった。

　朝鮮漢文小説のストーリーの展開は迅速で、細部の描写はほとんどないという特色については、一面においては上で述べたように、その優雅な言語の形式がそうさせているのであり、完全に口語から離れた書面語を使用し、さらに他国の言語で創作を行うため、多くの精微な箇所は入念に描写することができないためであり、また別の一面における重要な原因は、話の筋が固定していることである。善悪のはっきりした世界の中でストーリーが展開するため、上には聖君がいて、下には忠臣がいて、孝行な人と賢い婦人たちは揺るぎなく既定の道に沿って進み、作者の想像力が駆け巡る空間はごくわずかしかなく、話の筋が迅速でないわけにはいかないのである。

　文言を用いた作品は朝鮮の中長編漢文小説の最も顕著な特色であり、漢籍の閲読を通して中国語を覚えるという学習法により、朝鮮の文人は文章表現上において、中国の文人と非常に異なる性格を帯びている。上述した様々なことが、朝鮮の中長編漢文小説が中国の通俗小説とは異なる独特の文体的特徴を形成する要因になったのである。

翻訳：小林和代；校閲：沈国威、紅粉芳恵

清末の国民必読書について
――形式と内容の間で

沈　国威

一、はじめに

　日清戦争以降、中国は上からの改革を始めようとした。しかし光緒帝の百日維新が失敗に終わり、康有為、梁啓超が日本への亡命を余儀なくされた。日本で民衆の知識、道徳水準を目の当たりにし、「欲維新吾国、当先維新吾民」と悟った梁啓超は 1902 年東京で『新民叢報』を創刊し、創刊号から「新民説」の連載を始めた。このように「変法図強」に「啓迪民智」という内容が加わったのである。
　一方、中国国内では文明書局が設立され（1902）、短期間に「蒙学科学書」が多数出版された[1]。朱樹人の『国民読本』もその一冊である。このような国民教育用の啓蒙書、或いは教科書は、『国民必読』、『公民必読』などの書名を用いたものもあり、本稿ではこのような書物を『』なしで仮に国民必読書と呼ぶことにする。国民必読書は、学校教育で使用する教科書に似た性格を持つ一方、一般社会における民衆教育にも使えるところに特徴がある。特に 20 世紀初頭の数年間、新しい学校制度がまだ完全に確立していなかった時期にこのような書物は非常に重宝された。国民必読書は、清末の「啓迪民智」という啓蒙運動や近代的教育システムの確立、ないし

---

[1] 同書局出版の『国民読本』（朱樹人編、1903年）の裏表紙に「文明書局出售教科書目録」と「蒙学科学全書先出十七種」の広告がある。前者には20種の書名が上がっている。

憲法制定と密接な関係があるだけでなく、言文一致運動、共通語の形成、新知識を必要とする学術用語の選定といった中国語そのものの変化をも反映している。特に清学部編の『国民必読課本』(1910)は清政府の政治意図を直接汲むことから近代史研究において特別な意味を有する。しかしこれまでの国民必読書に関する研究は十分とは言えない[2]。筆者は前稿で厳復と『国民必読課本』との関係を取り上げて、初歩的な考察を行ったが[3]、本稿は、1911年までに出版された主な国民必読書4種類について、その使用された言語形式と伝えようとする内容との関連性を糸口にさらに踏み込んだ考察を行うものである。

二、朱樹人の『国民読本』について

最初に「国民」という語を書名に冠して出版されたのが、朱樹人編著の『国民読本』であった[4]。本書は、清光緒二十九年（1903）二月、上海文明書局出版より刊行され、活字袋綴じの2冊、本文は85丁、全101課である（文末書影を参照）。

---

[2] これまでに清末の国民必読書について、もっとも詳しく言及したのが、アメリカの研究者 Joan Judge（季家珍）であった。氏は、「改造国家——晩清的教科書與国民読本」という論文で、国民読本の出版を新式教科書と新民族主義イデオロギーの発生という角度から捉え、テクスト分析を行った。しかし取り上げられたのは、直隷学務處が出版した高歩瀛・陳宝泉編の『国民必読』だけで、1907年に預備立憲公会より出版された『公民必読初編、二編』については上海図書館、及び上海周辺に所蔵なしという理由で、逸書扱いにし、学部編の『国民必読課本』も未見とし多くを語らなかった。

[3] 沈国威・孫青「厳復と清末学部編『国民必読課本初稿』(1910)」、『東アジアにおける文化情報の発信と受容』、松浦章編、雄松堂出版、2010年31〜54頁。

[4] 朱樹人は傳不詳、1901年に南洋公学から『新蒙学課本』(3冊、文言)を出版し、1903年『普通新智識読本』(2冊)、『蒙学文法教科書』、『稽者傳』を世に送った。いずれも影響の大きい書物である。例えば『普通新智識読本』と『稽者傳』は学部によって宣講所の採択図書に指定された。

巻頭に「編輯大意」があり、次のような旨が述べられている。

　国民教育は、忠義で果敢な国民を養成するものである。これまでの中国の教育は、道徳が最も重要視され、智能がそれに次ぎ、国民教育は問題とされることがなかった。君主や目上の人を敬い、法律を守り、税金を納めるといったことは少しでも教育を受けた人ならばその道理が弁えるし、読書人は東西古今の政治経済について深く研究している。それでも国民教育が存在しないと言っているのはなぜか。古典は科挙の道を目指す者の学習内容で、一般民衆に対する国民教育ではない。上下の身分を定め、礼儀作法を峻別させるのは「人民」（臣民の意：筆者）を教育することであって、これも国民教育ではない。国民教育とは、国家と国民のそれぞれの権利と義務を明確にし、個人と社会、国家との関係を分からせることにより、社会、国家を愛する精神を育て、自治自立の人材を養成するものである。国民教育のないところでは、その人々は国家とは何か、政治とは何かを全く心得ず、操り人形に過ぎない。そのような国は長く繁栄することもできない。従って西洋諸国の学校は国民教育を急務とし、小学校には専門の教科書はないが、国民教育の内容は読本類に散見し、教師も日頃口頭で教えている。高等学校に至っては専門の書物が用意されている。本書は、西洋の趣旨を踏まえ、我が国の実情を勘案し編輯したものである。教科書とは言えず、学校等で一時的に使用するだけを想定している。

　国家の政治の崩壊、国民の公徳の不在、知識の貧弱さが中国社会の現状である。変化させるにはフランス革命のような下からの方法とロシアのピョートル1世のように上からの方法とがある。しかしロシアの方法では国民の文明の程度を高めることはできない。従って、公徳を養成し、国民性を改め、知識を獲得することは昨今の教育の最重要課題である。国民教育を通じて君民一徳、全国一心となれば、効果が期待できる。しかし過度に民権を主張し、政府を攻撃するのは、国民教育の主旨から逸脱することになる。本書の内容は慎重を期し、国民と密接な関係のあるものだけを採用し、政治専門家の学説はむやみに取り入れない。

西洋のいわゆる国民は政治権利を持つ人で、共和政体、或いは立憲政体の国のみ国民が存在する。専制国には「人民」はいるが「国民」はいない。専制国の人々は国家とは何ぞやを知らない。国家の存亡の危機にも無関心である。国民の意味を大いに提唱し、無関心の病を治そうとする本書が言う国民は、忠義の民の意味で、西洋の国民とは異なる。

　国家の体制には違いがある。国民の性質も異なる。国民教育はそれぞれの国の文明の程度に応じ、風俗習慣を踏まえ、行わなければならない。新旧交代の時期に、国の針路は定まらず、政治なども決まった方策がない。本書は改良進取をモットーとし、過去に拘ることなく、場合によって東西の方法を比較し、法則を見いだそうとするものである。

　中国には良い子が多いが、良い国民は少ない。国民は独立性と社会性という欠くことのできない性質を備えなければならない。五千年来中国人の思想、才能は専制政治に束縛され、独立性が大いに阻害された。空論が好まれ、結社等が厳しく禁じられ、旧い教育内容と体制によって、事勿れ主義か自己中心の人が多く、これは社会性が育たない主な理由である。国民に独立性も社会性もなければ、国家が強くなることはできない。教育者はまずこれらの問題を解決しなければならない。

　朱はまた「目次」の前に「本書は西洋の国民教育書の体裁に倣い、少年を教育するために執筆したものである。社会、国家、国民、国民の公徳、政治体制、官制、学校、軍政、納税、法律、交通、警察、民政、宗教等の諸制度、経済学の概要が収められ、文章は分かりやすく、議論は穏やか（文理浅白、語気和平）である。民衆教育を通じて政治変革の基礎を築くというのが主旨であり、政府攻撃の意図は毛頭ない。十二、三歳以上で歴史、地理をすでに学習した者なら読むことができ[5]、年をとっているが他の書物を読む暇がない者本書で政治経済等の概略を知ることができる」と本書の内容と想定した読者について説明している。

---

[5] 原文は「己習」とある。「已習」の誤植か。もちろん「独学」という意味の可能性は全くないわけではない。

本書全101課は次のように三つの部分に分けられている。
- 第1〜27課：発明社会国家国民之名義、以立国民之公徳、変国民之気質；
- 第28〜75課：論述政体、官制、学校、軍政、賦税、法律、交通、警察、民政、戸律、宗教之名義制度、国民與国政之関係、国民於国政上応享之権利、応尽之職分；
- 第76〜101課：述計学要義之切於民用者、以袪流俗之錮惑、進社会之幸福

つまり、第一部分では国民国家の形成、国家と国民の関係、国民が有すべき性質を説き、第二部分では、国家の体制、組織構造、諸制度及び国民の権利と義務について述べている。第三部分では、経済学の知識を紹介し、国民として自立する術を説明し、社会の幸福を促そうとしている。朱樹人は国民としてこの三つの部分の知識内容が不可欠と考えていたのである。本書の第二部分には「日本政府及地方制度、日本国議会及地方議会、日本学校、日本徴兵法、日本裁判制度、日本刑罰、日本地方警察」というように直接日本の書物から取り入れた内容が多く含まれており、日本をモデルとした新しい国家像を提示しようとした。本書は書名をはじめ、体裁、内容等で日本書の影響を強く受けていた。また梁啓超の『新民説』の影響も随所に見られる。但し内容全般についての分析は別稿を用意するのでここでは深入りしないことにする。

「編輯大意」によれば本書の使用者は、十二、三歳の少年で、使い方は自習用にと想定していた。「文理浅白、語気和平」というのはその為であろう。読者への配慮から分かりやすさを追求する姿勢が窺えるが、しかし実際はどのような状況であろうか。次の一節は第1課である。

課一　社會縁起
人相群而成社會未有國家先有社會社會者人類生存之道也西國有羅朋森者航海撫州同舟者皆沒水羅朋生漂流荒島獨立自給衣食日用無缺乏然試思之方其初至也手不持寸鐵欲獵無火器欲漁無網罟欲耕無鋤犁既有資糧

亦有器械矣而能耕田未必能造屋能造屋未必能制衣即盡能之矣而一人之
身忽而庖丁忽而木工忽而衣匠無乃勞乎羅朋森才智過人僅能自給他人處
此有不槁臥而斃者哉故社會之成成於自然非如格致等學之必有創始之人
也人非仙靈非神物未有不賴社會而生者自初有人類之時既有一夫一婦合
力相助一夫一婦其即社會之起點與有夫婦而後有室家群家而成族群族而
成民群民而成國國也者即數千萬萬之室家互相團聚以保護其公共之利益
者也

本文には句読点がなく、分かち書きもされていない。文語文体で、読み
やすいとは言い難い。強調の傍点などは付いているが、読解の助けになら
ないものが多い。このような書物が、「凡十二三歳以上已習歴史地理者均
可購読」とは時代性を考慮に入れても俄に信じがたいことである。単なる
宣伝文句であろう。実際の使用としては教室の中で教師の指導を直に受け
なければ本書の内容を理解することは難しいと思われる。但し経済特科等
の実施が追加され、新知識を問う策問が比重を増す科挙試験の転換期に、
本書は受験対策書として一部の受験生に迎えられたことも事実であろう。
文体の他に本書が難解であるもう一つの理由は、当時の一般民衆にとって
理解不能な新名詞（術語）がふんだんに用いられていることである。本書
では術語についての説明が非常に簡潔である。例えば上記の「社会」につ
いては、「社會者人類生存之道也」とあるが、社会は人類の生活様式であ
る点は要を得たとしても、「社会」の成立に関わる諸要素：意思疎通、秩
序化、組織化、言語、宗教、道徳規範などに触れなければ完全な理解が得
られないであろう。1903年当時、新しい術語の出現は深刻な問題を引き起
こしている。中国最初の近代的国語辞書『辞源』（1915）の編纂者陸爾奎
は次のように指摘している[6]。

癸卯甲辰之際，海上譯籍初行，社會口語驟變。報紙鼓吹文明，法學哲
理名辭稠迭盈幅。然行之内地，則積極消極内籀外籀皆不知為何語。由

---

[6] 『辞源』巻頭にある「辞源説略」。

是縉紳先生摒絕勿觀，率以新學相詬病。及遊學少年續續返國，欲知國家之掌故，鄉土之舊聞。典籍志乘浩如煙海，徵文考獻，反不如寄居異國，其國之政教禮俗可以展卷即得。由是欲毀棄一切，以言革新，又競以舊學為迂闊，新舊扞格文化弗進，（下略）

つまり 1903、1904 年前後、翻訳書が上海で大いに流行り、一般社会で使用される口頭言語が急速に変化した。新聞は文明を鼓吹し、法律、哲学の新名詞が紙面に溢れる。しかし内陸部では「積極、消極、内籀（帰納）、外籀（演繹）」といった語の意味が分からない。難解な術語が読解の障害になっているだけではなく、世代間、そして伝統と新時代の溝になっていたのである。このような状況を解消するために『新爾雅』（汪栄宝・葉瀾、1903 年）が編纂されたわけであるが[7]、ほぼ同じ時期に梁啓超も『新民叢報』で『新釈名』の連載を始めた。中国古代の辞書『爾雅』、『釈名』の書名を踏襲する二つの書物はいずれも術語を詳細に解釈する用語集である。但し『新釈名』は数回連載した後中止し、予告した単行本はついに刊行されなかった。一方『新爾雅』は大きな成功を収め、1914 年に再版が出された。その 1 年後に『辞源』が出版されたのであるが、術語問題解決の努力は、しばらく続いた。

朱の『国民読本』も新概念の浸透と術語の定着に一役買おうとした。例えば第 55 課釈法に、

中國有刑名學。專習刑法律例。所載皆刑法也。律所未盡。見之於例。例雖增而律不增。泰西則有法學。名目繁多。略釋如左。
法之總目有二。一曰公法。一曰私法。公法者。本國君民上下交際之法。
……

とある。但しこの時期は、術語の意味を解釈することは容易なことではな

---

[7] 沈国威『『新爾雅』とその語彙』、白帝社、1995 年。

かった。というのは説明するにはまた別の術語を用いざるを得ないというジレンマに陥るのを免れないからである。例えば『新釈名』は、「社会」について「社会者衆人協同生活之有機的有意識的人格的之渾一体也。」と定義しているが、この定義を理解させるのに、執筆者は、まず「協同生活」、「有機体」、「有意識」、「人格」、「渾一体」から説明せざるを得なかった。

『国民読本』は光緒二十九年（1903）二月初版刊行、同三十一年（1905）六月すでに9刷を数えた。需要の大きさが窺える。

三、高歩瀛・陳宝泉編の『国民必読』について

架蔵本は、扉に「光緒丙午（1906）季秋之月／国民必読／南洋官書局重印」とあり、裏表紙に「清光緒三十一年（1905）／北洋大臣学務處編訳奉諭重印／国民必読／編者高歩瀛・陳宝泉／南洋官書局」（／は改行）とある[8]。北洋大臣学務處が編訳したものを南洋官書局が「奉諭」重印したことになる。石印、第一編に13課、第二編に14課という構成で計61丁である[9]。目次ページに「通俗国民必読目録」とあり、「通俗」が強調されている。上海図書館蔵本に、「学部第一次審定初等小学暫用書目」という外題の表紙が追加され、巻末に「学部第一次審定初等小学暫用教科書凡例」が付されている。学部の審査を経て暫定的に小学校の教科書に選ばれたことが分かる。政府のお墨付きを得たわけだが、その内容に政府が完全に満足しているというよりは、他に選択肢があまりなかったといったほうが事実

---

[8] 高歩瀛（1873〜1940）は、字は閬仙、河北の人、挙人の及第者である。1902年日本師範学校に留学し、帰国後、直隷視学を務めた。1906年から学部主事、北京師範大学教授などを歴任した。陳宝泉（1874〜1937）は、字は筱庄、小庄、天津の人。1903年日本に留学、1904年帰国後、天津で民衆教育に従事し、勧学所、宣講所の設立に尽力した。1905年に厳修について高歩瀛と共に清学部に奉職し、その後も長く教育行政に携わった。

[9] 1905年の初版本は三編であるが、未見。

に近いであろう[10]。本書は、重印本を含め、10万冊以上配布されたと言われ[11]、国民必読書の中では比較的閲覧が容易である。以下『国民必読』の目次である。

通俗国民必読　第一編目録
　　第1課　　説国家與国民的関係
　　第2課　　説国民応尽的責任
　　第3課　　説保護国家就是保護身家
　　第4課　　説教育普及
　　第5課　　説軍国民教育
　　第6課　　説軍国民制度
　　第7課　　説中国古時尚武的精神
　　第8課　　説中国現今的大勢
　　第9課　　説各国尚武的精神
　　第10課　　説各国現今的大勢
　　第11課　　説各国的軍備
　　第12課　　説外国人待我国人的情形並所以至此的縁故
　　第13課　　説今日中国国民救国的方法

通俗国民必読　第二編目録
　　第1課　　説要有国民的資格必須先受教育
　　第2課　　説体育
　　第3課　　説智育
　　第4課　　説徳育
　　第5課　　説自制
　　第6課　　説孝親

---

[10] 「学部通行各省宣講所応講各書文」付録の「学部採択宣講所応用書目表」(『学部官報』第4期、光緒32年7月29日［1906年9月17］)に「国民必読、三冊、陳宝泉・高歩瀛、直隷学務処」とあり、備注欄に「是書専在国民教育及道徳教育正合宣講之用。惟一冊第七課及三冊第八課有誤処」とある。

[11] 陳宝泉「五十自述」、『退思斎文存』。

第 7 課　　説兄弟友愛　附説姉妹
第 8 課　　説夫婦和睦　附説戒早婚
第 9 課　　説宗族姻親　附説宜從家族的道德推到社会的道德
第 10 課　　説信実
第 11 課　　説尽職
第 12 課　　説勇往堅忍
第 13 課　　説自治
第 14 課　　説衛生

　目次からも分かるように第一編は国民と国家という両者の関係を中心に説明している。但し国民の義務に詳細に言及している割にはその権利を特に問題視していなかった。著者が力を入れているのは中国の現状とそれを取り巻く厳しい国際環境への注意喚起で、国民の目覚めを促し、中国を危機から救うことである。第二編は国民となる資格、あるべき性質、国民の責任などを説いている。著者は立派な国民になるには教育を受けなければならないと主張している。編輯者は個々の人に目を向けており、如何にその「程度」をいわゆる「国民」のレベルにまで向上させるかに関心を寄せている。中国の国家そのものに問題があるというより個々の人に国民の資格が欠落しているのが問題と考えている。編者は第一編第 12 課「説外国人待我国人的情形並所以至此的縁故」で個人の体験談を織り交ぜながら次のように書いている。

　　孟子說得好　人必自侮　而後人侮之　我們中國人　亦有一種取侮的毛病　我是中國人　如何說我們中國人的不好　說不好　正是望著我們好的意思　記得去年從日本回國　坐著日本的輪船　路徑高麗的仁川海口　彼時有許多我們中國人上船　行李才放在坐艙内　忽見日本人將行李全數擲出　中國的船客　也全數推出艙外　說不准你們與日本人同艙　中國人在船面上坐了十點多鐘　才引到一個貨艙裡　那時我十分生氣　說一樣的船票　何故不能坐一樣的艙　明明是欺負中國人　但聽他們暗裡

說話　是嫌中國人吸煙的多　作賊的多　我更心中不服　慢慢走到貨艙裡一看　見十幾盞煙燈　已點得十分明亮　已中了日本人頭一句話　到下船的時候　日本人又說失去飯碗　各處搜查　偏又從我國人行李內搜出　被日本人痛打了一頓　諸君你說那種情形　豈不令人氣死麼　但氣死亦無益　總須大家爭一口氣　不作外人看不起的事　若是他們不以禮相待　我們原可以理相爭　自己爭氣　亦就是為國家爭氣了

　不当な扱いを受けたのは自分のだらしなさ（不争気）に起因する。教科書にこのような内容が登場したこと自体が異例と言えよう。それだけ「民度」を向上させようとする気持ちが強かった。その目的を達成するのに、編者は内容と形式の二つの課題に直面する。目次から分かるように編者が提示している教育内容は雑多なものである。「体育、徳育、智育」といった新しいものを提案する一方で、「孝親、兄弟友愛、夫婦和睦」という旧い倫理道徳の枠組みのものもある[12]。興味深いのは前者の場合に伝統的な例を挙げ、後者の場合は西洋など外国の例を挙げている。例えば「説体育」では体を鍛え、国を救う晋の陶侃を例に挙げ、「説信実」ではワシントン少年を紹介するという有様である。また第一編第7課「説中国古代尚武的精神」では数百字の「附注」を付けて、孔子の事績、胡服騎射、完璧帰趙、撃缶鼓瑟、囲魏救趙などを紹介した。このように伝統的な事例を用いることにより、編者は、読者となる青少年に国民としての義務を理解させようとする一方、中国固有の価値観、道徳観をも保持させようとした。『国民必読』は「以中国之倫常名教為本，輔以諸国富強之術」という「中体西用」の色彩が強く残っている書物で、内容的には朱樹人の『国民必読』より大きく後退しているのも事実である[13]。

---

[12] 編者は二人とも伝統的な学問背景がありながら、日本留学の経験も持ち、新しい思想、知識の移入にも大きな関心があった。「兄弟、夫婦、宗族」の項目に附説として「姉妹、戒早婚、社会道徳」の内容を付け加えたのがその現れである。
[13] 概念として一般的な理解と違う場合もある。例えば下巻第13課「説自治」は、自己管理のことを述べている。

『国民必読』は民衆の文明程度を高めようとする以上、最大限に読者にその内容を理解させなければならない。それが口語文体を採用する所以である。例えば第1課は次のように始まっている。

> 第一課　說國家與國民的關係
> 此書的宗旨　是講國民教育　所以先從國家與國民的關係說起　如今我中國的民人　有個最不好的習俗　遇著國家有事　就說這是國家的事不與我民人相干　此等話可算是最糊塗的了　試問民人是何國的民人　國家是何人的國家　若國家的事與民人無干　是國家自國家　民人自民人　如何能喚作國民呢（以下略）

語気助詞「呢」を用いて語りかけるような口語文体で、句読点はないが、スペースが空けられている。内容によっては補足説明の割り注も多く用いている。また形式的に『聖諭広訓』の講釈書に倣っていることは明白である。例えば「孝」について、『国民必読』と『聖諭広訓直解』ではそれぞれ次のようになっている[14]。

第六課說孝親	聖諭廣訓直解
上課所說自制的事　是從一身說起此身從何而來呢　無論何人　全有父母　幼小的時候　離了父母　一刻不能生活　作父母的　寧可自耐寒忍餓　不肯令孩子受一點屈曲若講到父母愛子的心腸　就是千言萬語　亦說不盡　詩經上有云　哀哀父母　生我劬勞　又云　欲報之德　昊天罔極　真是父母的恩德是與天一樣的　要想報父母的恩德	你們在懷抱的時候，飢了呢自己不會吃飯，冷了呢自己不會穿衣，你的爹娘看著你的臉兒，聽著你的聲兒，你笑呢就喜歡，你哭呢就憂愁，你走動呢就步步跟著你，你若是略略有些病兒，就愁的不得了，茶飯都吃不上口，不怨兒子難養，反怨自己失錯，恨不得將身替代，只等你的身子好了，心才放下。（中略）你從胞胎生下，赤剝剝一條身子，並不曾帶一絲

---

[14] 周振鶴『聖諭廣訓集解與研究』、上海書店出版社、2006年165頁。

祇有盡孝一事	一線來，到如今有吃的、有穿的、爹娘的恩可報得盡麼？

しかし両者を比べれば『国民必読』の口語文体の完成度は必ずしも高くない。例えば前掲の第1課の出だしの部分だけでも「此、與、何、若、如何…」といったような文語の虚詞が用いられているし、『詩経』など古典を引用する箇所も多い。

全書に新しい術語の使用が少なく、術語による理解不可能な事態が避けられた。また朱樹人における「公民者。享有公権之民也」という定義の文型を改め、次のような術語の定義を試みる努力もなされている。

- 何為軍國民教育　是令一般國民　全受國家教育　全有軍人資格　就是軍國民教育了
- 何為軍國民制度　就是通國皆兵

四、孟昭常の『公民必読初編、二編』

『公民必読初編、二編』は、孟昭常著述[15]、屠紹屏校正によるもので、初編は光緒三十三年（1907）八月、二編は同三十四年（1908）八月それぞれ初版刊行となっている。活字本2冊、本文は初編43丁、二編45丁で、発行者は預備立憲公会、印刷は中華書局、販売は商務印書館である[16]。預備立憲公会会長の鄭孝胥は序文の中で、迅速な立憲が望まれるが、政府関

---

[15] 孟昭常（1871～1918）は、字は庸生、常州の人。1892年郷試に合格し挙人となり、1903年官費生として日本法政大学に留学、1905年帰国。1906年、鄭孝胥らと上海で預備立憲公会を設立、副会長に就任した。

[16] 『公民必読』は爆発的に売れた。河南撫台は初編を1万冊購入し、広西撫台は1908年11月一度に『公民必読初編、二編』10万冊購入したという。なお架蔵は初編宣統二年三月27刷、同二編16刷である。自治運動に熱心な地方官吏による一括購入が多いが、どれだけ一般読者にわたっていたかは不明である。

係者はみな国民の程度が及ばないと言っている。果たして立憲政府に相応しい官吏がいて、それに相応しい国民だけがいないのか。国民のために弁明しようとするが、新しい知識を拒む人は確かに存在する。本書の読者は自らの責務に目覚めるよう期待する旨を述べている。目次は下記の通りである。

公民必読初編目録
  図
  序
  例言
  首章 預備立憲
 上諭
   第一章 立憲與地方自治之関係
   第二章 公民
   第三章 城廂郷図
   第四章 董事
   第五章 議会
   第六章 選挙
   第七章 地方財政
   第八章 助長事業
   第九章 地方官庁
   第十章 庁州県之議会

公民必読二編目録
  図
  緒言
   第一章 省会総論
   第二章 省会組織
   第三章 省之財政
   第四章 立憲国人民之地位

第五章　　人民対于国家
　　第六章　　人民対于政府
　　第七章　　人民対于地方長官及公吏
　　第八章　　个人対于社会
　　第九章　　人民対于外国人

　この内容について孟昭常は初編の「例言」の中で、本書は町村の議員らが講習するために編輯したものである。漸次廰州県レベルまでカバーするので、廰州県の議会については最後の章で述べる。省議会、国会に関する知識や法律、官制に関する知識も国民にとって必要なものだが、初編では扱わないとある。また二編の「緒言」で、各省の議会、国会の議員は城郷の公民によって選ばれるので、我が国民全員に立憲国民の責任を負わせるには省の議会、国会の知識を持っていなければならないため、本書は特に省議会について詳述している。人民は高尚な知識と国家観念を持っていなければならず、そのいずれもが自治能力に繋がり、不可欠なものである。従って本書は、立憲国家における国民の地位についても詳細に説明しているとある。しかし上掲した目次からも分かるように、本書は、地方議会の組織構成、選出、財政、教育、税収といった地方自治体に必要な情報を大量に盛り込んでいる。つまり国民養成の啓蒙書というよりは地方自治設立、運営等に関するマニュアルのような存在である。例えば「公民」の部分では公民のあり方、持つべき素質、知識などに言及せず、選挙権を獲得する条件を詳しく論じている。また光緒帝らの立憲に関する「上諭」を巻頭に掲げていることから、編者らが上からの改革を目指していることが明らかである。自治理念の説明よりその具体的な実施方法に重点が置かれている孟昭常の『公民必読』は、ほぼ全面的に日本の自治をモデルに中国の自治に関する青写真を示そうとするものである。多くの部分が日本の法律・条例等の翻訳である。孟氏は日本の法政大学に2年間留学しているし、鄭孝胥も在日本中国公使館に長く勤務していたから当然である。内容に関する考察は別稿に譲り、文体、用語の面に目を転じよう。

第一節地方自治之理由は次のように始まっている。

> 朝廷宣佈　上諭預備立憲。我百姓便當知立憲是何等意義。立憲意義。講解明白。然後可勉為立憲國民。今欲為我父老子弟講明立憲之意義。蓋非一言所能盡。其最切於我百姓者。莫如官民共負責任一語。蓋幾千年來。我百姓皆不負責任。故一代之盛衰強弱。我百姓皆委之氣數。不能為國家分一分心。盡一分力。以至於傾頹而不能救。此皆我百姓之罪也。抑豈惟一國之大事為然。即地方上之利害。我百姓所身受者。亦皆仰望官府而不能自謀。譬如一鄉之中。生計缺乏。我鄉人實受其弊。而我父老子弟漠然不覺也。即有一二人知之。亦只咨嗟太息。而無可如何也。今　朝廷預備立憲。蓋深知我百姓無責任之害。故欲改無責任制度為有責任制度。責任何在。關於全國者為議院。關於一方者為地方自治。議院未有明文。故先與父老子弟言地方自治。

というふうに用語、文型から一種の演説文体を目指していると思われる。また句読点も施されている。しかしこれはあくまでも最初の部分だけで、実質の議論に入ると下記のように少しずつ文体が硬くなる。

> 第一章第三節自治權之行使：我百姓既有此自治權。則必有行使此權之方法。蓋一方之公事。必有一代表之主體焉。以中國舊制度例之。即城廂鄉圖董事是也。夫自治係地方共有之權。則其代表之董事。必由地方上公舉之。
> 第二章第二節公民之意義：公民者。享有公權之民也。何以能享有公權而別為公民。曰論公權之實義。凡為我中國之民皆有之。特行使此權當具一定之資格公民云者。明其有資格以示表異也。

「此、則、之、蓋、焉、也、夫、係、其、何以、曰、皆、云」などの文語文体の虚詞の多用が、その現れである。また「自治權、行使、代表、主

体、公民、公権、資格」などの術語も説明無しに使用されていることは理解の妨げになるであろう。

孟昭常は例言で「日本の公民読本に従ってはいるが、その用語、体裁を単純に踏襲しているのではない」と言っている。しかし、例えば「蓋住民者。國民之本位也。公民者。立憲之體質也。」「日本法，在市町村內有住所。引續二年以上者爲住民」などにおける「住民、本位、引續」はいずれも日本語の単語であり、中国の読者にとって熟していない表現であろう。

このように立憲と地方自治を中心に公民、地方自治の理念、制度、組織等を紹介しようとする本書はなぜ書き出しのように口語文体を使い続けられなかったのか。著者の言語能力を超えていたことと読者にとって文語体のほうがかえって理解しやすいことが理由として挙げられる。梁啓超が浅文理（浅い文語体）で日本の政治小説を翻訳することについて、蒋林は、その理由として、一）文学表現上の必要、二）翻訳者の価値判断、三）読者の鑑賞上の好みを挙げている[17]。政治小説などの文芸作品は物語の展開上、術語の使用が全くないわけではないが、総じて少ないし、厳密ではない。

しかし文学作品ではなく、製造関係の技術書でもない人文科学の書物にはその特殊性があり、内容からくる術語の制約が存在する。文学作品のように修辞、表現上の工夫や感情表出に特別な文型などは必要ないが、正確かつ区別性のある記述が要求される。洗練さと簡潔さも大事であろう。『公民必読』が文体的に硬くならざるを得ない理由はここにある。また教科書の白話使用について杜亜泉は、次のように述べている[18]。

> 惟初等一種。參用白話。鄙意未敢以爲是。蓋以白話入書。不如用淺近文辭之易解。且孰爲白話。孰爲文辭。小學生胸中。未必卽能辨別。若

---

[17] 蒋林『梁啓超豪傑訳研究』、上海訳文出版社、2009年、110～112頁。
[18] 「杜亜泉致某君書」、『教育雑誌』第1年第9期、宣統元年八月二十五日（1909.10.8）雑纂62頁。

慣用白話書。則將來作文時。必至夾入白話。轉多障礙矣。例如使錢若干。不如用錢若干之易明。打了三隻碗。不如打破三隻碗之易解。若書中習用使字了字。則學生作文時。必將此等字夾入文中。觸處皆是。不能自別。不但不成文理。反令人費解矣。言文不一致。為吾國交通統一之大礙。惟用淺近文辭。則言與文或可漸趨於一致。若參以白話。使文言雜用之。則各處有各處之白話。必至各處有各處之文辭。而文辭亦將不能一致矣。蓋我國語言多異。而文辭相同。故欲統一語言。是當以言就文。不當以文就言也。

杜亜泉は教科書類に白話使用を反対する理由として、一）文章の価値を落とすこと（不成文理）、二）正確に表現できないこと（令人費解）、三）各地の方言がそのまま文章になればコミュニケーションの障害になりかねないことの三点を挙げている。文章の価値云々はともかくとして、全国レベルで自治について議論しようとする預備立憲公会にとって文言の正確さと共通語としての便利さを捨てたくないのであろう。この問題について、『国民必読課本』の節でもう一度立ち戻りたい。

五、学部編『国民必読課本』について

清政府は1906年に憲法制定を宣言し、1908年秋に立憲のための準備事項が公表された[19]。識字率をはじめ、民衆の文明程度、つまり「民度」を高めるのが立憲の成敗を左右するものとして意識され、民度を高めるために、『簡易識字課本』と『国民必読課本』の編纂に着手するよう学部に命じた。『簡易識字課本』は1909年末、『国民必読課本』は「初稿」という

---

[19] 『憲政編査館、資政院会奏進呈憲法大綱曁議院法選挙法要領及逐年籌備事宜折附清単二』、故宮博物院明清档案部編『清末籌備立憲档案史料』、北京：中華書局，1979年7月版，上冊，第54～57頁。

但し書付で 1910 年 2 月にそれぞれ完成し、公刊された。さらに半年後、1910 年秋に当初の計画案になかった『簡易国民必読課本上下』が世に送られる。『国民必読課本初稿』は甲編乙編に分かれ、それぞれ上下 2 冊の計 4 冊である。銅版印刷、甲編上 24 丁、甲編下 47 丁、乙編上 75 丁、乙編下 93 丁。奥付はないが、裏表紙に「宣統二年正月、学部図書局印行」とある。宣統二年正月は、1910.2.10〜3.10 の間である。編纂者が記されず、扉に「此本専備試験之用不許翻印」とある。計 240 頁、10 万字ほどの書物である。『国民必読課本初稿』(以下『必読課本』と略す) は、欄外に簡単な説明語句はあるが、句読点など読解の手助けになるものはない。体裁上、改行や文字下げを施し、厳格に上奏する文章の書式を守っている(文末の書影を参照)。

　立憲準備の一環として編纂された『必読課本』は、民度向上の意味では陳宝泉らの読本と趣旨が同じであるが、国民国家の樹立と国民の創出という要請に応えるべく編纂された清末の国民必読書は、その刊行自体を一つの国民創出のプロセスとして捕らえるべきであろう。つまり文明書局のような民間出版社からスタートした民衆に対する啓蒙教育は、直隷学務処や預備立憲公会のような地方政府、或いは半官半民の組織により、近代教育制度の整備、憲法制定の準備に関連づけられ、活発化され、そこへ学部による『国民必読課本』編纂の計画が持ち上がったのである。種々の目的や理念に基づいて行われた「啓迪民智」の努力は、清王朝中央政府が体制維持のために求める臣民養成に収斂されていくのである。

　『必読課本』の編纂に先立って、担当者は「先集坊間所出各本、詳加核閲」とあるようにまず綿密な調査を行い、既存の国民必読書に存在する問題点を点検した。内容面の問題として「事多仮設、不能証実。扈言異説、惑乱人心(記述した事例の多くは、仮説によるもので、実証できない。一部の内容、言論は過激な邪説に触れ、人心を掻き乱す危険性がある。)」の二点、そして形式面の問題として「雑列名詞、無復抉択。方言訛語、不便通行。文義艱深，索解不易(用語、術語が不統一で、読者が戸惑うであろ

う。方言及び規範的でない言葉が用いられており、普及に支障がある。場合によっては内容が難しすぎて、一般民衆が理解できない。)」の三点を指摘している[20]。この五つの弊害を取り除くことが新しい国民必読書の成功に不可欠であると主張している。『必読課本』の内容について、「情形折」では次のような方針が示されている。

> 　二種類を編纂し、一つは分かりやすく、範囲も比較的狭く、経典からの引用が少ないようにする。素質の良い生徒は1年で、素質の良くない生徒でも1年半で修了することができる。もう一つは内容が深く、範囲も広い。経典からの引用が多いので、素質の良い生徒は2年、素質の良くない生徒でも3年で修了できるよう内容を考える。二種類ともそれぞれ上下二巻に分けて刊行する。上巻は経典から大義が明らかなものを中心に文章を慎重に採集し、秦漢唐宋の儒学者たちの学説でもってそれを証明する。本文の後に注釈を付す。経典の中に修身に役立つものや人生に有益なもの、そして諸子の文章の他に、外国の新書、国家の政治法律、世界情勢に関連するものなど今日の有用な知識から重要なものはみな収録する対象となり得る。民衆の知恵を開き、視野を広める。下巻では、歴代皇帝の諭旨を集録する。制度、法令から重要なものを慎重に採集する。

つまり甲乙編の違いは内容の難易度にあるが、甲編も乙編も上巻は伝統的な「修身」にあたり、下巻は「経世」にあたるものと言えよう。しかし実際編纂された書物はどのようなものであろうか。まず内容について眺めてみよう。

---

[20] 「学部奏編『国民必読課本』『簡易識字課本』大概情形折」(光緒三十四年十二月十八日1909.1.9)、『教育雑誌』第1年第2期、1909年3月16日。以下文脈によっては「情形折」と略す。

清学部編『国民必読課本初稿』目次

	上巻	下巻
甲編	尊孔 明倫 教忠 教孝 兄弟 夫婦 朋友 修身 立志 勵學 力行 敦品 改過 守信 尚武 治家 合群 博愛 公義 公德 愛國 女學	地理 總論 中國 國土 人種 宗教 歷史 聖澤 憲政 議會 官制 法律 賦稅 學校 軍備 農業 工藝 商業 礦產 交通 外交 總論 條約 待遇外人 通商 權量 衛生 國民 國民教育 國民常識 立憲國民
乙編	立志 求學 執業 宗聖 從師 交友 讀書 濬（浚）智 慎言 謹言 制服 持敬 學禮 尚武 勤力 崇儉 勵廉 謙讓 誠實 手正 知恥 改過 慎微 惜時 有恆 辨惑 衛生 致美（以上修已篇三十三課） 孝親 兄弟 夫婦 教幼 睦族（以上治家篇十一課）忠君 愛國 事上 奉法 急公 盡職 任重 合力 對外（以上報國篇九課） 存仁 行恕 踐信 敬鄉 敬老 恤窮 知人 公益 建學 興業 廣愛（以上処人篇十二課）	天象（日局 恆星 月 晝夜 四時 潮汐） 地理（地球 溟海 洲陸 氣候 人種 宗教）中國（總論 國土 山川）歷史（進化史 交通史） 聖澤 憲政（總論 政體 大權 議院 行政 司法 臣民之權力義務 地方自治） 法律（總論 民法 商法 刑法 訴訟法 國際公法 國際私法） 國防（總論 陸軍 海軍 武學） 外交（總論 外交之機關 列強） 學校（學制 女學） 學術（群經 孔子及諸弟子略傳 諸子 文學 學派 歐學）醫學 農業（勸農 農學）工業 商務（總論 公司 通商） 權量 博物（動植礦大意 家畜 有用昆蟲 植物之關於進化者 植物之關於商品者 礦物者 石炭）

　甲乙編では内容がかなりの部分で重なっていることが確認できる。これは当初の方針に従った結果でもある。特に上巻はほぼ既定方針に沿う形で

編集されているといえよう。例えば乙編の上巻は「今日の有用な知識も収める」と謳っているように「愛国、衛生、社会」などの内容も取り入れられているが、「修己、治家、報国、処人」という伝統的な修身の枠組みを踏襲している。しかし下巻になれば、もはや「歴代皇帝の諭旨を集録する、制度、法令から重要なものを慎重に採集する」では捉えきれなくなった。学部は実物を目の前にして、次のように軌道修正をせざるを得なかった[21]。

> 前年上奏した通り、『国民必読課本』は上下二巻に分けられ、上巻は、宗旨の発明を主とし、世の中が変わっても古人の教え、制度、道徳の基本は不変の真理である。いま民衆の道徳が確立せず、異説が秘かに存在している。十分に注意して混入を防ぐ必要がある。必読課本は、諸経典の大義を取り上げ、史書、諸子の文章、東西の著名な学者の学説をみな採用し、なすべきことをわきまえ、立身の基本とする。下巻は、歴代皇帝の諭旨を基本とし、さらに現在の制度、世界の情勢、富国への道、国民の責任も述べなければならない。こうして初めて、「明体達用」の益を得られる。二種類は難易度の差はあるが、国民の道徳的達成、知識の拡張、国民の責任意識において、相違は存在しない。

とある。さらに上巻は、「教敬、教譲、教親、教和、辯等、教安」という「人倫道徳之事」を教え、下巻は、「以刑教中、以誓教恤、以度教節、以世事教能、以賢制爵、以庸制禄」という「法律制度因時用民之事」を教えるとも説明している。当初計画案の甲編上巻にあるはずの「外国の新書、国家の政治法律、世界情勢に関連するものなど今日の有用な知識から重要なもの」が下巻に移され、内容は多岐にわたり、分量も多い。但しこのような内容の移動が、学部の方針転換によるものなのか、それとも厳復らの

---

[21] 「学部試行国民必読辨法折」（宣统元年十二月二十八日奉，1910.2.7）、『教育雑誌』第2年第3期、1910年4月19日。以下、文脈によっては「試行折」と略す。

改訂を追認した結果なのかは定かではない[22]。もとより厳復らがどのように改訂したかも現時点では不明である。『必読課本』の内容については別稿で詳細に検討する予定である。

ところで二つの上奏文とも『聖諭広訓』に言及したことに留意する必要がある。「情形折」に、

> 『聖諭広訓直解』に倣い、解釈を付けて読者の理解を助ける。このように聖訓と経典の大義をもって民衆の道徳を固め、さらに意味を解釈しその知識を深めていく。このような方法は古代の「正徳厚生」の教えに合致するだけではなく、現在の徳育智育の方法にも一致する。短期間で、無学の民衆も忠誠の大義を弁え、文字を覚えて、生活の手段を身につけることが可能である。

とある。聖諭・聖諭広訓及びその普及、浸透を目的とする講釈書による民衆教育は清代の中期から盛んに行われるようになり、清末まで延々と続いていた[23]。『必読課本』の編纂者が記述様式等に関して『聖諭広訓』に範を求めるのは至極当然のことである[24]。しかし『聖諭広訓』を念頭に置きながら編纂した『必読課本』の出来映えは如何なものか。国民の資格に関するくだりでは「敬附解釈」にあたる「謹案」以下は次のようになっている。

謹案愚民百萬不可謂眾必也道德全智能優體格健三者具備而後為完全之

---

[22] 沈国威・孫青「厳復と清末学部編『国民必読課本初稿』(1910)」、松浦章編『東アジアにおける文化情報の発信と受容』、雄松堂出版、2010年31〜54頁。

[23] 学部は『国民必読課本』の編輯に取りかかる前、各省の宣講所で使用する教科書を指定する際、『聖諭広訓』を書目の最初に据えていた。「学部通行各省宣講所応講各書文」付録の「学部採択宣講所応用書目表」、『学部官報』第4期、光緒32年7月29日(1906年9月17)。

[24] 本書収録の夏暁虹氏の論文は、聖諭広訓とその講釈書を清政府サイドのリソースと捉え、その後の白話運動への影響を分析している。参照されたい。

人格亦即為完全之國民矣之一家為子弟者篤行孝友勤守職業慎保遺體如是者人謂之佳子弟鄉里慕之后裔傚之反是而一或不備小則敗名喪身大則傾家蕩產而為有家者之大戒惟民亦然其道德其智能其體格完全無缺則國家光榮因之反是而一或不備則國家杌陧因之然則國家之關係於國也重矣雖然子弟能佳與否必賴其父兄之教而後成而國民之能完全與否亦必賴其國之教育而後定故教育者造成國民之要具也（甲編下巻44葉ウ）

文章は文語文体で、句読点は施されていない。「理解較浅」のはずの甲編も必ずしも理解しやすいものではなかった。「文義艱深、索解不易」とする既存類書の欠点を解消するどころかそれ以上に難解な書物になってしまった。同書の使用先として学部は「各学堂と簡易識字学塾」を想定していた（「試行折」）。各地の勧学所、宣講所も含まれているであろう。「各学堂」はともかくとして簡易識字学塾や勧学所、宣講所で使用する教科書としては難しすぎることは明白である[25]。編纂者はさらに「惟于不能入学之人民，尚未籌及。」と、学校等の教育機関と無縁な人たちへの配慮が足りないことも認めた[26]。解決法としては「試行折」に、

---

[25] 江西提学使湯寿潜は『国民必読』に対して「函致学部、逐条指摘」したが、地方への頒布の期限が迫り担当者は「一時殊難措手」と対応に困ったという。「湯寿潜批駁『国民必読』」、『教育雑誌』第2年第4期。湯の批駁は内容と形式の両面から加えられたことは想像に難くない。

[26] 『必読課本』に関して学部、及び編纂者の態度は非常に慎重である。「情形折」は「坊間所編、既多流弊、臣衙門各員所擬亦未能遽臻精善、用是稍稽時日、未能速成（中略）、此全国学術初基所系、臣部職任所関、不敢不再三審慎、務求妥善適用。」と執筆の難しさを強調し、「一俟編輯成書、先在京師地方教授数月。如果易簡理得、士林称便、再由臣部奏明請旨頒行、各省一体遵用。」と試用期間を置くことを提案した。この時すでに預備立憲の日程よりだいぶ遅れていたにもかかわらずである。また刊行直前、「試行折」には「査各国編纂課本、頒行全国、必経実験其適宜與否、迭加修改、始臻完善。今臣部編纂伊始、此項課本、前無所因、悚心貴当、誠所不敢自信、擬即発交督学局、就近試行。一面発交各省提学使、悉心察験。並広征臣部咨議官各員意見、如有未当之処、仍応随時修正。」と低姿勢に徹している。学部はあくまでも本書は「初稿」であって、「試験用」と位置づけているのである。そのために表紙に「不許翻印」

康熙皇帝が聖諭十六条を制作され、雍正皇帝がそれに注釈を付けられ、全国に頒布した。科挙試験の際謹んで講釈し、人民を教える。これはまた新しい古典にもなった。さらに白話で解説書を書く者もある。白話の形は意味が分かりやすく、女性、子供らにも理解できる。正に『国民必読課本』の主旨と図らずも合致している。試行した後、相応しいものを選び、通俗の文体に書き改め、選定の教科書とし、各地の勧学所、宣講所に配布し、広く伝播し、これによって、誰もが国民の責任を心得るべく努め、もって立憲の基礎を固める

と提案した。つまり「敬附解釈」という形式だけではなく、「講釈に白話を」という伝達メディアのあり方にも踏み込んだのである。この通俗文体のものが即ち宣統二年（1910）九月に刊行された『簡易国民必読課本上下』である（以下『簡易課本』と略す）。『必読課本』初稿が刊行されて9ヶ月後のことである。『簡易課本』は学部編訳図書局編纂、印刷、発行による

と警告している。知識の普及を目指す政府系の書物としては異例と言わざるを得ない。実際これを口実に自己負担で増刷して頒布することを拒否したところもある。「『本署司詳復排印「国民必読課本」砠難遵辨文』：為詳復事。窃奉憲台札開宣統二年二月初七日、准学部咨総務司案呈。査『国民必読課本』、業経本部于上年編輯成書、分為甲乙丙三編。奏明発交督学局就近試行、一面発交各省提学使悉心察験。並広征咨議官各員意、如有未妥之処、応随時修正等因、奉旨依議、欽此。欽遵在案、除丙編一種系備参考之用、俟排印成書再行咨送外、其甲乙両編業経排印完竣自応連同原奏咨行査照、転飭提学使司遵照可也、等因。並原奏一件、書四本到本部堂、准此。合行札発札到該司、即便移行遵照辨理。一面照式排印四十部、呈送備査等因。並発原奏一本、書四本仍繳、奉此。窃査『国民必読課本』本署司前奉部札悉心察験、遵即分飭科員詳細検察、自応別文詳請憲台咨覆。至排印呈送一節、遵経派員前往印刷官廠、估計印費索価至二百余圓之多、学務公所経費月有定額苦無余款可撥、復査原書刊明有「専備試験之用、不許翻印」字様、似未便在外翻印。奉飭前因、可否仰懇憲台札飭南洋印刷官廠、照式排印、或径電部咨取多本以備存査之処、悉候鈞裁。所有奉飭排印『国民必読課本』砠難遵辨各縁由、理合具文詳復、並将奉発原奏原書一並呈繳、仰乞憲台鑑核批示只遵、為此備由開冊、伏乞照詳施行。」『江寧学務雑誌』、1910年第4期5～6頁。

もので、筆者が入手したのは上巻だけで、石印、上巻 96 丁、下巻は未見である。本書の編輯について凡例は次のように述べている。

一、本編謹遵本部光緒三十四年十二月　奏章編輯為簡易識字學塾之用
一、本編分為上下二卷上卷章首慎採經傳正文下卷章首敬輯　列聖諭旨皆遵本部　奏章
一、本編上下卷每章皆分為數課每課皆編為極淺顯且極簡括之語以便學者記誦
一、本編每課後附有衍義以發揮本課之意教者可按照講解（講解時仍用俗語無須用文言）不必強學者記誦
一、本編間用附註以便教者講解時參考用之

凡例によれば、『簡易課本』の編輯は光緒三十四年十二月（1909.1）の「情形折」ですでに決定済みとあるが、「一俟編輯成書，先在京師地方教授數月。如果易簡理得，士林稱便，再由臣部奏明請旨頒行，各省一体遵用。」とあるだけで簡易口語版を作るというわけではない。やはり『必読課本』の完成後と考えた方が事実に近いであろう。本書は簡易識字学塾での使用を想定して編纂されたものである。内容は『必読課本』甲編の上下をそのまま踏襲したが、一つのトピック、例えば「尊孔」を数課分に分け、分かりやすい表現に徹している。各課の後に「衍義」を付け、教授者がそのまま口語で本文の内容を説明することができる。「衍義」に関して凡例は特に文語の使用や暗唱の強制をしてはいけないと強調している。編纂者は聖諭広訓講釈書の「以白話演為直解」の方法で「文義艱深、索解不易」の問題を解決しようとしたが、果たして可能であっただろうか。まず第一章の「尊孔」を見てみよう。

國民必讀課本初稿	簡易國民必讀課本
尊孔　【人當尊孔之故】	第一章　尊孔
有子曰自生民以來未有盛於孔子也子思作中庸贊孔子之德曰凡有血氣者莫不尊親夫孔子雖聖何以使血氣之倫同致尊親之心哉蓋聖人之道不外人倫孟子所謂聖人人倫之至也凡人同此血氣即同此倫常而得盡力於倫常之中全乎人之所以為人者皆賴聖人之教故尊孔之心有不能自己者自漢高祖以太牢祀孔子為後世帝王尊孔之始至武帝罷黜百家表章六經乃尊孔教為國教歷代以來遞加崇奉及我　　朝	有子曰自生民以來未有盛於孔子也 【附註】本章所引經文見孟子公孫醜篇上　有子孔子弟子名若 第一課　尊孔一 孔子　聖人也　我國君臣上下　皆遵孔子之教 【衍義】 孔子是魯人（春秋時魯國　即今山東省兗州府曲阜縣地）　生在二千年前　歷代尊為至聖　我國君臣上下　皆遵孔子之教　所以學部奏定教育宗旨　有尊孔一條　但既曰尊孔　當知所以尊孔之故　人生在世　以人倫道德為重　人與禽獸所以分別之處　即在於此　孔子之教　首重人倫道德　我輩今日　能知子臣弟友　各有應盡之人倫　孝弟忠信　各有應全之道德　不至下同於禽獸　皆因受孔子之教　方能如此　所以尊重孔子　為國民第一要義　我國自漢朝以來　即尊孔教為國教　歷朝尊崇之典禮　一代優過一代

『簡易課本』は最小限に文語版の主張を伝えたと言えよう。但しこれは同じ知識体系における「互釈」だと言える。『聖諭十六条』や『聖諭広訓』といった文言によって表されている知識を、口語講釈用に換えていく実践が長期間にわたって行われてきた[27]。歴史上の文言と白話とは、同じ内容に対する異なるバリエーションと捉えることができる。しかし『公民必読』についてすでに指摘した通り、新知識を伝える場合、少なくとも清末とい

---

[27] これは『水滸伝』などの白話小説の形成過程と逆である。

う時点では白話は無力である。次の社会に関する記述を見てみよう。

國民必讀課本甲編上	簡易國民必讀課本
合群　孔子曰鳥獸不可與同群吾非斯人之徒與而誰與。荀子曰人力不若牛，走不若馬，而牛馬為用何也，曰人能群彼不能群也，可見古之聖賢莫不教人以合群矣。削竹為矢一童子能折之，聚竹為束雖壯夫不能折，蓋單則易敗，眾則難摧也。試觀一家之中，同心合力以謀生計，則其家必興，一鄉之中，同心合力以謀公益，則其鄉必治。古人有言曰，眾志成城，眾擎舉鼎，群之為義大矣哉。不見夫兒童之嬉戲乎，結隊而遊，踢足而歌，欣然樂也。使獨居一室之中，孑然無侶，則有嗷然而悲者矣，是合群之心亦人之天性然也。夫一家一鄉者，群之小焉者耳，莫大於合一國之人而為群，休戚同之，利害共之，萬眾一心以謀國家如是，而國不強者未之有也。書曰，受有臣億萬惟億萬心，予有臣三千惟一心，夫億萬異心殷用以亡，三千一心周用以興，亦因其能群不能群耳。以我國人民之眾甲於各國，誠能聯全國為一體，合眾民為一心，則國之強也，指日可待矣。	第十七章　合群 孔子曰　鳥獸不可與同群　吾非人之徒與　而誰與 【附註】 本章見論語微子篇　第一課　合群一　人生於世，不能離群而獨立，故合群之道，不可不講。人若離卻社會，便不能生活。社會者，人群之所聚也。今就人方幼稚時言之，兒童在家庭，與兄弟姐妹遊戲，在學堂，與同學幼兒遊戲，便覺心思爽快，精神活潑，若令其獨居一室，並無他人，必至悲啼號叫，求人作伴。可見凡人愛群之心，亦是出於天性。幼時如此，壯時可知。荀子有言（荀子，名況，趙國人），人力不若牛，走不如馬，而牛馬為用何也。人能群必不能群也。可見人所以貴乎萬物者，亦在此合群之心，此不特人有是心，即禽獸亦有合群之心，如雁以群而成行，羊以群而聚處，皆其顯而易見者。人若不能合群，則反不如禽獸矣。人能合群，則萬眾一心，以謀國是，其國必強。

孔子、荀子の語録を敷衍したこの節の内容は、新知識である「社会」にはほど遠いものであった。そして込み入った記述になれば「人若不能合群，則反不如禽獣矣。人能合群，則万衆一心，以謀国是，其国必強」のように「若、則、矣、以、其」などの文語的要素が増えたことが分かる。『簡易課本』は上下2冊刊行された。下巻では『必読課本』甲編下の「人種、宗教、憲政、議会、法律」といった内容が如何に「衍義」されているのか興味深い問題ではあるが、入手できなかったのが残念である。

六、結びに代えて：文語と白話の間で

学部は、『国民必読課本』に先立って『簡易識字課本』(1909)を刊行した[28]。中に練習問題として文俗対照の部分がある。具体例としては次のようなものがある。

文俗対照

名詞	頭：脳袋、昨夜：昨天晩上、春風：春天的風、男子：男人
動詞	食：吃、讀：念、負：背著、欲：願意、施於：加在
形容詞	暖：和暖、無異：一様
副詞	已：已經、愈：越、如：像、皆：都是、非：不是
代詞	何處：那裡、彼處：那裡
その他	無：沒有、能：能夠、者：的、也：Φ（Φは対訳なし）

出題の意図について編纂者は「至文言俗言相異者更加互釈、一則於俗字不能入文者、既可藉以附見、且使学生知文言対訳之法、於作文亦有裨益。」（凡例）と述べている。つまりこのような練習により、文章に使用できない俗語しか知らない学習者は、文言対訳の方法を知り、作文に役立つとい

---

[28] 沈国威「関于清末学部編『簡易識字課本』(1909)」、『或問』第17号、2009年、83～100頁。

うことである。

　また1913年に有名な宣教師C. W. マティア（狄考文）の未亡人A. H. Mateerは中国語学習書 *New Terms for New Ideas; A Study of the Chinese Newspaper* を出版した。序文の中で著者は当時中国語の文体について詳細な検討を加えた。著者は中国語の文体の変化はキリスト教の布教文書から発生したが、20世紀初頭では新聞、雑誌がより大きな役割を果たしていると考えていた。著者は「文理」と「官話」の違いは次の9点になると指摘している。

　　1、文語の語彙は官話のそれより遙かに多い。
　　2、文語は極めて簡潔である。
　　3、文語の語彙は異なる品詞の類を兼ねることがある。
　　4、文語の語彙は、多義語が多い。
　　5、一部の文語の語彙は意味、発音が官話と異なる。
　　6、文語文は特殊な語順を持つものがある。
　　7、一部の最も基本的な語彙は、文語と官話とでは異なる。
　　8、語気を表す虚辞が異なる。
　　9、文法の虚辞が異なる。

　著者は自分の中国古典語の学習、教授の体験から、文語は時には電報よりも簡潔であるが、その簡潔さが、意味の曖昧さをもたらす結果に度々なる。口語では2音節の複合語が文語では1漢字の形で使用されている場合が多く、その意味も文脈から推測しなければならない。例えば口語の「并且、而且、尚且、況且、暫且、然且」などは文語の中で1字「且」で表し、「自己、自各、自然、自縦」なども常に「自」と略している。従って文俗対照語彙表は初心者に有益である。著者が示した語彙表のサンプルは次のようなものである。

動詞		副詞	
是	係、為、乃	快快的	速
说	言、曰、謂、道	差不多	幾、幾乎、庶
到	抵、至、迄、屆、達、迨	不常	僅
代詞		介詞	
我	吾、予、余	從	由、自
你	汝、尓	在	於
他	厥、其、彼、伊	和	及
形容詞		連詞	
大	巨、鉅、昌、偉	就是	則、然則、即、乃、而、故
好	優、佳、良	所以	故、蓋、爰、而

　文語と白話の文体上の相異は、一部の動詞、代名詞、そして「之乎者也」などの虚詞にあるだけなのか、両者を区別する基準的要素は何か、さらに文語と白話の表現性の違いはどのようなものかという問いにも答えなければならないであろう。これまでに見た清末に出版された4種類の国民必読書について言えば、口語文体の『国民必読』（高歩瀛・陳宝泉編）、『簡易国民必読課本』（学部編）は、一般民衆にも理解できるが内容に新知識が乏しい結果に終わっている。対して朱樹人の『国民読本』や孟昭常の『公民必読』はもちろんのこと、学部編の『国民必読課本』までも大量の新知識が含まれているが、いずれも文語文体を採用し、難解なものになっている。感情の吐露、心理描写の緻密さを命とする文学作品と違って、政治、経済、哲学等の人文科学の分野において文語と白話のそれぞれの限界は何か。特に新しい訳語、術語を取り入れなければならない場合、それぞれの順応性はどのようなものか、さらなる考察が待たれるところである。

　　付記：本論文は復旦大学の孫青博士と進めている共同研究「関於清学部編
　　　　『国民必読課本』之研究」の成果を含んでいる。資料を収集する際、中国

自然科学史研究所王揚宗氏の協力を頂いた。なお、ネイティブ・チェックは関西大学アジア文化交流研究センター研究助手（RA）紅粉芳惠氏に労を取って頂いた。記して感謝の意を表したい。

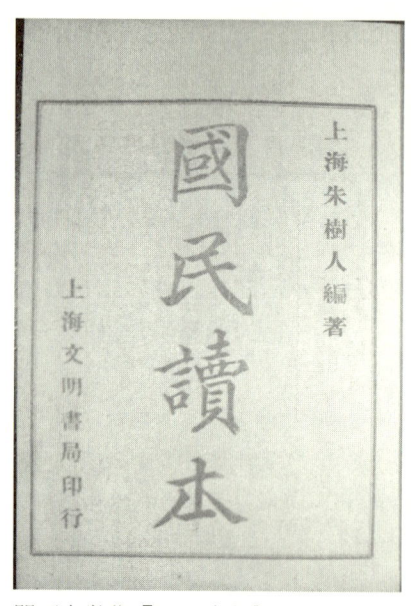

関西大学蔵『国民読本』タイトル頁　　　関西大学蔵『国民読本』表紙

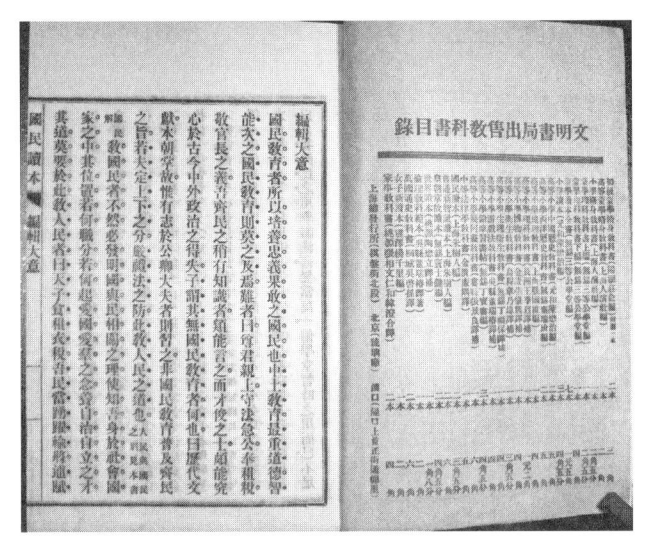

『国民読本』広告と編輯大意

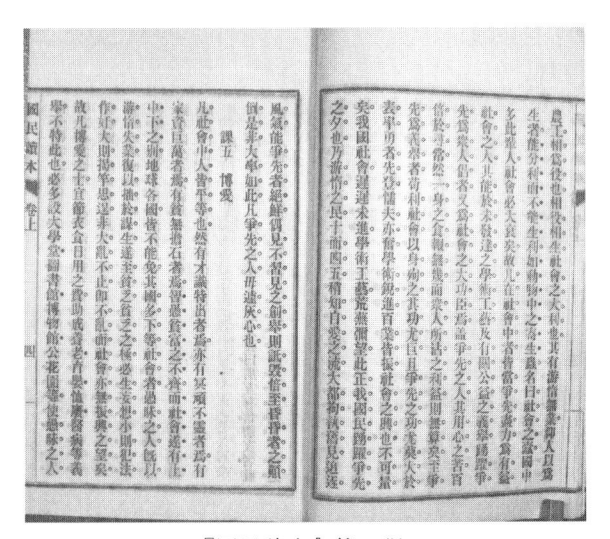

『国民読本』第5課

国民必読一編

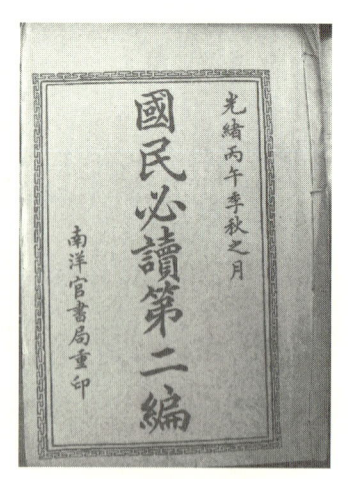

国民必読二編

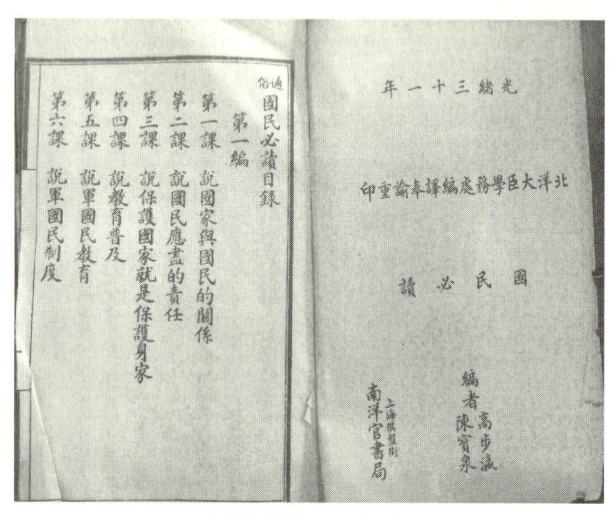

国民必読一編目録

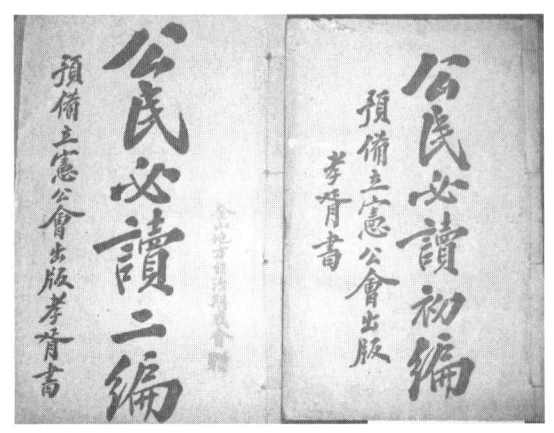

公民必読初編・二編表紙

公民必読初編

公民必読初編

公民必読初編

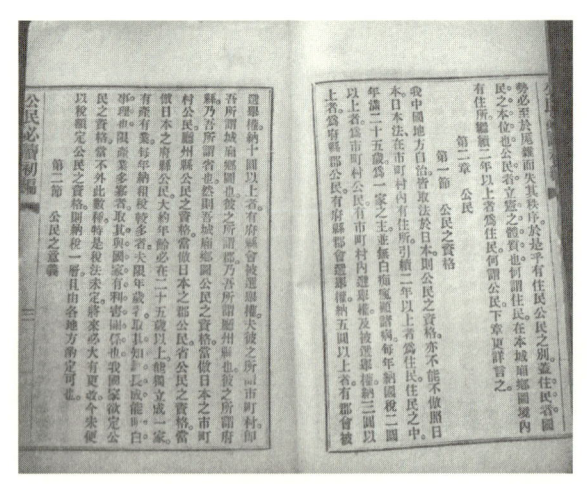

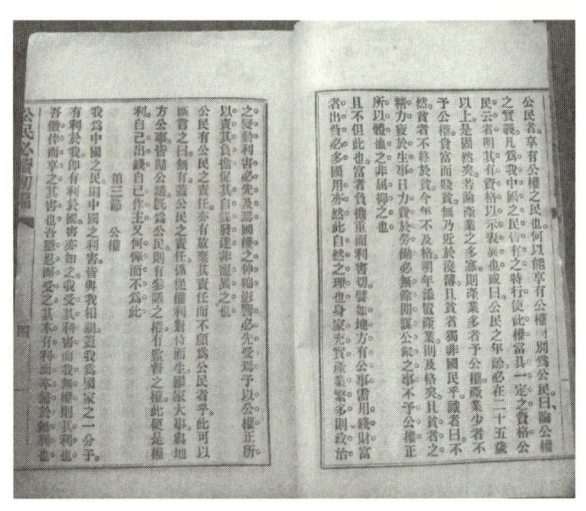

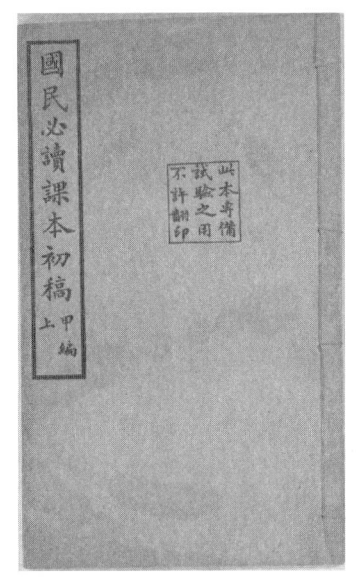

国民必読課本初稿甲編上表紙 　　国民必読課本初稿甲編上本文

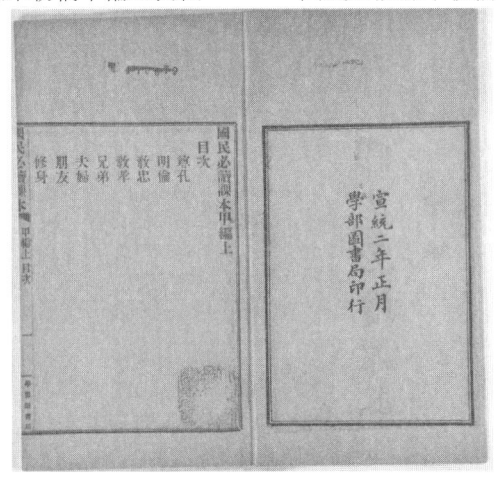

国民必読課本初稿甲編上

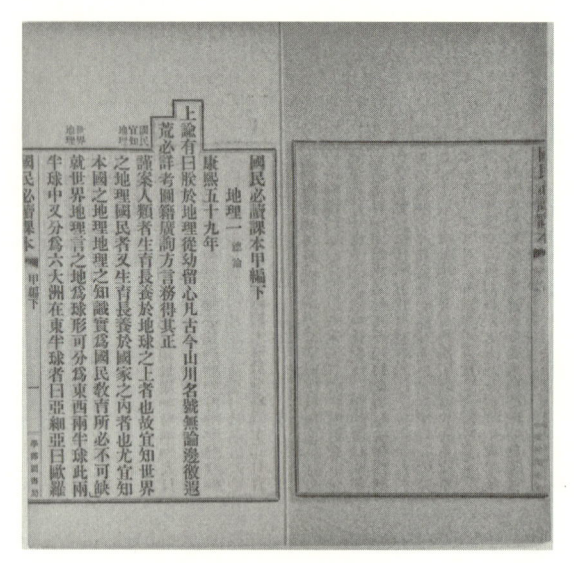

国民必読課本初稿甲編下

国民必読課本初稿甲編下（聖沢）

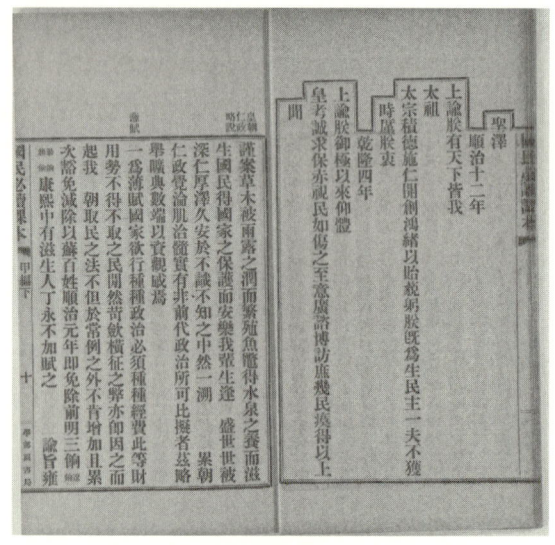

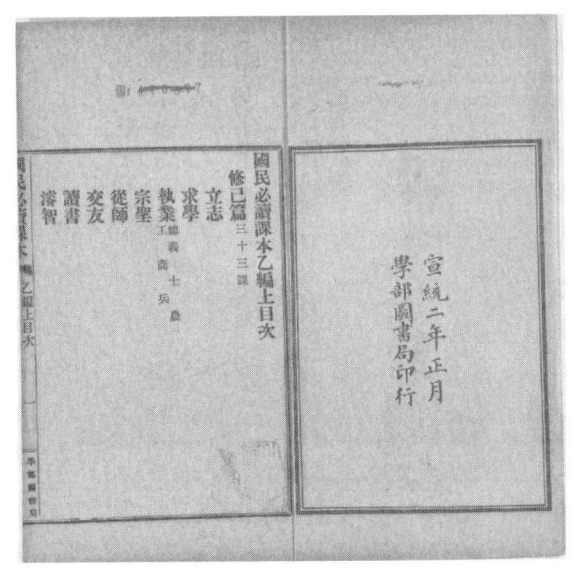

国民必読課本初稿乙編上

国民必読課本初稿乙編上

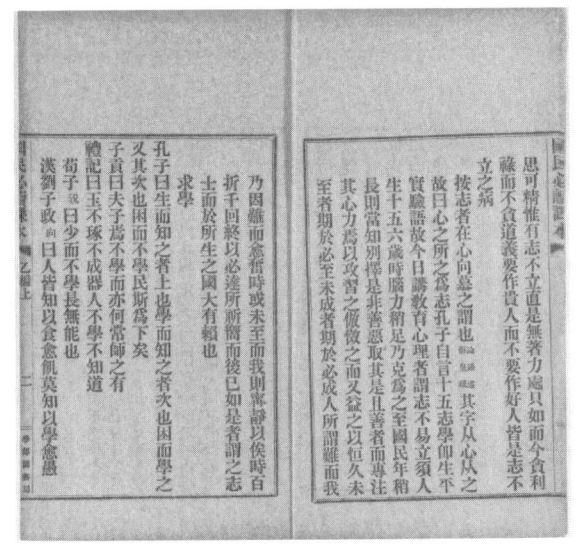

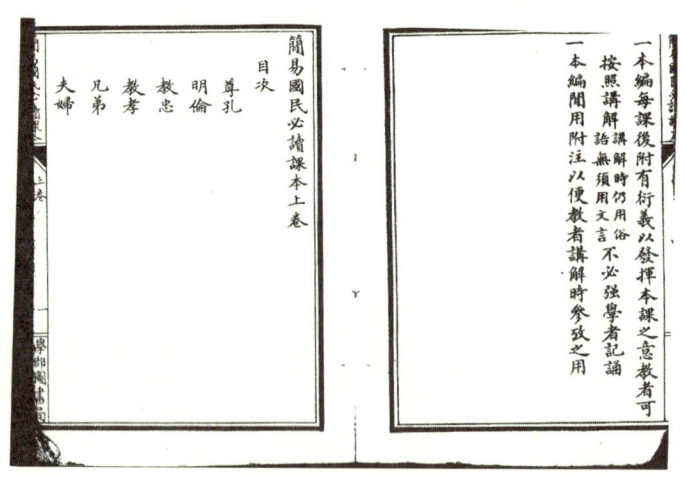

簡易國民必讀課本

一本編每課後附有衍義以發揮本課之意教者可按照講解講解時仍用俗話無須用文言不必強學者記誦
一本編閒用附注以便教者講解時參攷之用

簡易國民必讀課本上卷
目次
尊孔
明倫
教忠
教孝
兄弟
夫婦

簡易国民必読課本

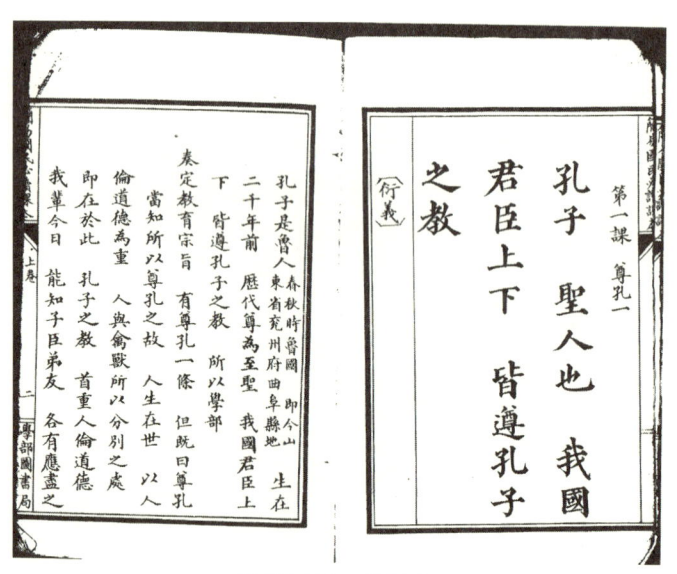

第一課 尊孔一
孔子 聖人也 我國君臣上下 皆遵孔子之教
〔衍義〕
孔子是魯人 春秋時魯國即今山東省兗州府曲阜縣地 生在二千年前 歷代尊為至聖 我國君臣上下 皆遵孔子之教 所以學部奏定教育宗旨 有尊孔一條 但既曰尊孔 當知所以尊孔之故 人生在世 以人倫道德為重 人與禽獸所以分別之處 即在於此 孔子之教 首重人倫道德 我輩今日 能知孔子臣弟友 各有應盡

簡易国民必読課本

あとがき

　東アジアにおける近代の文体問題をテーマにワークショップを行うことが決定したのが 2009 年の初秋であった。12 月 20 日という師走の慌ただしい日程にもかかわらず、中国、韓国、日本の研究者が出席を快諾してくれた。当日、天気にも恵まれ、参加者は 100 名を超えた。11 名の発表者が、中国、韓国、日本の文体の近代的変容について、最新の研究成果を披露し、質疑応答と綜合討論も活発に行われた。
　まえがきに示されているプログラムからも分かるように興味深い発表が並んだ。
　北京大学の夏暁虹氏は、梁啓超の研究者として知られているが、近代文学の発生と白話運動についても優れた論文を発表し続けている。氏の今回の論文は、今まで見落とされがちの白話運動における政府サイドのリソース、例えば『聖諭広訓』などが果たした役割について考察した。氏の教え子でいま同じく北京大学で教鞭を執られている王風氏は、新鋭の研究者で、二人の共編である『文学語言與文章体式――従晩清到"五四"』は近年得難い好著である。王風氏は、今回の論文で魯迅兄弟の創作と翻訳における文体問題を取り上げ、鋭く分析した。特に伝統的な句読点と新式の文章符号（標点符号）が清末の小説等において重層構造になっており、異なる機能を担っているとの指摘は興味深い。氏の論文は 4 万字を超す「巨作」であ

るが、三分の一しか翻訳できなかったことを残念に思う。興味のある読者は、『魯迅研究月刊』三月号以降をご覧いただきたい。

　韓国高麗大学教授の崔溶澈氏は中国文学の研究者で、『紅楼夢』の現代韓国語新訳を完成したところである。趙冬梅氏は中国の白話小説と朝鮮時代の漢文小説を比較研究する専門家である。

　日本の研究者については贅言が要らないであろう。安田敏朗氏、齋藤希史氏、石崎博志氏、竹越孝氏は、それぞれの分野で、研究の先端を行く存在である。

　身内にも少し触れておこう。最も早く中国語の文体に興味を示したのは西洋人であった。西洋人の実践が、中国語白話運動の一つのリソースになっていることを、今日疑う人はいないだろう。内田慶市氏はいち早く西洋人の研究に注目した研究者の一人である。奥村佳代子氏も唐話に関する新しい研究成果を披露された。筆者が取り上げている国民必読書は、これまでに注目されていなかっただけに資料としての価値を見直す必要がある。

　ところが、総括の時に勢いで論文集にしようと言ったのが「苦難」の始まりであった。3月末まで出版するにはオフセット印刷の方法しかない。年明け早々、原稿が続々と到着したが、翻訳、レイアウト、校正と息つく暇もなかった。2月中旬以降、十数時間以上パソコンに顔を突き合わせる日が続いた。G-COE アカデミック外国語（中国語）担当の馮誼光氏が、ボランティア的な報酬で夏暁虹氏と王風氏の論文を正確に翻訳してくれたことはどれだけ有り難かったか。また、アジア文化交流センター（CSAC）RA研究員の紅粉芳惠氏、PD研究員の陳贇氏は、翻訳の校閲に尽力してくれた。特に紅粉氏には全論文の表現、書式を校正して頂いた。

　シンポジウムの際、松浦章センター長をはじめ、事務担当の早川真弓さん、翻訳、最終校正を手伝ってくれた奥村佳代子氏、訪問研

究員の陳娟さんに、心からお礼を申し上げたい。

　なお、本書の出版を快くお引き受け頂いた白帝社の佐藤社長をはじめ、編集長の佐藤多賀子さんにも深く謝意を表さなければならない。

　CSACは豊かな研究成果をもって5年間の研究期間を終えようとしている。後継研究計画は準備中である。皆さんの積極的な参与を期待してやまない。

　　　　　　　　　　　　　　　沈国威
　　　　　　　　　　　　　2010年3月6日

執筆者一覧（発表順）

夏　暁虹	中国	北京大学教授
崔　溶澈	韓国	高麗大学教授
内田慶市	日本	関西大学教授
		アジア文化交流研究センター（CSAC）研究員
		東アジア文化交渉学教育拠点（ICIS）事業担当者
安田敏朗		一橋大学准教授
齋藤希史		東京大学准教授
奥村佳代子	日本	関西大学准教授
		アジア文化交流研究センター（CSAC）研究員
石崎博志		琉球大学准教授
王　風	中国	北京大学副教授
竹越　孝		愛知県立大学准教授
趙　冬梅	韓国	高麗大学副教授
沈　国威	日本	関西大学教授
		アジア文化交流研究センター（CSAC）研究員
		東アジア文化交渉学教育拠点（ICIS）事業担当者

＊所属等は 2009 年 12 月の情報である。竹越孝氏は 2010 年 4 月 1 日付で神戸市外国語大学准教授に就任される。

近代東アジアにおける文体の変遷──形式と内実の相克を超えて

2010年3月25日　初版印刷
2010年3月31日　初版発行

編　者　沈国威・内田慶市
発行者　佐藤康夫
発行所　白帝社
　　　　〒171-0014　東京都豊島区池袋2-65-1
　　　　TEL　03-3986-3271
　　　　FAX　03-3986-3272(営)／03-3986-8892(編)
　　　　http://www.hakuteisha.co.jp

印刷　大倉印刷(株)　製本　カナメブックス

Printed in Japan 〈検印省略〉 6914　　　ISBN978-4-86398-019-8
落丁本・乱丁本はお取り替えいたします。